Studien zum öffentlichen Recht

Herausgegeben von

Prof. Dr. Christoph Enders, Universität Leipzig
Prof. Dr. Jörg Ennuschat, Ruhr-Universität Bochum
Prof. Dr. Annette Guckelberger, Universität des Saarlandes
Prof. Dr. Armin Hatje, Universität Hamburg
Prof. Dr. Thorsten Kingreen, Universität Regensburg
Prof. Dr. Katharina von Schlieffen, FernUniversität Hagen

Band 30

Tobias Growe

Das Regierungsmitglied im parteipolitischen Diskurs

Ein Beitrag zum verfassungsrechtlichen
Amts- und Rollenverständnis

 Nomos

Onlineversion
Nomos eLibrary

Die Deutsche Nationalbibliothek verzeichnet diese Publikation in
der Deutschen Nationalbibliografie; detaillierte bibliografische
Daten sind im Internet über http://dnb.d-nb.de abrufbar.

Zugl.: Bochum, Univ., Diss., 2020

ISBN 978-3-8487-7823-2 (Print)
ISBN 978-3-7489-2227-8 (ePDF)

1. Auflage 2020

Vorwort

Die vorliegende Arbeit wurde im Sommersemester 2020 von der Juristischen Fakultät der Ruhr-Universität Bochum als Dissertation angenommen. Ihr liegt der Stand von Rechtsprechung und Literatur bis Anfang Oktober 2019 zugrunde.

Dank gilt zunächst meinem Betreuer Herrn Prof. Dr. Klaus Joachim Grigoleit, an dessen Lehrstuhl ich mehrere Jahre als wissenschaftlicher Mitarbeiter tätig war. In regelmäßigen Gesprächen trug er mit wertvollen Hinweisen und konstruktiver Kritik zum Gelingen meines Promotionsvorhabens bei.

Das Zweitgutachten übernahm Herr Prof. Dr. Jörg Ennuschat, dem ich für die Unterstützung bei der Veröffentlichung meiner Dissertation im Nomos Verlag danke.

Weiter bin ich meinen ehemaligen Lehrstuhlkolleginnen und -kollegen für die angenehme Zusammenarbeit und den gewinnbringenden fachlichen Austausch verbunden. Für ihre Diskussions- und Hilfsbereitschaft danke ich insbesondere Frau Lea Fischer und Herrn Vilim Brezina.

Mein größter Dank gebührt schließlich meinen Eltern, die mich nicht nur während meiner Promotionszeit vorbehaltlos und liebevoll unterstützten. Ihnen widme ich diese Arbeit.

Essen, im September 2020   Tobias Growe

Inhaltsverzeichnis

Abkürzungsverzeichnis

Die hier verwendeten Abkürzungen orientieren sich grundsätzlich an *Hildebert Kirchner*, Abkürzungsverzeichnis der deutschen Rechtssprache, 9. Aufl., Berlin 2018. Überdies werden folgende Abkürzungen gebraucht:

AfD	Alternative für Deutschland
BbgVerfG	Verfassungsgericht des Landes Brandenburg
BlnVerfGH	Verfassungsgerichtshof des Landes Berlin
bzw.	beziehungsweise
CDU	Christlich Demokratische Union Deutschlands
ders.	derselbe
dies.	dieselben
DStJG	Veröffentlichungen der Deutschen Steuerjuristischen Gesellschaft e.V.
EvStL	Evangelisches Staatslexikon
gem.	gemäß
HessStGH	Staatsgerichtshof des Landes Hessen
HmbVerfG	Hamburgisches Verfassungsgericht
HGR	Handbuch der Grundrechte in Deutschland und Europa
HStR	Handbuch des Staatsrechts der Bundesrepublik Deutschland
HVerfR	Handbuch des Verfassungsrechts der Bundesrepublik Deutschland
LVerf	Landesverfassung
MVVerfG	Landesverfassungsgericht Mecklenburg-Vorpommern
NPD	Nationaldemokratische Partei Deutschlands
RhPfVerfGH	Verfassungsgerichtshof Rheinland-Pfalz
SaarlVerfGH	Verfassungsgerichtshof des Saarlandes
SächsVerfGH	Verfassungsgerichtshof des Freistaates Sachsen
sog.	sogenannt
SPD	Sozialdemokratische Partei Deutschlands
ThürVerfGH	Thüringer Verfassungsgerichtshof
u.a.	und andere
v.	vom, von
Vorgänge	Vorgänge – Zeitschrift für Bürgerrechte und Gesellschaftspolitik

11

A. Einleitung

Grund und Grenzen regierungsamtlicher Äußerungsbefugnisse beschäftigen immer wieder Rechtsprechung und Schrifttum. Derzeit erfreut sich die Frage großer Aufmerksamkeit, inwieweit Regierungsmitglieder abwertend Stellung gegenüber populistischen oder extremistischen Parteien beziehen dürfen. Im Fokus steht dabei das Gebot parteipolitischer Neutralität, das in den letzten Jahren Gegenstand zahlreicher gerichtlicher Verfahren war. Mediale Beachtung fanden insbesondere zwei Urteile des Bundesverfassungsgerichts. So ging es Ende 2014 um eine Wahlkampfaussage der damaligen Bundesfamilienministerin Manuela Schwesig, die in einem Zeitungsinterview ihr vorrangiges Ziel bekundet hatte, die NPD aus dem Thüringer Landtag herauszuhalten. Diese Äußerung konnte letztlich nur deshalb Bestand haben, weil der Ministerin zugebilligt wurde, sich außerhalb ihrer regierungsamtlichen Funktion am parteipolitischen Diskurs beteiligt zu haben.[1] Ein amtliches Handeln und zugleich einen Verstoß gegen das Neutralitätsgebot nahm das Bundesverfassungsgericht wiederum im Fall der Bundeswissenschaftsministerin Johanna Wanka an, die der AfD auf der Internetseite des Ministeriums die „Rote Karte" gezeigt hatte.[2] Beide Fälle sowie ähnliche Auseinandersetzungen vor den Landesverfassungsgerichten[3] werfen grundsätzliche Fragen nach dem Verhältnis der politischen Parteien zur Regierung sowie nach der staatlichen Einflussnahme auf den gesellschaftlichen Meinungs- und Willensbildungsprozess auf. Freilich ist die Thematik nicht gänzlich neu, sondern Verfassungsrechtlern teils seit längerem bekannt. Entsprechend kann auch die aktuelle Judikatur im Wesentlichen auf die Argumentation eines bundesverfassungsgerichtlichen Grundsatzurteils zurückgreifen, das sich schon 1977 mit Wahlwerbung der Bundesregierung beschäftigte und hierbei eine Neutralitätspflicht aus dem Demokratieprinzip sowie dem Recht der Parteien auf Chancengleichheit herleitete.[4] Während es sich damals aber um

---

1 BVerfGE 138, 102.
2 BVerfGE 148, 11.
3 Vgl. jüngst BlnVerfGH, LKV 2019, S. 120; siehe zudem RhPfVerfGH, NVwZ-RR 2014, S. 665; SaarlVerfGH, Urt. v. 8.7.2014 – Lv 5/14; ThürVerfGH, ThürVBl. 2015, S. 295; ThürVerfGH, ThürVBl. 2016, S. 273; ThürVerfGH, ThürVBl. 2016, S. 281.
4 BVerfGE 44, 125.

Broschüren, Faltblätter und Zeitungsanzeigen mit werbendem Charakter zu Gunsten der Regierungsparteien handelte, stehen heute mündliche Äußerungen und Online-Mitteilungen im Vordergrund, die mit Werturteilen zu Lasten bestimmter Oppositionsparteien verbunden sind.

Vor dem Hintergrund der soeben skizzierten verfassungsgerichtlichen Auseinandersetzungen widmet sich die vorliegende Arbeit der Frage, auf welche Weise sich Regierungsmitglieder in der Öffentlichkeit zu politischen Themen äußern dürfen. Insbesondere gilt es zu klären, ob und inwieweit ein Engagement für oder gegen bestimmte Parteien und deren Programme zulässig ist. Zwar gibt es bereits zahlreiche Abhandlungen zu den politischen Äußerungsbefugnissen exekutiver Amtswalter,[5] allerdings fehlt bislang eine Untersuchung, die sich speziell mit der Teilnahme der Regierungsmitglieder am parteipolitischen Meinungskampf befasst und dabei die unterschiedlichen Äußerungssphären umfassend erörtert. Diese Lücke soll die folgende Analyse schließen. Ihr Augenmerk richtet sich allein auf öffentliche Stellungnahmen von Mitgliedern der Bundesregierung, welcher nach der Legaldefinition des Art. 62 GG nur der Bundeskanzler und die Bundesminister angehören. Damit bleibt die politische Betätigung von Staatssekretären außer Betracht. Gleiches gilt für das Kommunikationsverhalten von Mitgliedern einer Landesregierung, dessen rechtliche Grenzen aber teilweise als Vergleichsmaßstab herangezogen werden.

Den Angelpunkt der Untersuchung bildet die Prämisse, dass ein Regierungsmitglied im politischen Diskurs verschiedene Sprecherrollen einnehmen kann. Im Folgenden soll diese Grundannahme zunächst auf ein staatstheoretisches und verfassungsrechtliches Fundament gestellt werden.[6] Hierzu ist ein Blick auf den Dualismus von Staat und Gesellschaft erforderlich: Soweit eine Person von der gesellschaftlichen Sphäre in die staatliche Sphäre wechselt, unterliegt sie als Amtswalter grundsätzlich einem anderen Rechts- und Pflichtenkreis. In gleicher Weise gilt es zu bedenken, dass im demokratischen System des Grundgesetzes eine enge Ver-

---

5 Vgl. aus jüngerer Zeit namentlich *Barczak*, NVwZ 2015, S. 1014 ff.; *Gröpl/Zembruski*, JA 2016, S. 268 ff.; *Payandeh*, Der Staat 55 (2016), S. 519 ff.; zu abwertenden Äußerungen gegenüber extremistischen Parteien vgl. im Besonderen auch *Butzer*, in: Kluth (Hrsg.), „Das wird man ja wohl noch sagen dürfen.", S. 37 ff.; *Eder*, „Rote Karte" gegen „Spinner"?, S. 162 ff. und passim; *Kliegel*, in: Scheffczyk/Wolter (Hrsg.), Linien der Rechtsprechung, S. 413 ff.; zu amtlichen Werturteilen über sonstige politische Vereinigungen siehe ferner *Ferreau*, NVwZ 2017, S. 159 ff.; *Gärditz*, NWVBl. 2015, S. 165 ff.; *Wahnschaffe*, NVwZ 2016, S. 1767 ff.

6 Vgl. unten B.

zahnung von Partei- und Regierungspolitik herrscht. Es bedarf daher der Klärung, inwiefern die parteipolitische Tätigkeit eines Regierungsmitglieds aus juristischer Sicht überhaupt von seiner Amtsführung unterschieden werden muss.

Im Anschluss an die staatstheoretische und verfassungsrechtliche Begründung der Sphärendifferenzierung widmet sich die Untersuchung im Detail den einzelnen politischen Kommunikationsrollen. Ihr Fokus liegt zunächst auf Äußerungen, die in der amtlichen Funktion als Regierungsmitglied erfolgen.[7] Die Analyse setzt hier bei der grundsätzlichen Legitimation einer solchen Öffentlichkeitsarbeit an und befasst sich sodann mit kompetenzrechtlichen Fragen, die bislang in Rechtsprechung und Schrifttum nur bedingt Beachtung gefunden haben. Daraufhin wird erörtert, inwieweit regierungsamtliche Stellungnahmen einem parteipolitischen Neutralitätsgebot unterworfen sind. Hierzu werden in einem ersten Schritt die verfassungsrechtlichen Grundlagen einer derartigen Verpflichtung dargelegt. Im Gegensatz zur aktuellen Judikatur soll der Blick dabei nicht auf subjektive Rechtspositionen der Parteien verengt werden. Vielmehr sollen auch die objektiven Wertungen des Demokratie- und Republikprinzips in die Untersuchung einfließen. In einem weiteren Schritt werden dann konkrete Handlungsmaßstäbe aus der parteipolitischen Neutralitätspflicht entwickelt, wobei herrschende Prämissen in Frage gestellt werden.

Schließlich soll die politische Kommunikation außerhalb der regierungsamtlichen Sphäre thematisiert werden.[8] Dies erfordert eingangs eine Auseinandersetzung mit den Äußerungsgrenzen, an die das Regierungsmitglied in seiner Eigenschaft als Parteifunktionär gebunden ist. Ein besonderes Augenmerk verdient des Weiteren der Umstand, dass ein Großteil der Kabinettsmitglieder zugleich ein parlamentarisches Mandat innehat. Es stellt sich mithin die Frage, inwieweit ein Politiker gerade in seiner Funktion als Abgeordneter am parteipolitischen Meinungskampf teilnehmen darf. Diese Sprecherrolle wurde in der bisherigen Diskussion um die Äußerungsbefugnisse politischer Amtswalter weitgehend außer Acht gelassen und soll nun in der vorliegenden Arbeit ausführlich behandelt werden. Hierauf folgt zu guter Letzt eine Darstellung der Kriterien, anhand derer sich die verschiedenen Kommunikationsrollen praktisch voneinander abgrenzen lassen.

---

7 Vgl. unten C.
8 Vgl. unten D.

B. Die staatstheoretische Scheidung von amtlicher und parteipolitischer Sphäre

Auf der Folie der traditionellen Differenzierung von Staat und Gesellschaft kann das Regierungsmitglied entweder als Amtswalter oder als Privatperson agieren. Für das jeweilige Handeln enthält das Grundgesetz unterschiedliche Maximen, denen sich die nachfolgenden Ausführungen eingangs widmen. Im Anschluss soll das öffentliche Amt als tragender Pfeiler staatlicher Herrschaft erörtert und die ihm inhärente Verpflichtung auf das Gemeinwohl näher beleuchtet werden. Besondere Berücksichtigung findet hierbei die Aufteilung der staatlichen Ämterordnung in die Bereiche des fachlichen Vollzugs und der politischen Führung. Letztere unterliegt regelmäßig dem Einfluss der Parteien, die sowohl Personal als auch politische Programme für die Führungsämter bereitstellen. Dies führt zur Frage, wie sich die Parteibindung der Regierungsmitglieder zu ihrer amtlichen Gemeinwohlverantwortung verhält. Hiermit korrespondiert die Diskussion, auf welche Weise das Grundgesetz die Parteien institutionell in das Regierungssystem einbindet und eine Verschmelzung von amtlicher und parteipolitischer Sphäre zulässt.

I. Staat und Gesellschaft

Als Herrschaftsorganisation bildet der Staat den verfassungstheoretischen Gegenbegriff zur Gesellschaft. Die Unterscheidung beider Sphären wurde nicht zu allen Zeiten getroffen und ist auch heute nicht allen Ländern geläufig.[9] Es handelt sich vielmehr um ein historisches Phänomen, das unter

---

9 Die verfassungstheoretische Differenzierung von Staat und Gesellschaft fand insbesondere im anglo-amerikanischen Raum keine Verbreitung, wo sich stattdessen das keinesfalls gleichbedeutende Begriffspaar von „government" und „civil society" herausbildete. Vgl. hierzu *Ehmke*, in: Hesse/Reicke/Scheuner (Hrsg.), Festgabe Smend, S. 23 (25); *Grimm*, in: Ellwein/Hesse (Hrsg.), Staatswissenschaften, S. 13 (18 f.).

bestimmten Voraussetzungen in Deutschland entstand und mit ihrem Wegfall auch wieder verschwinden kann.[10]

1. Das Trennungsmodell im deutschen Konstitutionalismus

Historisch geht die Unterscheidung von Staat und Gesellschaft auf die Epoche des Absolutismus zurück. Die einst zerstreuten militärischen, bürokratischen und ökonomischen Herrschaftsmittel konzentrierten sich allmählich in der Hand des Monarchen und wurden hier zu einer umfassenden öffentlichen Gewalt ausgestaltet. Im selben Maße büßten die ehedem unabhängigen Stände ihre Macht ein, so dass grundsätzlich nicht mehr ein Stand über einen anderen regierte, sondern nur noch der Landesherr einheitlich über alle.[11] Für das neue Phänomen eines umfassenden Herrschaftsapparats etablierte sich alsbald der Begriff des Staates, der in Gestalt des absoluten Monarchen ins Leben trat. Ihm gegenüber bildeten die restlichen Bewohner des Herrschaftsgebiets die Gesellschaft der Untertanen, die sich bei allen fortbestehenden rechtlichen und sozialen Unterschieden dem staatlichen Gewaltmonopol unterwerfen mussten.[12]

Die Ausübung öffentlicher Gewalt blieb im absolutistischen Polizeistaat nahezu schrankenlos.[13] Erst die Verfassungen des 19. Jahrhunderts ermöglichten der Gesellschaft allmählich Freiräume vom Staat, indem sie den Individuen bürgerliche Freiheitsrechte, wie z.B. das Recht auf Freizügigkeit oder die Garantie des erworbenen Eigentums, zuteilwerden ließen.[14] Die-

---

10 *Böckenförde*, in: ders. (Hrsg.), Recht, Staat, Freiheit, S. 209 (211); *Grimm*, in: Ellwein/Hesse (Hrsg.), Staatswissenschaften, S. 13 (15); *Rupp*, in: Isensee/Kirchhof (Hrsg.), HStR II, § 31 Rn. 2.

11 Zum Prozess der Machtkonzentration und der damit verbundenen Entstehung eines modernen Territorialstaats vgl. insbesondere *Böckenförde*, in: ders. (Hrsg.), Recht, Staat, Freiheit, S. 209 (211 ff.); *Heller*, Staatslehre, S. 145 ff.; s.a. *Benz*, Der moderne Staat, S. 19 ff.; *H. Dreier*, Hierarchische Verwaltung im demokratischen Verfassungsstaat, S. 36 ff.; *Grimm*, Recht und Staat der bürgerlichen Gesellschaft, S. 53 ff.

12 *Brunner*, in: Böckenförde (Hrsg.), Staat und Gesellschaft, S. 20 f.; *Grimm*, in: Ellwein/Hesse (Hrsg.), Staatswissenschaften, S. 13 (16 f.).

13 Zu den Grenzen fürstlicher Herrschaftsgewalt und den verbleibenden Mitspracherechten der Stände vgl. vor allem *Angermann*, in: Böckenförde (Hrsg.), Staat und Gesellschaft, S. 109 (115 f.); *Benz*, Der moderne Staat, S. 21 f.; *Grimm*, in: Isensee/Kirchhof (Hrsg.), HStR I, § 1 Rn. 8.

14 Zur Entfaltung der Freiheitsrechte bis zur März-Revolution von 1848 vgl. eingehend *Hilker*, Grundrechte im deutschen Frühkonstitutionalismus, S. 144 ff.,

ser Prozess ging mit der Transformation der merkantilistischen Staatswirtschaft zu einem freien Markt einher und entsprach der liberalen Theorie der Staatsaufgaben.[15] Danach bestand die einzige Aufgabe des Staates in der Wahrung der inneren und äußeren Sicherheit. Für diesen begrenzten Zweck war der Staat mit allen nötigen Zwangsmitteln ausgestattet, wohingegen sämtliche Tätigkeiten, die keine Gefahr für den inneren Frieden darstellten, der Gesellschaft überantwortet waren.[16] Auf diese Weise erlangte das Bürgertum zwar einen staatsfreien Betätigungsraum, jedoch blieb ihm im Gegensatz zur anglo-amerikanischen Entwicklung die politische Beteiligung an der staatlichen Willensbildung zunächst verwehrt.[17]

Während der Staat im Absolutismus noch mit dem Monarchen identifiziert wurde, nahm die konstitutionelle Staatsrechtswissenschaft ihn anfangs als eine objektive, geistlich-sittliche und rechtliche Ordnung wahr, die nicht auf dem Willen des Fürsten oder des Volkes beruhte, sondern über den Menschen stand und sie als „Organismus" umschloss.[18] Gegen 1880 etablierte sich dann eine positivistische Ansicht, die den Staat als juristische Person betrachtete.[19] Die ihm zugedachten Rechte und Pflichten sollte der Monarch als oberstes Staatsorgan und alleiniger Träger der Staatsgewalt verwirklichen.[20] Das mehr oder weniger demokratisch gewählte Parlament partizipierte zwar an der staatlichen Gesetzgebung, wodurch die Gesellschaft faktisch Einzug in den monarchischen Staat erhielt. Diesen Umstand negierte die damalige Staatslehre aber insofern, als sie die Volksvertretung als nachgeordnetes Organ verstand und in dessen Mitentscheidungsbefugnissen lediglich eine Beschränkung des alleinigen Legisla-

---

187 ff., 354 ff. und passim; zu ihrer weiteren Entwicklung im Konstitutionalismus siehe besonders *Kröger*, Grundrechtsentwicklung in Deutschland, S. 29 ff.; *Wittreck*, in: Merten/Papier (Hrsg.), HGR VIII, § 231 Rn. 41 ff.

15 *Badura*, Wirtschaftsverfassung und Wirtschaftsverwaltung, S. 4; *Zippelius*, Allgemeine Staatslehre, S. 216.

16 *Grimm*, Recht und Staat der bürgerlichen Gesellschaft, S. 74; *Haverkate*, Rechtsfragen des Leistungsstaats, S. 41.

17 *Gangl*, in: Böckenförde (Hrsg.), Probleme des Konstitutionalismus im 19. Jahrhundert, S. 23 (45 f.); *Rupp*, in: Isensee/Kirchhof (Hrsg.), HStR II, § 31 Rn. 4; vgl. überdies *Böckenförde*, in: ders. (Hrsg.), Recht, Staat, Freiheit, S. 209 (217 f.).

18 Zum Begriffsverständnis der älteren konstitutionellen Staatsrechtslehre siehe etwa *Ehmke*, in: Hesse/Reicke/Scheuner (Hrsg.), Festgabe Smend, S. 23 (36 f.).

19 *Korioth*, in: Grundmann u.a. (Hrsg.), FS 200 Jahre Juristische Fakultät der Humboldt-Universität, S. 583 (587 f.); *Uhlenbrock*, Der Staat als juristische Person, S. 102 f.

20 *Uhlenbrock*, Der Staat als juristische Person, S. 100 f.; zur Kritik an der von Laband geprägten Rechtsfigur des monarchischen Trägers der Staatsgewalt s.a. *Jellinek*, Allgemeine Staatslehre, S. 552 ff.

tivrechts der Krone sah.[21] Beispielhaft fasste Paul Laband die Vormachtstellung des Monarchen wie folgt zusammen: „Der Landesherr hat nicht
sein Monarchenrecht erst durch die Verfassung erhalten, sondern er hat
vielmehr die Verfassung dem Lande verliehen und sich dadurch selbst beschränkt."[22]

Im Konstitutionalismus erschien die Gesellschaft als Ansammlung von
Partikularinteressen, die ohne die lenkende Hand eines übergeordneten
Staates nicht zur Schaffung des Gemeinwohls fähig sei.[23] Dabei wurde das
öffentliche Wohl nicht als Ergebnis eines gesellschaftlichen Diskurses an-
gesehen, sondern dem Monarchen sowie den mit ihm verbundenen Institutionen zugewiesen, die als neutrale und überparteiliche Kräfte die gesellschaftlichen Interessengegensätze ausgleichen sollten.[24] In der Praxis zeich-
nete sich die Staatsführung indes durch eine konservativ-liberale Grund-
haltung aus, indem sie ein starkes Interesse an der Beibehaltung der sozialen Ordnung und der politischen Machtverhältnisse besaß.[25] So kritisierte
Gustav Radbruch die Vorstellung einer über den gesellschaftlichen Konflikten stehenden Regierung als „Lebenslüge des Obrigkeitsstaates", der
seine parteipolitischen Standpunkte geschickt vor den Augen der Öffentlichkeit verschleiert habe.[26]

---

21 *E. R. Huber*, Deutsche Verfassungsgeschichte, S. 12; *Rupp*, Grundfragen der heutigen Verwaltungslehre, S. 2; eingehend hierzu auch *Kühne*, in: Schneider/Zeh
(Hrsg.), Parlamentsrecht und Parlamentspraxis, § 2 Rn. 16 ff., 32.
22 *Laband*, in: Hinneberg (Hrsg.), Die Kultur der Gegenwart, S. 293 (325). Zum so
bezeugten „monarchischen Prinzip", das theoretisch wie praktisch den obersten
Grundsatz im Verfassungsleben des 19. Jahrhunderts bildete, vgl. näher *Dietrich*,
in: Böckenförde (Hrsg.), Probleme des Konstitutionalismus im 19. Jahrhundert,
S. 7 (12 f.); *Frotscher/Pieroth*, Verfassungsgeschichte, Rn. 392 f.; *Rupp*, in: Isensee/
Kirchhof (Hrsg.), HStR II, § 31 Rn. 5 f.
23 *Pöllmann*, Kooperativer Staat und Parteiendemokratie, S. 62; zur engen Bindung
dieser Lehre an die Staatsphilosophie Hegels s.a. *Zippelius*, Allgemeine Staatslehre, S. 216 f.
24 *E. R. Huber*, Deutsche Verfassungsgeschichte, S. 22 f. Die aufkommenden politischen Parteien wurden allein der gesellschaftlichen Sphäre zugeordnet und erschienen primär als Gefährdung der staatlichen Einheit. Vgl. dazu *Fehling*, Verwaltung zwischen Unparteilichkeit und Gestaltungsaufgabe, S. 14 f.; *Tsatsos/
Morlok*, Parteienrecht, S. 4 ff.
25 *Schlaich*, Neutralität als verfassungsrechtliches Prinzip, S. 48 f.; zur obrigkeitsstaat-
lichen Beeinflussung von Wahlen s.a. *Arsenschek*, Der Kampf um die Wahlfreiheit
im Kaiserreich, S. 173 ff., 321 ff. und passim; *Menzel*, DÖV 1970, S. 433 (439 f.).
26 *Radbruch*, in: Anschütz/Thoma (Hrsg.), Handbuch des deutschen Staatsrechts,
S. 285 (289).

Seiner Ausgleichsfunktion kam der Staat seit Ende des 19. Jahrhunderts durch vielfältige Interventionen in das Sozial- und Wirtschaftsleben nach. Von exemplarischer Bedeutung sind die Einführung der Sozialversicherung, das Gesetz gegen den unlauteren Wettbewerb oder der Schutz der Schwerindustrie mittels Zöllen.[27] Insoweit entwickelte sich der liberale Nachtwächterstaat zum modernen Interventions- und Sozialstaat, auch wenn das Ausmaß der Staatstätigkeit im Verhältnis zu heute noch vergleichsweise gering ausfiel.[28] Je mehr gesellschaftliche Bereiche der Staat indes regulierte, desto mehr wuchs auch seine Ausgabenlast und damit die Notwendigkeit, die Einnahmen zu steigern. Da dies nur mit Zustimmung der Volksvertretung möglich war, nahm deren Bedeutung stetig zu.[29] In der Folge entstanden Wechselbeziehungen zwischen Staat und Gesellschaft, welche die herrschende Vorstellung einer strikten Trennung der Sphären zunehmend konterkarierten.

2. Die Differenzierung im freiheitlich-demokratischen Verfassungsstaat

Angesichts einer wachsenden gegenseitigen Durchdringung von Staat und Gesellschaft stellt sich die Frage nach dem heutigen Verhältnis beider Sphären zueinander. Teilweise wird die Auffassung vertreten, in einer Demokratie sei eine Differenzierung nicht mehr angebracht.[30] Bei Staat und Gesellschaft handele es sich vielmehr um ein und denselben menschlichen Verband, der zu keiner Aufspaltung fähig sei, da der Schnitt sonst mitten durch die natürlichen Personen verliefe.[31] Eine solche identitäre Sichtweise verkennt allerdings, dass die Unterscheidung von Staat und Gesellschaft nicht Personen, sondern unterschiedliche Funktionen und Rollen

---

27 Eingehend hierzu *Nipperdey*, Deutsche Geschichte 1866-1918, S. 386 ff., 471 ff. m.w.N.

28 *Pöllmann*, Kooperativer Staat und Parteiendemokratie, S. 33 f.

29 *Nipperdey*, Deutsche Geschichte 1866-1918, S. 474.

30 *Ehmke*, in: Hesse/Reicke/Scheuner (Hrsg.), Festgabe Smend, S. 23 (24 f.); *v. Krockow*, in: Böckenförde (Hrsg.), Staat und Gesellschaft, S. 432 (433 f.); *Lipphardt*, Die Gleichheit der politischen Parteien vor der öffentlichen Gewalt, S. 551 ff.

31 *Lipphardt*, Die Gleichheit der politischen Parteien vor der öffentlichen Gewalt, S. 551. Dementsprechend schlägt Horst Ehmke vor, das Begriffspaar „Staat" und „Gesellschaft" aufzugeben und allein das politische Gemeinwesen, das beide Sphären in sich vereinige, als „Staat" zu würdigen. Siehe hierzu *Ehmke*, in: Hesse/Reicke/Scheuner (Hrsg.), Festgabe Smend, S. 23 (44).

betrifft.[32] In der freiheitlichen Demokratie kommt dem Einzelnen insofern eine Doppelrolle zu, als er einerseits als Teilhaber staatlicher Gewalt auftritt und andererseits Alleininhaber individueller Entschließungsfreiheit ist.[33] Gäbe man nun die Unterscheidung von Staat und Gesellschaft auf, könnte dem Individuum kein Raum zur Entfaltung seiner persönlichen Freiheit gewährt werden. Jeder würde Sachwalter einer öffentlichen Ordnung, die alle Lebensbereiche durchdränge.[34] Damit verbliebe nur die Freiheit *im* demokratischen Willensbildungsprozess, nicht aber auch die Freiheit *gegenüber* diesem Prozess.[35] Das Ergebnis wäre eine totale Demokratie, der das Grundgesetz insbesondere dadurch entgegentritt, dass es die Freiheit doppelt sichert: Neben das Demokratieprinzip des Art. 20 I, II GG, das die Teilhabe aller an der staatlichen Entscheidungsgewalt festlegt, tritt ein Katalog von Grundrechten, die für die gesamte Staatsgewalt verbindlich und in ihrem Kerngehalt unantastbar sind (Art. 1 III bzw. Art. 19 II GG).

Auf der Differenzierung von Staat und Gesellschaft basieren nicht allein die Grundrechte, die bei einer Identität beider Sphären mangels unterscheidbarem Adressaten nicht zur Geltung kämen,[36] sondern auch das in Art. 20 I, 28 I 1 GG statuierte Sozialstaatsprinzip. So führt der Gebrauch der grundrechtlich gewährleisteten Freiheiten selbst bei materiell gleichen Ausgangsbedingungen nach einer gewissen Zeit zu sozialen Ungleichheiten innerhalb der Gesellschaft, die sich speziell durch die Eigentums- und Erbrechtsgarantie des Art. 14 I 1 GG über Generationen hinweg verfestigen.[37] Nähme diese Entwicklung ungehindert ihren Lauf, drohten gesellschaftliche Konflikte, zumal ohne ein Mindestmaß an ökonomischen Mitteln die grundrechtliche Freiheit für eine immer wachsende Zahl von Menschen zur leeren Form würde.[38] Es bedarf daher einer von der Gesellschaft unabhängigen Instanz, um die individuelle Freiheit real zu erhalten und gleichzeitig den gesellschaftlichen Zusammenhalt zu stärken.[39] Diese

---

32 *Grimm*, in: Bender/Maihofer/Vogel (Hrsg.), HVerfR, § 14 Rn. 21; *Hesse*, DÖV 1975, S. 437 (439); *Horn*, Die Verwaltung 26 (1993), S. 545 (552); *Zippelius*, Allgemeine Staatslehre, S. 217 f.
33 *Rupp*, in: Isensee/Kirchhof (Hrsg.), HStR II, § 31 Rn. 18.
34 *Grimm*, in: Bender/Maihofer/Vogel (Hrsg.), HVerfR, § 14 Rn. 21.
35 *Böckenförde*, in: ders. (Hrsg.), Recht, Staat, Freiheit, S. 209 (226).
36 *Di Fabio*, VVDStRL 56 (1997), S. 235 (253); s.a. *Isensee*, in: Böckenförde (Hrsg.), Staat und Gesellschaft, S. 317 (322).
37 *Dederer*, Korporative Staatsgewalt, S. 118.
38 *Karpen*, JA 1986, S. 299 (307).
39 *Musil*, Wettbewerb in der staatlichen Verwaltung, S. 378.

Aufgabe fällt dem Staat zu, der den sozialen Ausgleich im Wege einer Umverteilungspolitik vorzunehmen hat.[40] Dabei wird der sozialstaatlich motivierte Zugriff auf die Güter des Einzelnen sogleich wieder durch dessen Grundrechte begrenzt.[41]

Obgleich der Staat als organisierte Entscheidungs- und Wirkeinheit in mannigfacher Wechselbeziehung zur Gesellschaft steht, hört er nicht auf, sich von ihr funktional und strukturell zu unterscheiden.[42] So beruht der gesellschaftliche Bereich auf dem Prinzip der Freiheit und der Autonomie, wie es die Grundrechte in all ihren Dimensionen gewährleisten.[43] Er ist durch die Verfolgung pluraler Interessen geprägt und eher unorganisiert und dezentralisiert.[44] Hingegen obliegt es dem Staat, die innergesellschaftlichen Interessen auszugleichen und bewusste, zentral gesteuerte Entscheidungen zu Gunsten des Gemeinwohls zu treffen.[45] Hierfür stellt er Verfahren und Instanzen zur friedlichen Konfliktregelung bereit, legt durch Gesetze die Rahmenordnung für die Gesellschaft fest und wehrt Gefahren für deren Bestand und Sicherheit durch eingreifende oder vorbeugende Maßnahmen ab.[46] Dabei besitzt der Staat nur diejenigen Kompetenzen, die ihm die Verfassung zugestanden hat. Eine Berufung auf grundrechtliche Freiheiten ist ihm indes verwehrt, weil hierdurch die individuellen Freiheitsrechte im Konflikt mit der hoheitlichen Gewalt entwertet würden.[47] Freiheitsberechtigt ist mithin allein die Gesellschaft, die dem freiheitsverpflichteten Staat gegenübersteht.[48]

---

40 *Dederer*, Korporative Staatsgewalt, S. 119. Diese Auffassung geht auf Lorenz v. Stein zurück, der die Idee des Sozialstaats bereits Mitte des 19. Jahrhunderts entwickelte. Dazu näher *Böckenförde*, in: ders. (Hrsg.), Recht, Staat, Freiheit, S. 170 ff.; *Heinig*, Der Sozialstaat im Dienst der Freiheit, S. 56 ff.

41 *Böckenförde*, in: ders. (Hrsg.), Recht, Staat, Freiheit, S. 209 (236); *Dederer*, Korporative Staatsgewalt, S. 119.

42 *Böckenförde*, in: ders. (Hrsg.), Recht, Staat, Freiheit, S. 209 (219 f.); *Heller*, Staatslehre, S. 259 ff.; *Musil*, Wettbewerb in der staatlichen Verwaltung, S. 378 f.

43 *Rupp*, in: Isensee/Kirchhof (Hrsg.), HStR II, § 31 Rn. 33. Die Grundrechte erschöpfen sich nicht lediglich in ihrer primären Abwehrfunktion, sondern enthalten auch individuelle Leistungs- und Teilhaberechte sowie staatliche Schutzpflichten. Ein anschaulicher Überblick über die anerkannten Grundrechtsdimensionen findet sich bei *Kingreen/Poscher*, Grundrechte, Rn. 95 ff.

44 *Burgi*, Funktionale Privatisierung und Verwaltungshilfe, S. 24.

45 *Rupp*, in: Isensee/Kirchhof (Hrsg.), HStR II, § 31 Rn. 40.

46 *Böckenförde*, in: ders. (Hrsg.), Recht, Staat, Freiheit, S. 209 (220); *Westermeyer*, Die Herausbildung des Subsidiaritätsverhältnisses zwischen Familie und Staat, S. 83.

47 *Rupp*, in: Isensee/Kirchhof (Hrsg.), HStR II, § 31 Rn. 32.

48 *P. Kirchhof*, DVBl. 1999, S. 637 (638 f.).

3. Gemeinwohlkompetenzen

Im Hinblick auf die Ziele staatlicher Herrschaft verkörpert das Gemeinwohl „das Fundamentalprinzip der politischen Ethik und jeder möglichen staatsrechtlichen Programmatik"[49]. Sein Gegenpol ist das Partikularwohl, das sich aus der Vielzahl der Individual- und Gruppeninteressen zusammensetzt.[50] Beide Begriffe nehmen bei der Unterscheidung von Staat und Gesellschaft eine Schlüsselposition ein: Während das Partikularwohl allein der Gesellschaft zugeordnet wird, ist die Ausübung öffentlicher Gewalt nach allgemeiner Auffassung an das Gemeinwohl gebunden.[51] Es bedarf jedoch einer näheren Untersuchung, auf welche Weise sich der Gemeinwohltopos im freiheitlichen Verfassungsstaat operationalisieren lässt und welche grundgesetzlichen Prinzipien die Gemeinwohlverwirklichung durch Staat und Gesellschaft bestimmen.

a) Gemeinwohlklauseln im geltenden Recht

Der Gemeinwohlbegriff weist ebenso wie seine Synonyme, z.B. das „Wohl der Allgemeinheit", die „gemeine Wohlfahrt" oder das „öffentliche Interesse",[52] ein außerordentlich hohes Maß an Abstraktheit und inhaltlicher Unbestimmtheit auf. Vor diesem Hintergrund wird er im Schrifttum nicht selten als „nichts Handhabbares"[53], als bloße „Leerformel"[54] oder als „weitgehend im außerrechtlichen Bereich verbleibende Vorgabe"[55] abqualifiziert. Besonders prägnant fasste Georg Jellinek die Vorbehalte hinsichtlich

---

49 *Isensee*, in: ders./Kirchhof (Hrsg.), HStR IV, § 71 Rn. 1.
50 *Dederer*, Korporative Staatsgewalt, S. 108.
51 *Hartmann*, AöR 134 (2009), S. 1 (6) m.w.N. zum staatstheoretischen Verständnis. Ebenso betont die Rechtsprechung regelmäßig die staatliche Gemeinwohlverpflichtung. Vgl. hierzu exemplarisch BVerfGE 12, 354 (364); 33, 125 (159); 42, 312 (332); 44, 125 (141 f.); 49, 89 (132); 108, 186 (228); 120, 82 (113); 124, 235 (247).
52 Vgl. zur synonymen Verwendung dieser und weiterer Begriffe näher *Häberle*, Öffentliches Interesse als juristisches Problem, S. 37 f.; *Viotto*, Das öffentliche Interesse, S. 22 f.
53 *Herzog*, in: v. Arnim/Sommermann (Hrsg.), Gemeinwohlgefährdung und Gemeinwohlsicherung, S. 21 (31).
54 *Luhmann*, Recht und Automation in der öffentlichen Verwaltung, S. 91; vgl. ebenso *Kempen*, Grundgesetz, amtliche Öffentlichkeitsarbeit und politische Willensbildung, S. 153; *Stolleis*, in: Herzog u.a. (Hrsg.), EvStL I, Sp. 1061.
55 *Sachs*, DVBl. 1995, S. 873 (878).

der Unschärfe und des erheblichen Ideologisierungspotentials des Gemeinwohltopos zusammen: „Der Begriff des Wohles und der ihm verwandte des Nutzens sind nämlich so vieldeutig, so unbestimmt, so stark von subjektiver Anschauung abhängig, daß aus ihnen alles mögliche gefolgert werden kann und gefolgert worden ist. Unter Berufung auf die gemeine Wohlfahrt sind zu allen Zeiten die rücksichtslosesten Angriffe auf die höchsten und wichtigsten individuellen Güter vorgenommen worden."[56]

Ein solcher Verweis auf die mit der Konkretisierung des Gemeinwohls verbundenen Schwierigkeiten und Gefahren kann die Jurisprudenz aber nicht von ihrer Verpflichtung entbinden, einen durch das positive Recht vorgegebenen Topos auszulegen.[57] Bereits ein Blick auf die einfachgesetzliche Ebene verdeutlicht, dass der Gemeinwohlbegriff und seine Synonyme als Tatbestandsmerkmale in nahezu allen Rechtsgebieten positivrechtlich anerkannt sind.[58] Überdies sehen mehrere Landesverfassungen eine staatliche Pflicht zur Förderung des Gemeinwohls vor. Exemplarisch heißt es in Art. 3 I LVerf Bayern: „Bayern ist ein Rechts-, Kultur- und Sozialstaat. Er dient dem Gemeinwohl."[59] Obgleich das Grundgesetz den Staat nicht expressis verbis zur Verfolgung des Gemeinwohls verpflichtet, ist auch ihm der Begriff keineswegs fremd. So legt Art. 14 II 2 GG fest, dass der Gebrauch des Eigentums „zugleich dem Wohle der Allgemeinheit dienen" soll. Zudem sind Enteignungen nach Art. 14 III 1 GG „nur zum Wohle der Allgemeinheit zulässig." Als verpflichtende Handlungsmaxime kommt das Gemeinwohl ferner im Amtseid des Bundespräsidenten zum Ausdruck, der seine Kraft gem. Art. 56 S. 1 GG „dem Wohle des deutschen Volkes" zu widmen hat.[60] Nach Art. 64 II GG gilt dieser Gemeinwohlauftrag ebenso für die Mitglieder der Bundesregierung.[61] Schließlich konkretisiert Art. 87e IV 1 GG die Gewährleistungsverantwortung des Bundes beim

---

56 *Jellinek*, Allgemeine Staatslehre, S. 243.

57 *Häberle*, Rechtstheorie 14 (1983), S. 257 (269); *Uerpmann*, Das öffentliche Interesse, S. 1.

58 Beispielsweise in § 66 I 1 AO, § 396 I 1 AktG, § 9b IV 2 Nr. 1 AtG, § 1 V 1 BauGB, § 33 I 2 BeamtStG, § 5 I Nr. 3 BIschmG, § 19 II 2 DSchG BW, § 51 S. 1 GewO, § 30 I 2 GO NW, § 15 II 1 KrWG, § 65 V 2 LuftVG, § 59 I 2 SGB X, § 180 II Nr. 2 StVollzG, § 49 II 1 Nr. 5 VwVfG und § 3 Nr. 10 WHG.

59 Weitere staatliche Gemeinwohlaufträge finden sich auf Länderebene in Art. 1 II LVerf RP und Art. 82 I LVerf Sachsen.

60 Zur Gemeinwohlverpflichtung als Bestandteil von Eidesformeln näher *Häberle*, Öffentliches Interesse als juristisches Problem, S. 39 ff.

61 Vgl. in diesem Kontext auch BVerwG, NJW 1991, S. 1770 (1771), das auf Grundlage der Eidesformel eine Pflicht der Bundesregierung zur Gemeinwohlrealisierung etabliert: „Sie braucht also in ihrer Öffentlichkeitsarbeit ihre Verpflichtung

Eisenbahnbetrieb durch Wirtschaftsunternehmen dahingehend, dass dem „Wohl der Allgemeinheit [...] Rechnung getragen wird." Der Gemeinwohltopos ist nicht nur auf allen Ebenen der Normenhierarchie gesetzlich festgeschrieben, sondern wird auch in vielfältiger Weise von der Judikatur aufgegriffen.[62] Namentlich ist das Grundsatzurteil des Bundesverfassungsgerichts vom 2. März 1977 zu erwähnen, das sich mit den Grenzen regierungsamtlicher Öffentlichkeitsarbeit im Wahlkampf befasste. Das Gericht bekräftigte dabei die grundgesetzliche Verpflichtung, dass „alle Staatsgewalt um des Schutzes der Würde und Freiheit aller und der sozialen Gerechtigkeit gegenüber allen anvertraut ist, mithin stets am Wohl aller Bürger ausgerichtet zu sein hat."[63] Damit gehe auch mit Blick auf die demokratische Mehrheitsherrschaft die Verantwortung der Regierung einher, „bei ihren Entscheidungen das – je und je zu bestimmende – Gemeinwohl im Auge"[64] zu haben.

b) Die staatliche Gemeinwohlbindung

Wenngleich es zu den tradierten Gewissheiten der Rechtswissenschaft und ihrer benachbarten Disziplinen zählt, dass der Staat sein Handeln stets am Gemeinwohl orientieren muss,[65] ist das grundgesetzliche Substrat dieser Verpflichtung umstritten. Abgesehen von denjenigen Stimmen, die eine positivrechtliche Verankerung des Gebots ablehnen,[66] wird im Schrifttum verschiedentlich angenommen, dass sich die staatliche Gemeinwohlbin-

---

auf das Gemeinwohl (vgl. Art. 64 II i.V.m. Art. 56 I GG) sowie auf den Schutz der Menschenwürde und Grundrechte [...] nicht zu verleugnen, sondern darf ihr Recht zu öffentlichen Äußerungen aktiv zur Erfüllung dieser Verpflichtung nutzen." Demgegenüber verfährt das Schrifttum deutlich zurückhaltender mit der unmittelbaren Herleitung von Befugnissen und Pflichten aus den Amtseiden. Siehe dazu näher unten B. II. 2.

62 Zur Verwendung des Gemeinwohlbegriffs in der Rechtsprechung vgl. ausführlich *Nowrot*, Das Republikprinzip, S. 376 ff.

63 BVerfGE 44, 125 (141 f.).

64 BVerfGE 44 125 (142).

65 Vgl. statt vieler *Hartmann*, AöR 134 (2009), S. 1 (5 f.) mit zahlreichen Nachweisen.

66 Siehe z.B. *Calliess*, Rechtsstaat und Umweltstaat, S. 76; *Klement*, Verantwortung, S. 386 f.

dung aus dem Demokratieprinzip des Art. 20 I, II GG ergebe.[67] Hiernach sei nicht nur Herrschaft durch das Volk, sondern auch für das Volk gefordert.[68] Einem solchen Verständnis ist aber zu entgegnen, dass die Demokratie als organisatorisch-formales Prinzip lediglich die Frage nach dem Träger der staatlichen Herrschaftsgewalt beantwortet und sich insofern auf die Bildung, Legitimation und Kontrolle der Organe bezieht, die mit der Ausübung hoheitlicher Macht betraut sind.[69] Von zentraler Bedeutung ist dabei die Mehrheitsherrschaft, für welche das Demokratieprinzip selbst – außer bestimmten funktionsbedingten Grenzen wie z.b. dem Schutz oppositioneller Beteiligungsrechte[70] – keine weiterreichenden Beschränkungen enthält. Eine inhaltliche Vorgabe wie die staatliche Gemeinwohlorientierung lässt sich dem demokratischen Prinzip damit nicht entnehmen.[71] Als verfassungsrechtliche Grundlage der Gemeinwohlverpflichtung kommt stattdessen das in Art. 20 I, 28 I 1 GG normierte Republikprinzip in Betracht. Diesen Rechtssatz könnte man zunächst rein formal als bloßes Verbot der Monarchie oder einer absoluten Herrschaft verstehen.[72] Ihm wäre dann bereits Rechnung getragen, wenn das Staatsoberhaupt durch

---

67 Stellvertretend für viele *v. Arnim*, in: ders./Sommermann (Hrsg.), Gemeinwohlgefährdung und Gemeinwohlsicherung, S. 63 (69 f.); *Detterbeck*, Allgemeines Verwaltungsrecht, Rn. 252; *Kunig*, Das Rechtsstaatsprinzip, S. 333; *Pache*, VVDStRL 66 (2007), S. 106 (141); *Pitschas*, in: Hoffmann-Riem/Schmidt-Aßmann/Voßkuhle (Hrsg.), Grundlagen des Verwaltungsrechts II, § 42 Rn. 120; *Schmidt-Aßmann*, Das allgemeine Verwaltungsrecht als Ordnungsidee, S. 153.

68 *v. Arnim*, in: ders./Sommermann (Hrsg.), Gemeinwohlgefährdung und Gemeinwohlsicherung, S. 63 (69 f.) unter Rekurs auf die Sentenz „government of the people, by the people, for the people" in Abraham Lincolns „Gettysburg Address" vom 19. November 1863. Dabei bleibt unberücksichtigt, dass der Begriff „Demokratie" in der berühmten Rede nicht ausdrücklich genannt wurde. Daher erscheint die Annahme keinesfalls zwingend, dass der Präsident die Demokratie vor Augen hatte, als er das Ziel staatlicher Herrschaft („government for the people") erwähnte. Vgl. zur Interpretation der kurzen Sentenz auch *Nowrot*, Das Republikprinzip, S. 388 f. m.w.N.

69 *Böckenförde*, in: Isensee/Kirchhof (Hrsg.), HStR II, § 24 Rn. 83.

70 Eingehend zu den immanenten, funktionsbedingten Grenzen des Demokratieprinzips *Hillgruber*, AöR 127 (2002), S. 460 (465 ff.).

71 *Hillgruber*, AöR 127 (2002), S. 460 (467); s.a. *Jestaedt*, Demokratieprinzip und Kondominialverwaltung, S. 159 f., 173; *E. Klein*, DÖV 2009, S. 741 (746); *Möllers*, Gewaltengliederung, S. 40; *Müller-Franken*, AöR 134 (2009), S. 542 (554); *Seiler*, Der souveräne Verfassungsstaat, S. 126 f.; *Sommermann*, in: v. Mangoldt/Klein/Starck (Hrsg.), GG II, Art. 20 Rn. 92.

72 Zum noch immer vorherrschenden formalen Republikverständnis vgl. namentlich *Böckenförde*, in: Isensee/Kirchhof (Hrsg.), HStR II, § 24 Rn. 95 f.; *H. Dreier*, in: ders. (Hrsg.), GG II, Art. 20 (Republik) Rn. 21 f.; *Sachs*, in: ders. (Hrsg.), GG,

periodisch stattfindende Wahlen legitimiert würde.[73] Bei näherer Betrachtung stellt sich indes die Frage, ob sich das Republikprinzip tatsächlich in einer solch organisatorischen Vorgabe erschöpft. Zwar charakterisierte Art. 1 I WRV das Deutsche Reich noch dezidiert als Republik, um den Bruch zum Kaiserreich zu verdeutlichen.[74] Das schließt aber nicht aus, dass das republikanische Prinzip über einen darüber hinausgehenden Aussagegehalt verfügen kann. So ergibt sich seine volle Bedeutung nicht allein aus dem Nahhorizont der Weimarer Verfassung, sondern erst aus dem Fernhorizont seiner epochenübergreifenden Tradition.[75] Diese erfasst die Französische Revolution ebenso wie die aufklärerischen Philosophien Kants, Rousseaus oder Montesquieus und reicht letztlich über die oberitalienischen Stadtstaaten zurück auf die altrömische Republik und Ciceros Diktum „res publica res populi"[76]. In der berühmten Sentenz offenbart sich eine bestimmte Vorstellung vom Verhältnis der Bürger zum Staat: Damit dieser zur „res publica" werden kann, sind einerseits die Bürger dazu aufgefordert, die staatlichen Angelegenheiten als ihre eigenen Angelegenheiten zu verstehen und Verantwortung für das Gemeinwesen zu übernehmen. Andererseits muss sich der Staat zuvor die Interessen aller Bürger zu Eigen gemacht haben. Aus dem so verstandenen Republikprinzip lässt sich die Gemeinwohlverantwortung des Staates und seiner Organe ableiten.[77] Entscheidend ist danach nicht bloß der Träger, sondern auch das Ziel der

---

Art. 20 Rn. 9 f.; *Volkmann*, in: Friauf/Höfling (Hrsg.), Berliner Kommentar, Art. 20 (Republik) Rn. 14 ff.; *Wittreck*, in: Gornig u. a. (Hrsg.), Gedächtnisschrift für Dieter Blumenwitz, S. 881 ff.

73 *H. Dreier*, in: ders. (Hrsg.), GG II, Art. 20 (Republik) Rn. 17; *Huster/Rux*, in: Epping/Hillgruber (Hrsg.), GG, Art. 20 Rn. 201; *Sommermann*, in: v. Mangoldt/Klein/Starck (Hrsg.), GG II, Art. 20 Rn. 13.

74 Vgl. aus der zeitgenössischen Literatur namentlich *Anschütz*, Die Verfassung des Deutschen Reichs vom 11. August 1919, S. 37; *Giese*, Die Verfassung des Deutschen Reiches, S. 40.

75 Zur Ideen- und Verfassungsgeschichte der Republik eingehend *Gröschner*, in: Isensee/Kirchhof (Hrsg.), HStR II, § 23 Rn. 13 ff.; *Isensee*, JZ 1981, S. 1 (3 ff.); *Nowrot*, Das Republikprinzip, S. 319 ff.

76 *Cicero*, De re publica, I, 39.

77 So prägnant *Huster/Rux*, in: Epping/Hillgruber (Hrsg.), GG, Art. 20 Rn. 203; zur materiellen Deutung des Republikprinzips vgl. ferner *Gröschner*, in: Isensee/Kirchhof (Hrsg.), HStR II, § 23 Rn. 40 f.; *Isensee*, in: ders./Kirchhof (Hrsg.), HStR IV, § 71 Rn. 22 f.; *E. Klein*, DÖV 2009, S. 741 (746); *Nowrot*, Das Republikprinzip, S. 390 f. und passim; *Schliesky*, in: ders./Ernst/Schulz (Hrsg.), FS Schmidt-Jortzig, S. 311 (323 f.); *Sommermann*, in: v. Mangoldt/Klein/Starck (Hrsg.), GG II, Art. 20 Rn. 14; *Weibezahn*, Ethische Standards in der Verwaltung, S. 56 ff.

Herrschaft.[78] Der Staat bildet folglich nur dann eine „res publica", wenn er dem Wohl aller Bürger dient und nicht lediglich die Interessen der jeweils regierenden Mehrheiten sowie der hinter ihnen stehenden politischen Kräfte verfolgt.[79] Da er von der gesamten Bürgerschaft getragen wird, ist ihm gleichfalls eine Identifikation mit einem bestimmten gesellschaftlichen Verband versagt.[80] Evident wird dies vor allem mit Blick auf die allgemeinen und besonderen Gleichheitssätze,[81] die vor einer Klientelpolitik des Staates schützen und dessen Gemeinwohlbindung sekundieren.

c) Ansätze zur Gemeinwohlkonkretisierung

Ist die staatliche Gemeinwohlbindung im Republikprinzip verankert, bedarf es nunmehr der Klärung, wie sich diese Ordnungsidee praktisch konkretisieren lässt. Den Ausgangspunkt bildet die Erkenntnis, dass allein autokratische Staatsordnungen einen vorgegebenen und von den aktuellen, empirisch feststellbaren Interessen der Menschen unabhängigen Gemeinwohlinhalt zugrunde legen können.[82] In demokratisch-pluralistischen Staatswesen fehlt es hingegen an absoluten Fürsten sowie religiösen oder weltanschaulichen Führern, die über ein entsprechendes Deutungsmonopol verfügen. Das Gemeinwohl stellt hier nach der berühmten Formel Ernst Fraenkels „die Resultante dar, die sich jeweils aus dem Parallelogramm der ökonomischen, sozialen, politischen und ideologischen Kräfte

---

78 Nach Cicero ist die Demokratie nicht die einzige Herrschaftsform, in der eine „res publica" möglich ist. Vielmehr könnte auch ein absoluter Monarch die Sache des Volkes führen. Demgegenüber kennen Tyrannen und Oligarchen, die ihre Macht für eigennützige Ziele missbrauchen, keine „res publica". Das Gleiche gilt für die Herrschaft einer Volksmasse, die nicht durch einen Rechtskonsens sowie gemeinsame Interessen verbunden ist. Vgl. zu Ciceros Staatslehre näher *Isensee*, JZ 1981, S. 1 (3 f.).

79 Im Ergebnis ebenso BVerfGE 44, 125 (142 f.); s.a. BVerfGE 33, 125 (159), wonach dem Staat die Aufgabe zufällt, „Hüter des Gemeinwohls gegenüber Gruppeninteressen" zu sein.

80 Ebenso *Häberle*, JZ 1977, S. 361 (364); vgl. zum Prinzip staatlicher Nichtidentifikation auch näher unten C. V. 3. b).

81 Siehe hierzu den Überblick bei *Manssen*, Staatsrecht II, Rn. 831.

82 *Kerber/Schwan/Hollerbach*, in: Görres-Gesellschaft (Hrsg.), Staatslexikon II, Sp. 857 (859); *Link*, VVDStRL 48 (1990), S. 7 (21 f.); *Stolleis*, in: Herzog u.a. (Hrsg.), EvStL I, Sp. 1061 (1062); zur Idee eines a priori „richtigen" Gemeinwohls s.a. bereits *Rousseau*, Du contrat social, II, 3; hierzu kritisch *Isensee*, in: ders./Kirchhof (Hrsg.), HStR IV, § 71 Rn. 97.

einer Nation dann ergibt, wenn ein Ausgleich angestrebt und erreicht wird, der objektiv den Mindestanforderungen einer gerechten Sozialordnung entspricht und subjektiv von keiner maßgeblichen Gruppe als Vergewaltigung empfunden wird."[83] Es handelt sich also grundsätzlich um das einem ständigen Wandel unterworfene Ergebnis des demokratischen Willensbildungsprozesses. Dabei soll die öffentliche Entscheidungsfindung durch den Zwang zu Transparenz und Kritik eine rationale, sachgerechte und daher von allen Beteiligten umso eher akzeptierte Konkretisierung des Gemeinwohlwohls gewährleisten.[84]

Indes deutet Fraenkels Definition bereits an, dass die Gemeinwohlbestimmung nicht ausschließlich auf der Grundlage demokratischer Entscheidungsprozesse erfolgen kann, sondern auch einiger fester inhaltlicher Leitvorgaben bedarf, um nicht „im Holzweg der Maßstablosigkeit zu enden."[85] Diese Direktiven lassen sich in einem demokratischen Staatswesen gewöhnlich der Verfassung entnehmen. So findet sich in Art. 1 I GG ein Bekenntnis zur Würde des Menschen, zu deren Achtung und Schutz alle staatliche Gewalt verpflichtet ist. Gem. Art. 79 III GG handelt es sich dabei um eine unabänderliche Fundamentalnorm. Auf sie folgt ein Katalog von Grundrechten, die gem. Art. 1 III GG alle staatlichen Organe als unmittelbar geltendes Recht binden und nach Art. 19 II GG in ihrem Wesensgehalt keinesfalls angetastet werden dürfen. Sofern Grundrechtspositionen miteinander kollidieren, darf ein Rechtsgut nicht ausschließlich auf Kosten eines anderen realisiert werden. Vielmehr muss der Staat einen schonenden Ausgleich im Sinne praktischer Konkordanz herstellen.[86] Den Grundge-

---

83 *Fraenkel*, in: v. Brünneck (Hrsg.), Deutschland und die westlichen Demokratien, S. 53 (62); vgl. zum prozeduralen Gemeinwohlverständnis besonders auch *H. Dreier*, in: ders. (Hrsg.), GG II, Art. 20 (Republik) Rn. 22; *Fehling*, Verwaltung zwischen Unparteilichkeit und Gestaltungsaufgabe, S. 24; *Häberle*, Rechtstheorie 14 (1983), S. 257 (272 ff.); *Hatje*, VVDStRL 69 (2010), S. 135 (140 ff.); *Link*, VVDStRL 48 (1990), S. 7 (25 f.); *Schuppert*, GewArch 2004, S. 441 (443); *Trute*, in: Schuppert/Neidhardt (Hrsg.), Gemeinwohl, S. 329 (331); *Welzel*, in: Schuppert/Neidhardt (Hrsg.), Gemeinwohl, S. 109 (111 f.).

84 *Stolleis*, in: Herzog u.a. (Hrsg.), EvStL I, Sp. 1061 (1062).

85 *Schuppert*, in: ders./Neidhardt (Hrsg.), Gemeinwohl, S. 19 (27); ähnlich kritisch gegenüber einem rein prozeduralen Gemeinwohlverständnis *Hartmann*, AöR 134 (2009), S. 1 (14 f.); *Isensee*, in: v. Arnim/Sommermann (Hrsg.), Gemeinwohlgefährdung und Gemeinwohlsicherung, S. 95 (99); *Mayntz*, in: Münkler/Fischer (Hrsg.), Gemeinwohl und Gemeinsinn im Recht, S. 111 (113); *Schmidt-Aßmann*, Das allgemeine Verwaltungsrecht als Ordnungsidee, S. 152.

86 *Hesse*, Grundzüge des Verfassungsrechts der Bundesrepublik Deutschland, Rn. 317 f.; ebenso *Classen*, AöR 122 (1997), S. 65 (98).

danken des Interessenausgleichs bringt des Weiteren das Sozialstaatsprinzip gem. Art. 20 I, 28 I GG zum Ausdruck. Hiernach ist der Staat verpflichtet, „für einen Ausgleich der sozialen Gegensätze und damit für eine gerechte Sozialordnung zu sorgen"[87]. Im Hinblick auf den Ausgleich zwischen den Generationen weist ferner Art. 20a GG den Schutz der natürlichen Lebensgrundlagen als Gemeinwohlkriterium aus.[88] Letztlich verdeutlichen die soeben genannten Bestimmungen, dass das Gemeinwohl nicht von vornherein gleichgesetzt wird mit den Interessen oder Wünschen einer bestimmten gesellschaftlichen Gruppe, selbst wenn diese die demokratische Mehrheit bildet. Stattdessen werden grundsätzlich die „annährend gleichmäßige Förderung des Wohls aller Bürger" sowie die „annährend gleichmäßige Verteilung der Lasten" erstrebt.[89]

Indem das Grundgesetz kein vollständiges Konzept des Gemeinwohls enthält und lediglich die Rahmenbedingungen für die Akteure in Staat und Gesellschaft festlegt,[90] erfolgt die Gemeinwohlkonkretisierung in einem dynamischen Prozess inhaltlich stets von neuem und von Fall zu Fall.[91] Hierbei überlässt das grundgesetzliche Repräsentativsystem insbesondere der unmittelbar demokratisch legitimierten Volksvertretung und der von ihr getragenen Regierung die Aufgabe, Ziele zu wählen und über Prioritäten zu entscheiden.[92] Demgegenüber obliegt einer unabhängigen Gerichtsbarkeit die Kontrolle, ob die verfassungsrechtlich vorgesehene Kompetenz- und Verfahrensordnung sowie ein Kern an materiellen Gemeinwohlwerten gewahrt wurden.[93]

---

87 BVerfGE 22, 180 (204); *Maurer*, Staatsrecht I, § 8 Rn. 76; *Papier*, in: Merten/Papier (Hrsg.), HGR II, § 30 Rn. 10.

88 Zum Umweltschutz als Gemeinwohlwert vgl. namentlich *Dederer*, Korporative Staatsgewalt, S. 108, 110; *Isensee*, in: ders./Kirchhof (Hrsg.), HStR IV, § 71 Rn. 82; *Uerpmann*, in: Schuppert/Neidhardt (Hrsg.), Gemeinwohl, S. 179 (183).

89 BVerfGE 5, 85 (198); vgl. auch *Holzner*, Konsens im Allgemeinen Verwaltungsrecht und in der Demokratietheorie, S. 111 f.

90 *Isensee*, in: ders./Kirchhof (Hrsg.), HStR IV, § 71 Rn. 71; *Uerpmann*, in: Schuppert/Neidhardt (Hrsg.), Gemeinwohl, S. 179 (186).

91 *Dederer*, Korporative Staatsgewalt, S. 362; *Häberle*, Rechtstheorie 14 (1983), S. 257 (279 f.); *Stolleis*, in: Herzog u.a. (Hrsg.), EvStL I, Sp. 1061 (1062).

92 *Schuppert*, GewArch 2004, S. 441 (444).

93 *Dederer*, Korporative Staatsgewalt, S. 362; s.a. *Uerpmann*, in: Schuppert/Neidhardt (Hrsg.), Gemeinwohl, S. 179 (186).

d) Arbeitsteilige Gemeinwohlverwirklichung durch Staat und Gesellschaft

Abgesehen vom Vorbehaltsbereich der äußeren und inneren Sicherheit[94] wirkt die Staatsorganisation nicht allein und obrigkeitlich auf die Herstellung des Gemeinwohls hin. Hierfür besäße sie schon rein faktisch gar nicht durchgängig die notwendigen Mittel. Beispielsweise kann sie nicht selbst Familien gründen oder unmittelbar Kunstwerke kreieren. Stattdessen ist ihr auferlegt, günstige Rahmenbedingungen zu schaffen, unter denen der Einzelne dann von seinen Freiheiten Gebrauch machen und das Gemeinwohl fördern kann.[95] Einen entsprechenden Beitrag leistet der Bürger zunächst, indem er über seine Status-activus-Rechte am politischen Willensbildungsprozess teilnimmt.[96] Er kann etwa durch die Ausübung seines Wahlrechts Einfluss auf die Entscheidungen des Staates nehmen und dessen Gemeinwohlgenerierung steuern. Ebenso steht es ihm offen, sich politisch zu engagieren und selbst öffentliche Ämter zu bekleiden.[97] Wenngleich die so beschriebene Partizipation an der staatlichen Gemeinwohlsorge lediglich eine Handlungsoption des Bürgers und keine Rechtspflicht darstellt,[98] ist sie für die Demokratie schlechthin konstituierend.

Der Bürger ist nicht darauf beschränkt, am gemeinwohlorientierten Handeln des Staates teilzuhaben. Vielmehr eröffnen ihm seine Grundrechte die Möglichkeit, eigene Leistungen für das Gemeinwohl zu erbringen.[99] In seiner freiheitlichen Ausrichtung verpflichtet das Grundgesetz die gesellschaftlichen Akteure aber nicht dazu, stets selbstlos der Allgemeinheit

---

94 Die Landesverteidigung sowie die Aufrechterhaltung und Fortbildung der Rechtsordnung stellen eine staatliche Kernaufgabe dar. In ihr findet das den Staat als solchen kennzeichnende Gewaltmonopol seinen Ausdruck. Vgl. hierzu *Seer*, DStJG 26 (2003), S. 11 (19) mit Verweis auf die Staatsaufgabenlehre von Georg Jellinek.

95 *Burgi*, Funktionale Privatisierung und Verwaltungshilfe, S. 27; ebenso bereits *Jellinek*, Allgemeine Staatslehre, S. 250 f.

96 *Isensee*, in: v. Arnim/Sommermann (Hrsg.), Gemeinwohlgefährdung und Gemeinwohlsicherung, S. 95 (107).

97 *Isensee*, in: ders./Kirchhof (Hrsg.), HStR IV, § 71 Rn. 126.

98 Einer gesetzlichen Wahlpflicht steht Art. 38 I 1 GG entgegen, der auch die Freiheit umfasst, vom Wahlrecht keinen Gebrauch zu machen. Vgl. dazu etwa *Butzer*, in: Epping/Hillgruber (Hrsg.), GG, Art. 38 Rn. 58; *H. H. Klein*, in: Maunz/Dürig (Begr.), GG, Art. 38 Rn. 108; *Magiera*, in: Sachs (Hrsg.), GG, Art. 38 Rn. 90; a.A. *Haack*, KritV 2011, S. 80 (92 ff.); *Labrenz*, ZRP 2011, S. 214 (216).

99 *Häberle*, Rechtstheorie 14 (1983), S. 257 (267); *Isensee*, in: v. Arnim/Sommermann (Hrsg.), Gemeinwohlgefährdung und Gemeinwohlsicherung, S. 95 (108).

zu dienen.[100] Die Individuen dürfen im Gegenteil auch ihren Eigeninteressen den Vorrang einräumen und miteinander um die wirtschaftlich vorteilhafteste Position in Wettstreit treten.[101] Idealiter entstehen hierdurch Werte, die wiederum dem Gemeinwohl zugutekommen.[102] Derweil teilt das Grundgesetz nicht den liberalen Optimismus, dass das Gemeinwohl allein „kraft der unsichtbaren Hand des Marktes" aus dem gesellschaftlichen Wettbewerb hervorgeht.[103] Es weist insofern dem Staat die Letztverantwortung für das Gemeinwohl zu und verpflichtet ihn, gemeinwohlförderliche Leistungen zu erbringen, wo die gesellschaftlichen Marktmechanismen versagen.[104]

II. Das öffentliche Amt

Um seiner Gemeinwohlverpflichtung nachzukommen, bedient sich der Staat natürlicher Personen, die als Amtswalter in seinem Namen tätig sind und seine Befugnisse wahrnehmen. Freilich lässt sich der einzelne Mensch naturgemäß nicht nur vom Gemeinwohl leiten, sondern hat stets auch

---

100 Einige ältere Landesverfassungen erlegen dem Einzelnen unter Berufung auf das Gemeinwohl bestimmte Grundpflichten auf. Exemplarisch heißt es in Art. 9 LVerf Bremen: „Jeder hat die Pflicht der Treue gegenüber Volk und Verfassung. Er hat die Pflicht, am öffentlichen Leben Anteil zu nehmen und seine Kräfte zum Wohle der Allgemeinheit einzusetzen. Er ist nach Maßgabe der Gesetze verpflichtet, Ehrenämter zu übernehmen." Wegen des in Art. 31 GG normierten Vorrangs des Bundesrechts sind solche landesrechtlichen Pflichten jedoch nur dort möglich, wo keine grundgesetzlichen Regelungen, insbesondere Grundrechte und Kompetenzvorschriften, entgegenstehen. Im Ergebnis bleibt dann von den auf dem Gemeinwohl begründeten Grundpflichten nur die Pflicht zur Übernahme von Ehrenämtern bestehen. Vgl. hierzu näher *Kirste*, in: Brugger/Kirste/Anderheiden (Hrsg.), Gemeinwohl, S. 327 (332 ff.) m.w.N.
101 *Kirste*, in: Brugger/Kirste/Anderheiden (Hrsg.), Gemeinwohl, S. 327 (329 ff.); *Musil*, Wettbewerb in der staatlichen Verwaltung, S. 384.
102 Vgl. namentlich *Isensee*, Salus publica – suprema lex?, S. 55, der den Eigennutz anschaulich als Vehikel des Gemeinwohls beschreibt: „Wer am Erwerbsleben teilnimmt, sorgt, soweit er Erfolg hat, für seinen Lebensunterhalt und den seiner Familie, erfüllt eine Nachfrage am Markt, trägt zur Wertschöpfung der Volkswirtschaft bei und führt am Ende dem Staat Steuern zu, die diesen befähigen, allgemeine Bedürfnisse zu befriedigen, denen der Markt nicht Genüge tut."
103 *Isensee*, in: ders./Kirchhof (Hrsg.), HStR IV, § 71 Rn. 122.
104 *Isensee*, in: v. Arnim/Sommermann (Hrsg.), Gemeinwohlgefährdung und Gemeinwohlsicherung, S. 95 (108); s.a. *Burgi*, Funktionale Privatisierung und Verwaltungshilfe, S. 28.

sein Partikularwohl im Auge. Es bedarf insofern rechtlicher und ethischer Grundsätze, die gewährleisten, dass die für den Staat handelnden Personen ausschließlich das Gemeinwohl verfolgen. Diese Vorgaben werden im juristischen Schrifttum als „Amtsprinzip" bezeichnet und im Folgenden ausführlich erörtert. Dazu wird das öffentliche Amt im staatsorganisationsrechtlichen Sinn dargestellt und die Polarität zwischen grundrechtlich verbürgtem Freiheitsgebrauch und grundrechtsgebundener Amtsausübung erläutert. Hieran schließt sich eine Auseinandersetzung mit der Vielfalt der staatlichen Ämterordnung an, die sich bei starker systematisierender Vereinfachung in die Bereiche der politischen Führung und der fachlichen Ausführung unterteilen lässt.

1. Das öffentliche Amt im staatsrechtlichen Sinn

Der Amtsbegriff hat in der Alltags- und Rechtssprache vielfältige Bedeutungen angenommen. Ursprünglich kennzeichnete er eine abhängige, niedrige und fremdbestimmte Tätigkeit für andere.[105] Früh entledigte er sich allerdings des Merkmals der niedrigen Beschäftigung und erstreckte sich ebenfalls auf Herrschafts- und Würdepositionen.[106] Für seine weitere Entwicklung war sodann der Einfluss des römisch-kanonischen Rechts von entscheidender Bedeutung. Er führte zu einer stetigen Institutionalisierung und Entpersonalisierung des mit dem Amt übertragenen Tätigkeitsbereichs und legte mithin den Grundstein für das heutige Amtsverständnis.[107] Danach bildet das Amt einen durch Rechtssätze geschaffenen Aufgabenkreis, den ein Mensch, der sog. Amtswalter,[108] im Dienste anderer

---

105 Zur Etymologie, die auf das keltisch-lateinische Wort „ambactus" zurückführt, vgl. *Bülck*, in: König/Laubinger/Wagener (Hrsg.), FS Ule, S. 1 (22); *R. Dreier*, in: Görres-Gesellschaft (Hrsg.), Staatslexikon I, Sp. 128; *Wilde*, in: Cordes u.a. (Hrsg.), HRG I, Sp. 207 (208).

106 *R. Dreier*, in: Görres-Gesellschaft (Hrsg.), Staatslexikon I, Sp. 128; *Krüger*, Allgemeine Staatslehre, S. 255.

107 *Stein*, Die Verantwortlichkeit politischer Akteure, S. 52 f.; zum kirchlichen Ämterwesen und seiner Vorbildfunktion für die moderne Staatsorganisation s.a. *Isensee*, in: Schuppert/Neidhardt (Hrsg.), Gemeinwohl, S. 241 (243 ff.); *Weibezahn*, Ethische Standards in der Verwaltung, S. 42 ff.

108 Vielfach wird der Amtswalter auch „Amtsträger" genannt. „Träger" des Amtes ist indessen diejenige Person oder Organisation, deren Angelegenheiten der Amtswalter wahrnimmt. Vgl. *Wolff/Bachof*, Verwaltungsrecht II, S. 30.

wahrnimmt.[109] Es handelt sich also um eine „organisationsrechtliche Hülle, die zwar durch eine konkrete Person ausgefüllt werden muss, um praktisch operabel zu sein, aber nicht im Amtswalter aufgeht."[110] Dieser kann vielmehr ausgetauscht werden, ohne dass das Amt als solches berührt wird.[111] Hierdurch wird es ebenso möglich wie nötig, zwei Rechtssphären zu unterscheiden, nämlich die amtliche Funktion einerseits und die Privatsphäre der natürlichen Person andererseits.

Als Ausweis bürokratischer Strukturen ist das Amt im organisationsrechtlichen Sinn nicht auf die Staatsorganisation beschränkt, sondern findet sich auch im gesellschaftlichen Bereich wieder.[112] Die entsprechende Zuordnung erfolgt anhand des jeweils anvertrauten Aufgabenkreises. Unter einem öffentlichen Amt ist demnach ein durch Rechtsnormen statuiertes Segment staatlicher Aufgaben und Befugnisse zu verstehen, das eine Einzelperson für den Staat wahrnimmt.[113] Der so definierte staatsrechtliche Amtsbegriff kennzeichnet die „kleinste organisatorische Einheit im Bauplan des Staatsapparates"[114] und gleicht dem haftungsrechtlichen Amtsverständnis i.S.d. Art. 34 S. 1 GG i.V.m. § 839 I BGB.[115] Von ihm sind die engeren Amtsbegriffe im Beamtenrecht[116] wie auch im Strafrecht[117] zu unterscheiden. Sofern sich aus dem Zusammenhang nichts anderes ergibt, meint der Terminus „Amt" im Folgenden nur das öffentliche Amt im staatsrechtlichen Sinn.

---

109 Vgl. etwa *R. Dreier*, in: Görres-Gesellschaft (Hrsg.), Staatslexikon I, Sp. 128; *Wolff/Bachof*, Verwaltungsrecht II, S. 28 f.

110 *Gärditz*, JöR 64 (2016), S. 1 (3 f.).

111 *Isensee*, Salus publica – suprema lex?, S. 61; *Stein*, Die Verantwortlichkeit politischer Akteure, S. 53.

112 *Battis*, in: Heun u.a. (Hrsg.), EvStL, Sp. 46 (47 f.); *Wolff/Bachof*, Verwaltungsrecht II, S. 30; eingehend hierzu auch *Jacoby*, Das private Amt, S. 171 ff. und passim.

113 *R. Dreier*, in: Görres-Gesellschaft (Hrsg.), Staatslexikon I, Sp. 128 f.; *Weibezahn*, Ethische Standards in der Verwaltung, S. 45 m.w.N.

114 *v. Kielmansegg*, Grundrechte im Näheverhältnis, S. 250.

115 *Depenheuer*, in: Isensee/Kirchhof (Hrsg.), HStR III, § 36 Rn. 9.

116 Im Dienstrecht gibt das Amt im statusrechtlichen Sinn die Rechtsstellung des Beamten nach Amtsbezeichnung sowie Besoldungs- und Laufbahngruppe an. Seine Dienstaufgaben kennzeichnet dagegen das Amt im funktionellen Sinn. Hierbei sind zwei Arten zu unterscheiden: Während das abstrakt-funktionelle Amt einen der Stellung des Beamten entsprechenden Aufgabenkreis in einer bestimmten Behörde bezeichnet, legt das konkret-funktionelle Amt die bestimmte, einem einzelnen Beamten übertragene Dienstaufgabe fest. Vgl. *Battis*, in: Heun u.a. (Hrsg.), EvStL, Sp. 46 (48); *Summer*, ZBR 1982, S. 321 (322).

117 Umfassend dazu *Heinrich*, Der Amtsträgerbegriff im Strafrecht, S. 313 ff.

2. Die Polarität von öffentlichem Amt und privater Freiheit

Als Akteur der Staatsgewalt muss der Amtswalter auf Eigennutz und Selbstverwirklichung verzichten und stattdessen seinen Dienst objektiv und sachbezogen zum Wohl der Allgemeinheit versehen.[118] Hier offenbart sich das republikanische Prinzip, wonach die Ausübung der Staatsgewalt nur legitim ist, solange sie ausschließlich dem Gemeinwohl zu dienen bestimmt ist.[119] Die Staatsgewalt verlöre indes ihre Rechtfertigung, wenn die Amtswalter ihre Teilhabe an staatlicher Herrschaft dazu einsetzten, um Partikular- oder gar Privatinteressen zu verfolgen. Besonders sichtbar wird die amtliche Gemeinwohlbindung in den Amtseiden der Exekutivspitzen, die gem. Art. 56 S. 2 und Art. 64 II GG schwören, ihre Kraft „dem Wohle des deutschen Volkes" zu widmen.[120] Obgleich dem Amtseid keine rechtliche Bedeutung zukommt,[121] entfaltet er durch die zu erwartende moralische Diskreditierung des Eidbrechers eine faktische Wirkung und befriedigt ebenso den Bedarf der Öffentlichkeit an politischer Symbolik.[122]

Wer ein Amt ausübt, handelt nicht für sich selbst, sondern für die staatlich organisierte Allgemeinheit. Die Handlungen des Amtswalters werden damit dem Staat zugerechnet,[123] der gem. Art. 1 III GG an die Grundrechte gebunden ist. Deren nach wie vor zentrale Funktion besteht darin, indi-

---

118 Vgl. statt vieler *Musil*, Wettbewerb in der staatlichen Verwaltung, S. 390; *Schliesky*, in: ders./Ernst/Schulz (Hrsg.), FS Schmidt-Jortzig, S. 311 (320).

119 Zum öffentlichen Amt als Ausprägung des Republikprinzips vgl. insbesondere *Isensee*, in: Schuppert/Neidhardt (Hrsg.), Gemeinwohl, S. 241 (249); *E. Klein*, DÖV 2009, S. 741 (745); s.a. *Battis*, in: Heun u.a. (Hrsg.), EvStL, Sp. 46 (47); *Depenheuer*, in: Isensee/Kirchhof (Hrsg.), HStR III, § 36 Rn. 67; *Gröschner*, in: Isensee/Kirchhof (Hrsg.), HStR II, § 23 Rn. 62 ff.; *Henke*, JZ 1981, S. 249 (250); *Hilp*, „Den bösen Schein vermeiden", S. 101 ff.

120 Einfachgesetzlich sind die Amtseide der Bundes- und Landesbeamten in § 64 BBG bzw. § 38 BeamtStG geregelt. Deren Wortlaut nimmt zwar nicht ausdrücklich Bezug auf das Gemeinwohl oder das Wohl des Volkes, allerdings zählt zu den erwähnten Amtspflichten auch die in § 60 I 1 BBG und § 33 I 2 BeamtStG normierte Gemeinwohlbindung.

121 Rechtliche Wirkung entfaltet allein die Verletzung der konkreten Amtspflicht. Siehe hierzu *Depenheuer*, in: Isensee/Kirchhof (Hrsg.), HStR III, § 36 Rn. 37; *Herzog*, in: Maunz/Dürig (Begr.), GG, Art. 64 Rn. 30.

122 *Gärditz*, JöR 64 (2016), S. 1 (39 f.); ähnlich *Schliesky*, in: ders./Ernst/Schulz (Hrsg.), FS Schmidt-Jortzig, S. 311 (325).

123 *Isensee*, in: Schuppert/Neidhardt (Hrsg.), Gemeinwohl, S. 241 (248); *v. Kielmansegg*, Grundrechte im Näheverhältnis, S. 250 f.

viduelle Freiheit gegenüber dem Staat zu gewährleisten.[124] Hierfür ist es unerlässlich, dass der Staat allein als Adressat und nicht als Berechtigter der Grundrechte fungiert. Könnte er sich dagegen auf Grundrechte berufen, so wäre ihre Wirkung für den Einzelnen neutralisiert, während sie dem Staat den Rechtstitel für Willkür lieferten.[125] Vor diesem Hintergrund hat der Amtswalter als staatlicher Akteur die Grundrechte zu wahren und zu schützen, nimmt aber nicht selbst an ihnen teil.[126] Vielmehr sind ihm Kompetenzen als Wahrnehmungszuständigkeiten zugewiesen, die als solche weder verrückbar noch verzichtbar sind und deren Ausübung sich insofern von der Beliebigkeit des Gebrauchs grundrechtlicher Freiheit unterscheidet.[127] Demgemäß darf etwa eine amtliche Stellungnahme auch nicht mit einer Meinungskundgabe i.S.d. Art. 5 I 1 Alt. 1 GG verwechselt werden.

Der Amtswalter ist zwar „integraler Teil der Staatsorganisation"[128], bleibt aber zugleich Bürger, der sich außerhalb der Amtsführung auf Grundrechte berufen kann.[129] So ist er in seinem privaten Lebensbereich wie jedermann grundrechtsberechtigt.[130] Dies gilt nicht nur für die häusliche Sphäre, sondern auch für jedes nicht amtlich bedingte oder bestimmte Auftreten in der Öffentlichkeit.[131] Freilich wird hier die Grundrechtsausübung durch einzelne Amtspflichten eingeschränkt. Beispielsweise greift die Verschwiegenheitspflicht ebenso wie das Gebot der Verfassungstreue auf das Privatleben des Amtswalters über. Dessen außeramtliche Aktivitä-

---

124 Vgl. statt vieler BVerfGE 50, 290 (337); 68, 193 (205); *Schmitt Glaeser*, Der freiheitliche Staat des Grundgesetzes, S. 57 f.

125 *Isensee*, ZBR 2004, S. 3 (6); zur Ratio des Konfusionsarguments s.a. BVerfGE 15, 256 (262); *P. M. Huber*, in: v. Mangoldt/Klein/Starck (Hrsg.), GG I, Art. 19 Rn. 245; *Kingreen/Poscher*, Grundrechte, Rn. 217 ff.; *Vitzthum*, in: Merten/Papier (Hrsg.), HGR II, § 48 Rn. 10.

126 Vgl. zur allgemeinen Auffassung namentlich *Battis*, in: Sachs (Hrsg.), GG, Art. 33 Rn. 75; *Depenheuer*, in: Isensee/Kirchhof (Hrsg.), HStR III, § 36 Rn. 61; *Gröschner*, in: Isensee/Kirchhof (Hrsg.), HStR II, § 23 Rn. 59; *v. Kielmansegg*, Grundrechte im Näheverhältnis, S. 359 ff.

127 *Löwer*, in: Isensee/Kirchhof (Hrsg.), HStR III, § 70 Rn. 9.

128 *Isensee*, in: Bender/Maihofer/Vogel (Hrsg.), HVerfR, § 32 Rn. 81.

129 *Vitzthum*, in: Merten/Papier (Hrsg.), HGR II, § 48 Rn. 35; zum Grundrechtsschutz im Sonderstatusverhältnis vgl. darüber hinaus auch BVerfGE 33, 1 (9 ff.).

130 *Gärditz*, JöR 64 (2016), S. 1 (7); *Isensee*, Gemeinwohl und öffentliches Amt, S. 148.

131 *Vitzthum*, in: Merten/Papier (Hrsg.), HGR II, § 48 Rn. 37.

ten dürfen grundsätzlich nicht zur Folge haben, dass das Vertrauen der Bevölkerung in die Integrität der Amtsführung leidet.[132]

3. Die Dichotomie des Ämterwesens

Die soeben dargelegten Grundsätze gelten für alle Inhaber öffentlicher Ämter. Darüber hinaus bestehen aber keine einheitlichen Regeln der Amtsausübung, zumal die staatliche Ämterordnung stark funktional differenziert ist. Im Hinblick auf ihren Bestellungsvorgang, ihre Dauer sowie ihre rechtliche Determination lassen sich die Ämter idealtypisch in die Bereiche der politischen Führung und des fachlichen Vollzugs unterteilen.[133] Diese Dichotomie soll im Folgenden anhand der Amtsverhältnisse des Beamten und des Regierungsmitglieds exemplarisch erläutert werden. Hierbei gilt es insbesondere zu untersuchen, inwiefern das politische Kräftespiel der Gesellschaft die jeweilige Amtsführung beeinflusst.

a) Das fachliche Vollzugsamt

Die Ausübung hoheitlicher Befugnisse kommt nach dem Funktionsvorbehalt des Art. 33 IV GG in der Regel den Beamten zu.[134] Deren öffentliches Dienstrecht ist maßgeblich durch die hergebrachten Grundsätze des Berufsbeamtentums i.S.d. Art. 33 V GG geprägt.[135] Hierzu zählt namentlich

---

132 *Depenheuer*, in: Isensee/Kirchhof (Hrsg.), HStR III, § 36 Rn. 62; *Isensee*, ZBR 2004, S. 3 (6).

133 *Depenheuer*, in: Isensee/Kirchhof (Hrsg.), HStR III, § 36 Rn. 22 ff.; *Isensee*, Gemeinwohl und öffentliches Amt, S. 146; siehe zudem *P. Kirchhof*, DVBl. 1999, S. 637 (645); zur Sonderrolle des politischen Beamten, der sich an der Schnittstelle zwischen politischer Führung und fachlichem Vollzug befindet, vgl. überdies *Neuhäuser*, NVwZ 2018, S. 1745 (1747); *Steinbach*, VerwArch 2018, S. 2 ff.

134 Zur Reichweite des Funktionsvorbehalts vgl. eingehend *Remmert*, Private Dienstleistungen in staatlichen Verwaltungsverfahren, S. 354 ff. mit zahlreichen Literaturnachweisen.

135 Was zum Katalog hergebrachter Grundsätze gehört und wie eine Systematisierung zu erfolgen hat, ist im Schrifttum umstritten. Vgl. hierzu exemplarisch die unterschiedlich systematisierenden Darstellungen bei *Brosius-Gersdorf*, in: Dreier (Hrsg.), GG II, Art. 33 Rn. 178 ff.; *Jachmann-Michel/Kaiser*, in: v. Mangoldt/Klein/Starck (Hrsg.), GG II, Art. 33 Rn. 44 ff.; *Lecheler*, in: Friauf/Höfling (Hrsg.), Berliner Kommentar, Art. 33 Rn. 66 ff.

das Gebot parteipolitischer Neutralität,[136] das auf Art. 130 I WRV zurück-geht[137] und einfachgesetzlich in § 60 I 1, 2 BBG und § 33 I 1, 2 BeamtStG zum Ausdruck kommt. Danach sind die Beamten verpflichtet, alle Bürger ohne Rücksicht auf eine Partei- oder sonstige Gruppenzugehörigkeit gleich zu behandeln.[138] Die persönliche politische Überzeugung darf die Amtsführung also nicht beeinflussen. Vielmehr müssen die Beamten jeder verfassungsmäßigen Regierung loyal zur Verfügung stehen, um so auch einen Regierungswechsel zu ermöglichen.[139] Ihre Neutralität bildet mithin eine Grundvoraussetzung für die parlamentarische Demokratie.[140] Verfas-sungsrechtlich wird sie zunächst durch das Leistungsprinzip des Art. 33 II GG abgesichert. Dieses schützt als grundrechtsgleiches Recht nicht nur die Interessen der Bewerber um ein öffentliches Amt, sondern enthält auch eine staatsorganisationsrechtliche Komponente, indem es im Interesse einer effektiven staatlichen Verwaltung die Bestenauslese als Mechanismus zur Personalrekrutierung statuiert.[141] Die Auswahlkriterien von Eignung, Befähigung und fachlicher Leistung legen dabei ein uneingeschränktes Be-kenntnis zur Privilegienfeindlichkeit des Staatsdienstes ab und richten sich aus rechtshistorischer Perspektive gegen feudale Praktiken, die den Zu-gang zu öffentlichen Ämtern teils bestimmten Bevölkerungsschichten vor-behielten oder durch den Ämterhandel kommerzialisierten.[142] Neben dem so skizzierten Leistungsgrundsatz trägt besonders das Alimentationsprin-zip dazu bei, die Neutralität der Berufsbeamtenschaft zu sichern. Als her-gebrachter Grundsatz i.S.d. Art. 33 V GG gewährleistet es den Beamten und ihren Familien einen amtsangemessenen Lebensunterhalt entspre-chend der Entwicklung der allgemeinen wirtschaftlichen und finanziellen Verhältnisse.[143] Ergänzt wird es durch eine grundsätzlich lebenszeitige An-

---

136 Vgl. statt vieler BVerwGE 90, 104 (110); *Merten*, in: ders./Papier (Hrsg.), HGR V, § 114 Rn. 79, 123.

137 Vgl. zur historischen Entwicklung des parteipolitischen Neutralitätsgebots nä-her *F. Rottmann*, Der Beamte als Staatsbürger, S. 121 ff.; *Wagner*, DÖD 1987, S. 65 f.

138 *Dişçi*, Der Grundsatz politischer Neutralität, S. 72; *Reich*, BeamtStG, § 33 Rn. 3.

139 *Grigoleit*, in: Battis (Hrsg.), BBG, § 60 Rn. 7; s.a. *Fehling*, Verwaltung zwischen Unparteilichkeit und Gestaltungsaufgabe, S. 247 f. mit Verweis auf den Unter-schied zum US-amerikanischen „spoils system", in welchem ein Regierungs-wechsel dazu führt, dass ein beachtlicher Teil der Führungspositionen in der Verwaltung neu besetzt wird.

140 BVerfGE 119, 247 (261).

141 *Battis*, in: Sachs (Hrsg.), GG, Art. 33 Rn. 19 f.

142 *Grigoleit*, in: Stern/Becker (Hrsg.), Grundrechte-Kommentar, Art. 33 Rn. 3, 22.

143 *Battis*, LKV 2013, S. 397 f.; *Jarass*, in: ders./Pieroth (Hrsg.), GG, Art. 33 Rn. 63 ff.

stellung,[144] wodurch die Beamten diejenige Unabhängigkeit erhalten, derer sie bedürfen, um frei von gesellschaftlichem Druck und finanziellen Nöten Entscheidungen zum Wohle der Allgemeinheit zu treffen.[145]

Nach alldem sieht das Grundgesetz im Berufsbeamtentum eine Institution, „die, gegründet auf Sachwissen, fachliche Leistung und loyale Pflichterfüllung, eine stabile Verwaltung sichern und damit einen ausgleichenden Faktor gegenüber den das Staatsleben gestaltenden politischen Kräften darstellen soll."[146] Freilich verkörpert die Beamtenschaft im pluralistisch-demokratischen Rechtsstaat keine selbständige politische Gegenmacht, die als Garantin eines dem positiven Recht vorgelagerten Gemeinwohls aus der Legitimationstechnik des demokratischen Verfahrens ausgegliedert ist.[147] Vielmehr nimmt sie ihre republikanische Gemeinwohlverantwortung wahr, indem sie den in Gesetzesform gegossenen Willen des Volkes pflichtgemäß umsetzt.[148] Soweit der Gesetzgeber ihr dabei Handlungsspielräume zubilligt, sieht ein Teil des Schrifttums[149] ungeachtet der gesetzlich normierten Amtspflichten[150] einen Bedarf nach ethischen Verhaltensmaßstäben. Hierzu zählt etwa die Forderung nach „Askese, Disziplin und Altruismus" sowie einem gewissen Maß an „Tugend und Ehre"[151]. In der Tat mag ein an materiellen Gemeinwohlwerten orientiertes Amtsethos das Vertrauen der Bevölkerung in die Neutralität und Sachlichkeit von Herrschaft stärken und damit gesellschaftlich nützlich sowie politisch sinnvoll sein. Aus juristischer Sicht ist allerdings maßgeblich, welche konkreten Mechanismen das Recht institutionalisiert, um ein etwaiges gemeinwohlwidriges Handeln zu sanktionieren.[152] Ohne positiv-rechtliche

---

144 Zum Lebenszeitprinzip und seinen Ausnahmen vgl. eingehend BVerfG, NVwZ 2018, S. 1044 (1046 f.); *Grigoleit*, in: Stern/Becker (Hrsg.), Grundrechte-Kommentar, Art. 33 Rn. 78 ff.

145 *Depenheuer*, in: Isensee/Kirchhof (Hrsg.), HStR III, § 36 Rn. 23; *Lindner*, ZBR 2013, S. 145 (149 f.).

146 BVerfGE 7, 155 (162); ähnlich BVerfGE 44, 249 (265); 99, 300 (315); 114, 258 (288); 119, 247 (260 f.); siehe aus dem Schrifttum auch *Battis*, DÖV 2001, S. 309 (311); *Kenntner*, DVBl. 2007, S. 1321 (1325 ff.); *Merten*, ZBR 1999, S. 1 (3).

147 *Gärditz*, NWVBl. 2015, S. 165 (168); ähnlich *Grigoleit*, in: Battis (Hrsg.), BBG, § 60 Rn. 8.

148 *Isensee*, ZBR 2004, S. 3 (4).

149 Vgl. namentlich *Battis*, DÖV 2001, S. 313 ff.; *Isensee*, ZBR 2004, S. 3 (4); *Lindner*, ZBR 2013, S. 145 (153 f.); *Sommermann*, VerwArch 89 (1998), S. 290 (299 f.); *Vogelsang*, ZBR 1997, S. 33 ff.

150 Zum beamtenrechtlichen Grundsatz der Gesetzmäßigkeit näher *Grigoleit*, in: Stern/Becker (Hrsg.), Grundrechte-Kommentar, Art. 33 Rn. 75 ff.

151 *Depenheuer*, in: Isensee/Kirchhof (Hrsg.), HStR III, § 36 Rn. 58, 83.

152 Siehe hierzu und zum Folgenden *Gärditz*, JöR 64 (2016), S. 1 (11).

Ausformung bleibt das „Ethos des öffentlichen Amtes" innerhalb der Rechtsordnung inoperabel. Insofern kann es für die vorliegende Untersuchung nur dann als Argument herangezogen werden, wenn es im Rahmen konkret normierter Pflichten zur rechtlichen Kategorie transformiert worden ist.

b) Das politische Führungsamt

Während die Beamtenschaft nach dem Grundsatz der Bestenauslese rekrutiert wird, erfolgt der Zugang zu politischen Führungsämtern auf der Grundlage von Wahlen. In der Repräsentativdemokratie bilden diese das zentrale Verfahren zur Ausübung der Staatsgewalt durch das Volk und vermitteln den Hoheitsorganen ihre demokratische Legitimation.[153] Dabei können sich auf Bundesebene allein die Abgeordneten auf das unmittelbare Vertrauen der Wahlbürger stützen.[154] Demgegenüber verfügen die Regierungsmitglieder über eine mittelbare Legitimation, indem der Bundestag gem. Art. 63 GG den Bundeskanzler wählt, auf dessen Vorschlag wiederum die Bundesminister gem. Art. 64 I GG ernannt werden. Anhand ihrer Abhängigkeit von Wahlentscheidungen und der daraus folgenden zeitlichen Begrenzung gem. Art. 69 II GG offenbaren die Regierungsämter ihre besondere Nähe zu den gesellschaftlich-politischen Kräften.[155] Anders als die fachlichen Vollzugsämter sind sie nur schwach gesetzlich determiniert[156] und durch originäre politische Gestaltungsspielräume geprägt.[157] So stehen namentlich bei Gesetzesinitiativen vielfältige Optionen zur Auswahl, die von gegensätzlichen politischen Lagern propagiert und in der

---

153 *Grigoleit/Siehr*, DÖV 2002, S. 455 (456); zur Legitimationsfunktion von Wahlen s.a. unten C. V. 2. b).

154 Zum Grundsatz der unmittelbaren Wahl eingehend *Butzer*, in: Epping/Hillgruber (Hrsg.), GG, Art. 38 Rn. 54 ff.; vgl. ferner *v. Arnim*, JZ 2002, S. 578 ff.

155 *Schröder*, in: Isensee/Kirchhof (Hrsg.), HStR V, § 106 Rn. 34; s.a. *Bamberger*, Nachamtliche Tätigkeitsbeschränkungen für politische Amtsträger, S. 97.

156 Das Amtsverhältnis der Regierungsmitglieder ist exklusiv im BMinG ausgestaltet. Dessen Anknüpfungspunkt bildete das Reichsministergesetz von 1930, das deutlich verspätet die positiv-rechtlichen Konsequenzen aus dem Übergang der Monarchie zum parlamentarischen Regierungssystem zog, indem es die Regierungsmitglieder aus der Sphäre des Beamtenrechts heraushob. Hierzu näher *Frenzel*, ZBR 2008, S. 243 (244); *Stein*, Die Verantwortlichkeit politischer Akteure, S. 355 f.

157 *Depenheuer*, in: Isensee/Kirchhof (Hrsg.), HStR III, § 36 Rn. 24; ähnlich *Köttgen*, in: Hesse/ Reicke/Scheuner (Hrsg.), Festgabe Smend, S. 119 (140).

Gesellschaft teils lebhaft diskutiert werden. Entscheiden sich die Regierungsmitglieder nun für ein Lösungskonzept und setzen damit Prioritäten und Posterioritäten, offenbaren sie zwangsläufig eine gewisse „Parteilichkeit".[158] Ungeachtet dessen bleiben sie als Amtswalter dem Gemeinwohl verpflichtet. Sie dürfen also keiner bestimmten Mehrheit dienen, sondern müssen das Wohl aller Bürger verfolgen.[159] Dies bringt insbesondere ihre Bindung an Gleichheitsgrundrechte und Diskriminierungsverbote zum Ausdruck, die vor einer staatlichen Klientelpolitik schützen. Nur wenn die von der Mehrheit getragene Regierung die Rechte der Minderheit beachtet und deren Interessen mitberücksichtigt, können ihre Entscheidungen letzten Endes „als Wille der Gesamtheit gelten und nach der Idee der freien Selbstbestimmung aller Bürger Verpflichtungskraft für alle entfalten."[160] Der grundsätzlich angestrebte Interessenausgleich, bei dem sich keine Gruppe vollständig durchsetzen kann oder gänzlich unberücksichtigt bleibt,[161] wird insoweit zur wesentlichen Begründung für die Unterwerfung unter die Staatsgewalt.[162]

III. Die politischen Parteien

Die Teilung des Ämterwesens in die Bereiche des fachlichen Vollzugs und der politischen Führung korrespondiert mit einem unterschiedlichen Einfluss der Parteien: Während ihnen der Zugriff auf die Verwaltung und die Gerichtsbarkeit grundsätzlich entzogen ist, stellen sie regelmäßig das Personal und den sachlichen Input für die politischen Führungsämter bereit. Über das Medium der Wahlen erlangen sie Einlass in die Sphäre des Staates und nehmen an dessen Willensbildung teil. Gleichzeitig wirken sie an der gesellschaftlichen Willensbildung mit, indem sie die vorhandenen Interessen und Bestrebungen sammeln, in sich ausgleichen und zur Entschei-

---

158 *Gärditz*, JöR 64 (2016), S. 1 (12 f.); *Grimm*, in: Bender/Maihofer/Vogel (Hrsg.), HVerfR, § 14 Rn. 63; *Payandeh*, Der Staat 55 (2016), S. 519 (531 ff.); ebenso *Kuch*, AöR 142 (2017), S. 491 (514 ff.); *Streinz*, in: v. Mangoldt/Klein/Starck (Hrsg.), GG II, Art. 21 Rn. 88.

159 BVerfGE 44, 125 (144); 138, 102 (111); s.a. *Häberle*, JZ 1977, S. 361 (363 f.); *Püttner*, in: König/Laubinger/Wagener (Hrsg.), FS Ule, S. 383 (392).

160 BVerfGE 44, 125 (142).

161 Vgl. hierzu bereits oben B. I. 3. c).

162 *Holzner*, Konsens im Allgemeinen Verwaltungsrecht und in der Demokratietheorie, S. 112; zu den konsensualen Elementen von Regierungsentscheidungen vgl. überdies *Kuch*, AöR 142 (2017), S. 491 (515 ff.).

dung bringen. Als Bindeglieder zwischen Staat und Gesellschaft sind sie somit daseinsnotwendige Faktoren für die parlamentarische Demokratie.[163] Es ist daher nur folgerichtig, dass Art. 21 GG den politischen Parteien einen verfassungsrechtlichen Status gewährt, der ihnen in den Reichsverfassungen von 1871 und 1919 noch bewusst versagt blieb.[164] Die Verfassungsnorm weist indes einen äußerst fragmentarischen und prinzipiellen Charakter auf, so dass sich wesentliche Fragen über Funktion und Standort der Parteien allein aus dem systematischen Zusammenhang zwischen Art. 21 GG und anderen grundgesetzlichen Vorschriften beantworten lassen. Hierbei gilt es zu berücksichtigen, dass der Verfassungsgeber durch die Regelung des Art. 21 GG den Parteien nicht erstmals eine bestimmte Aufgabe zuwies,[165] sondern ihrer historisch gewachsenen Bedeutung für den politischen Willensbildungsprozess Rechnung trug.[166]

1. Funktionen der Parteien

Obgleich die Funktionen der politischen Parteien umfangreich in § 1 II PartG beschrieben werden, müssen sie mangels einer Interpretationskompetenz des einfachen Gesetzgebers unmittelbar aus der Verfassung entwickelt werden.[167] Hierzu hat das Schrifttum auf Grundlage der Art. 21 I 1 und Art. 20 I, II GG zahlreiche Systematisierungsversuche unternommen, die sich teilweise erheblich voneinander unterscheiden.[168] Einigkeit herrscht jedoch in der Annahme, dass die Parteien als „Mittler" die Verknüpfung von Volks- und Staatswillensbildung vornehmen und damit für eine ständige wie lebendige Verbindung zwischen Staat und Volk sor-

---

163 *Hesse*, VVDStRL 17 (1959), S. 11 (19 ff.); zur „Scharnierfunktion" der Parteien zwischen Volks- und Staatswillensbildung s.a. *Dederer*, Korporative Staatsgewalt, S. 382; *Hillgruber*, in: Merten/Papier (Hrsg.), HGR V, § 118 Rn. 8.

164 Zum Parteienstatus im Kaiserreich und in der Weimarer Republik näher *Grimm*, in: Bender/ Maihofer/Vogel (Hrsg.), HVerfR, § 14 Rn. 2 ff.; *Streinz*, in: v. Mangoldt/Klein/Starck (Hrsg.), GG II, Art. 21 Rn. 1 ff.

165 Zur Deutung des Art. 21 I 1 GG als Aufgabenzuweisungsnorm vgl. BVerfGE 61, 1 (11 f.); *Hillgruber*, in: Merten/Papier (Hrsg.), HGR V, § 118 Rn. 54.

166 *Wolfrum*, Die innerparteiliche demokratische Ordnung nach dem Parteiengesetz, S. 27; ebenso *Ossege*, Das Parteienrechtsverhältnis, S. 32.

167 *Streinz*, in: v. Mangoldt/Klein/Starck (Hrsg.), GG II, Art. 21 Rn. 14 m.w.N.

168 Zu den unterschiedlichen Funktionsbestimmungen in der staatsrechtlichen und politikwissenschaftlichen Literatur eingehend *Armbrecht*, Politische Parteien im europäischen Verfassungsverbund, S. 35 ff.

gen.[169] Ausgehend von dieser „Grundfunktion"[170] soll der vorliegende Abschnitt die Parteifunktionen näher konkretisieren.

a) Artikulation und Integration gesellschaftlicher Interessen

Nach Art. 21 I 1 GG sind die Parteien dazu berufen, an der politischen Willensbildung der Gesellschaft mitzuwirken. Ihre Aufgabe nehmen sie wahr, indem sie die vorhandenen Meinungen, Interessen und Bestrebungen sammeln, strukturieren und zu politischen Programmen verdichten, die sie danach in den öffentlichen Diskurs einleiten und dem Bürger zur Wahl stellen.[171] Da die Parteien regelmäßig mehrheitsfähige Positionen anstreben, sind sie bemüht, Kompromisse zu finden und breit gestreute Gruppeninteressen zu integrieren.[172] Idealerweise agieren sie so als „soziale und politische Katalysatoren".[173]

Aufgrund ihrer Artikulationsfunktion bezeichnete das Bundesverfassungsgericht die Parteien ehedem als „Sprachrohr" des Volkes.[174] Diese auf Gerhard Leibholz zurückgehende Metapher[175] krankt aber daran, dass ein ausgebildeter Volkswille, der nur noch der Verstärkung und Übermittlung bedarf, nicht existiert.[176] Die politischen Anschauungen des Volkes sind vielmehr das Produkt eines komplexen Willensbildungsprozesses, an dem sich die Parteien aktiv beteiligen. Sie stehen hierbei nicht nur im Wettbewerb untereinander, sondern auch mit zahlreichen Interessenverbänden

---

169 Vgl. insbesondere *P. Kirchhof*, in: Brenner/Huber/Möstl (Hrsg.), FS Badura, S. 237 (261); *Schröder*, in: Merten/Papier (Hrsg.), HGR V, § 119 Rn. 19.

170 Siehe zum Begriff *Grimm*, in: Bender/Maihofer/Vogel (Hrsg.), HVerfR, § 14 Rn. 12 Fn. 14.

171 Zur Aggregations- und Artikulationsfunktion näher *Hesse*, VVDStRL 17 (1959), S. 11 (21, 23); *Kevenhörster*, Politikwissenschaft I, S. 282, 284; s.a. *Schröder*, in: Merten/Papier (Hrsg.), HGR V, § 119 Rn. 21 f.; *Stentzel*, Integrationsziel Parteiendemokratie, S. 118 f.

172 *H. H. Klein*, in: Maunz/Dürig (Begr.), GG, Art. 21 Rn. 164; *Morlok*, in: Dreier (Hrsg.), GG II, Art. 21 Rn. 21.

173 *Fraenkel*, in: v. Brünneck (Hrsg.), Deutschland und die westlichen Demokratien, S. 74 (90).

174 BVerfGE 1, 208 (224); 20, 56 (101).

175 Vgl. *Leibholz*, DVBl. 1950, S. 194 (196).

176 *Grimm*, in: Bender/Maihofer/Vogel (Hrsg.), HVerfR, § 14 Rn. 16; s.a. *Streinz*, in: v. Mangoldt/Klein/Starck (Hrsg.), GG II, Art. 21 Rn. 22.

und sonstigen gesellschaftlichen Akteuren.[177] Stets müssen sie sich an der Öffentlichkeit orientieren und versuchen, die Bürger von der Richtigkeit ihrer Politik zu überzeugen.[178] Insofern ist es kein Zufall, dass der Bundesgesetzgeber in § 1 II PartG die Einflussnahme der Parteien auf die öffentliche Meinung an erster Stelle anführt.[179]

b) Beteiligung an Wahlen

Zur Mitwirkung an der politischen Willensbildung zählt unbestritten die Beteiligung der Parteien an Wahlen, bei denen Volks- und Staatswillensbildung formal zusammenfallen.[180] Indem die Parteien die gesellschaftlichen Interessen bündeln und strukturieren, alternative Gemeinwohlkonzepte entwerfen und Kandidaten für Mandate und politische Führungsämter aufstellen, ermöglichen sie den Bürgern erst die Ausübung ihres Wahlrechts und sind somit „für das Funktionieren einer demokratischen Ordnung des Gemeinwesens schlechthin unerlässlich und entscheidend"[181]. Zwar haben die Parteien bei der Kandidatenaufstellung kein Monopol, da jedem Wahlberechtigten als Bestandteil seiner Wahlfreiheit aus Art. 38 I 1 GG ein Wahlvorschlagsrecht zusteht.[182] Wohl aber gewährt ihnen Art. 21 I 1 GG bei Wahlen eine exponierte Stellung,[183] die das Bundesverfassungsgericht dazu veranlasste, die Parteien wiederholt als „Wahlvorbereitungsorganisationen" zu bezeichnen.[184] Dieser Begriff verkürzt allerdings die

---

177 Dies bringt bereits Art. 21 I 1 GG zum Ausdruck, denn die Formulierung „mitwirken" schließt ein Monopol der Parteien auf die politische Meinungs- und Willensbildung des Volkes aus. Vgl. dazu ebenfalls *Morlok*, in: Dreier (Hrsg.), GG II, Art. 21 Rn. 25; *Müller-Franken*, DVBl. 2009, S. 1072 (1075); *Schelter*, Demokratisierung der Verbände?, S. 68 f.; *Schmitt Glaeser*, in: Isensee/Kirchhof (Hrsg.), HStR III, § 38 Rn. 11.
178 *Morlok*, in: Dreier (Hrsg.), GG II, Art. 21 Rn. 21.
179 So auch *Schröder*, in: Merten/Papier (Hrsg.), HGR V, § 119 Rn. 22.
180 *H. H. Klein*, in: Ipsen (Hrsg.), 40 Jahre Parteiengesetz, S. 19 (29); *Kloepfer*, in: Isensee/Kirchhof (Hrsg.), HStR III, § 42 Rn. 17.
181 BVerfGE 20, 56 (114).
182 BVerfGE 41, 399 (416 f.); 47, 253 (282).
183 Einfachgesetzlich kommt diese Vormachtstellung besonders in § 27 I 1 BWahlG zum Ausdruck, der das Recht zur Einreichung von Landeslisten allein den Parteien vorbehält. Vgl. dazu näher *Meyer*, in: Isensee/Kirchhof (Hrsg.), HStR III, § 46 Rn. 15; *Shirvani*, Das Parteienrecht und der Strukturwandel im Parteiensystem, S. 423 ff.
184 BVerfGE 8, 51 (63); 12, 276 (280); 20, 56 (113).

Parteifunktionen in bedenklicher Weise, indem er nicht nur den Einfluss der Parteien auf die Staatswillensbildung unterschlägt, sondern auch die Volkswillensbildung auf den punktuellen Vorgang der Wahl reduziert.[185] Der politische Prozess gliedert sich indes nicht in einen vier- oder fünfjährlich wiederkehrenden Akt der Volkswillensbildung sowie eine dazwischen liegende Periode der Staatswillensbildung. Im Gegenteil gestaltet sich die Willensbildung in der Gesellschaft als permanenter Vorgang, aus dem die Wahl als für den Staat verbindliche Momententscheidung herausragt.[186] An diesem Prozess partizipieren neben den Parteien auch zahlreiche weitere Vereinigungen wie beispielsweise Arbeitgeberverbände, Gewerkschaften oder Religionsgemeinschaften.[187] Anders als politische Parteien stellen sie sich nicht zur Wahl, um unmittelbar an der staatlichen Willensbildung teilzuhaben.[188] Vielmehr wirken sie von außen auf den staatlichen Entscheidungsprozess ein, indem sie von ihren politischen Grundrechten aus Art. 5 I, Art. 8 und Art. 9 GG Gebrauch machen.[189]

c) Rekrutierung und Sozialisation des politischen Führungspersonals

Neben politischen Programmen benötigen die Parteien auch Personal, das bereit und fähig ist, politische Verantwortung zu übernehmen und inhaltliche Ziele umzusetzen. In dieser Hinsicht obliegt den Parteien die Selektion und Ausbildung von Führungskräften, die sich nicht nur um Parteifunktionen, sondern auch um staatliche Ämter und Mandate bewerben.[190] Wenngleich die Parteien bei der Aufstellung von Kandidaten kein Monopol besitzen, zählen parteilose Bewerber aufgrund der regelmäßig geringen Erfolgschancen zu den Ausnahmen. Durch ihre Dominanz bei öffentlichen Wahlen beeinflussen die Parteien entscheidend die Besetzung von

---

185 Vgl. hierzu und zum Folgenden *Grimm*, in: Bender/Maihofer/Vogel (Hrsg.), HVerfR, § 14 Rn. 15.
186 Dazu grundlegend BVerfGE 20, 56 (98).
187 Vgl. bereits oben B. III. 1. a); siehe zur Verbändetypologie auch *Horn*, in: Isensee/Kirchhof (Hrsg.), HStR III, § 41 Rn. 24 f.
188 Zur Teilnahme an Wahlen als konstitutives Element des Parteibegriffs vgl. namentlich *Henke*, Das Recht der politischen Parteien, S. 41 f.; *Streinz*, in: v. Mangoldt/Klein/Starck (Hrsg.), GG II, Art. 21 Rn. 61 ff.
189 Vgl. besonders *Armbrecht*, Politische Parteien im europäischen Verfassungsverbund, S. 48 f.; *Grimm*, in: Bender/Maihofer/Vogel (Hrsg.), HVerfR, § 15 Rn. 4 f.; *Horn*, in: Isensee/Kirchhof (Hrsg.), HStR III, § 41 Rn. 26, 48.
190 Dazu näher *Jun*, in: Niedermayer (Hrsg.), Handbuch Parteienforschung, S. 119 (121); *Towfigh*, Das Parteien-Paradox, S. 91 ff.

Mandaten und Führungsämtern auf allen politischen Ebenen[191] und wirken so in den Bereich der institutionalisierten Staatlichkeit hinein.[192] Dagegen eröffnet das Grundgesetz ihnen keinen Einfluss auf die fachlichen Vollzugsämter, die nach dem Grundsatz der Bestenauslese gem. Art. 33 II GG zu übertragen sind.[193]

Die Auslese ihres Führungspersonals hat für die Parteien heute an Bedeutung gewonnen. Ihre Spitzenkandidaten sind in den modernen Massenmedien sehr präsent und oft reduziert die Öffentlichkeit die gesamte Partei auf diese Personen. Viele Wähler treffen ihre Entscheidung nicht aufgrund einer sie überzeugenden politischen Agenda, sondern wählen stattdessen den Kandidaten, der aus ihrer Sicht am geeignetsten für ein politisches Führungsamt erscheint. Mithin ist es für die Parteien überaus wichtig, fachlich qualifizierte wie publikumswirksame Eliten zu rekrutieren.[194]

d) Legitimation des politischen Systems

Im Fall eines Wahlerfolges ist das Handeln der Parteien grundsätzlich darauf ausgelegt, den staatlich-institutionellen Willensbildungsprozess durch das Bereitstellen von Führungspersonal und politischen Programmen zu instruieren. In der grundgesetzlichen Konkurrenzdemokratie korrespondiert damit ihr legitimes Bedürfnis, den bereits getroffenen staatlichen Entscheidungen Akzeptanz in der Bevölkerung zu sichern. Der politische Willensbildungsprozess verläuft vor diesem Hintergrund beidseitig: Einerseits bringen die Parteien gesellschaftliche Impulse in den staatlichen Bereich ein, andererseits fungieren sie als Urheber staatlicher Entscheidungen, denen sie Massenloyalität beschaffen.[195] Dieses Werben um Zustimmung

---

191 *Ipsen*, in: Sachs (Hrsg.), GG, Art. 21 Rn. 24; *Volkmann*, in: Morlok/Schliesky/ Wiefelspütz (Hrsg.), Parlamentsrecht, § 4 Rn. 10 f.
192 BVerfGE 52, 63 (83).
193 Freilich wird das Leistungsprinzip in der Praxis höchst unvollkommen durchgesetzt. Zur parteipolitischen Ämterpatronage, die hier das größte Hindernis bildet, eingehend *Lecheler*, in: Isensee/Kirchhof (Hrsg.), HStR V, § 110 Rn. 80 ff.; *Schuppert*, Verwaltungswissenschaft, S. 653 ff.
194 *Armbrecht*, Politische Parteien im europäischen Verfassungsverbund, S. 46.
195 *Grimm*, in: Bender/Maihofer/Vogel (Hrsg.), HVerfR, § 14 Rn. 17; *Volkmann*, in: Ipsen (Hrsg.), 40 Jahre Parteiengesetz, S. 79 (88 f.).

birgt zwar das Risiko, dass die Herrschaftsstrukturen erstarren, fördert aber zugleich die Stabilität des demokratischen Systems.[196]

Die Entscheidungen der Staatsorgane werden nicht notwendig von der Mehrheit oder einer wesentlichen Minderheit der Bevölkerung befürwortet. Infolgedessen fällt namentlich den Oppositionsparteien die Aufgabe zu, alternative Gemeinwohlkonzepte zu entwerfen und so diejenigen Bürger in das politische System einzubinden, die mit der bisherigen Regierungspolitik unzufrieden sind.[197] Dies geschieht vor allem durch einen Rekurs auf Ziele, die von der Regierung nicht oder nicht entschieden genug verfolgt werden. Hierdurch sieht sich die Regierung wiederum genötigt, ihre Politik entweder den oppositionellen Forderungen anzupassen oder sie vermehrt zu rechtfertigen und für die Wählerschaft verständlich zu machen. Insoweit potenziert die Opposition letztlich die notwendige Rückkoppelung der staatlichen Führung an die Gesellschaft.[198]

2. Der verfassungsrechtliche Standort der Parteien

Die Parteien entstanden Mitte des 19. Jahrhunderts als privatrechtliche Vereinigungen aus der Gesellschaft.[199] Noch die Weimarer Reichsverfassung erwähnte sie lediglich im negativ konnotierten Kontext des Verbots von Ämterpatronage,[200] weshalb die konservative Staatsrechtslehre sie weiterhin als „extrakonstitutionelle Erscheinungen"[201] wahrnahm und sie allein in der gesellschaftlichen Sphäre verortete.[202] Nachdem die Parteien erstmals durch Art. 118 ff. der badischen Verfassung vom 18. Mai 1947 po-

---

196 Hierzu eingehend *Wiesendahl*, Parteien und Demokratie, S. 197 ff. m.w.N.
197 *Hesse*, VVDStRL 17 (1959), S. 11 (21 f.); *Ipsen*, in: Sachs (Hrsg.), GG, Art. 21 Rn. 27.
198 Ähnlich *Stentzel*, Integrationsziel Parteiendemokratie, S. 121.
199 Zur Entstehung und Entwicklung der Parteien im deutschen Konstitutionalismus näher *Kaack*, Geschichte und Struktur des deutschen Parteiensystems, S. 121 ff.; *H. H. Klein*, in: Maunz/Dürig (Begr.), GG, Art. 21 Rn. 45 ff.; *Song*, Politische Parteien und Verbände in der Verfassungsrechtslehre der Weimarer Republik, S. 24 ff.
200 Vgl. Art. 130 I WRV: „Die Beamten sind Diener der Gesamtheit, nicht einer Partei."
201 *Triepel*, Die Staatsverfassung und die politischen Parteien, S. 29.
202 Zur Verfemung der Parteien seitens der konservativen und antidemokratischen Staatsrechtslehre eingehend *Groh*, Demokratische Staatsrechtslehre in der Weimarer Republik, S. 229 ff.; *H. H. Klein*, in: Maunz/Dürig (Begr.), GG, Art. 21 Rn. 64 ff.

sitiv verankert wurden, erkannte auch Art. 21 I 1 GG ihre Bedeutung im politischen Willensbildungsprozess ausdrücklich an. Besonders die eingangs erörterte Verschränkung mit dem staatlichen Führungsapparat gibt nun Anlass zur Überlegung, ob die Parteien nach wie vor der Gesellschaft zugeordnet werden können oder ob sie vielmehr Bestandteil des Staates geworden sind. Damit geht die Frage einher, inwiefern das Grundgesetz eine klare Scheidung zwischen den Parteiorganisationen einerseits und den parteibeschickten Fraktionen und Regierungen andererseits determiniert.

a) Die Lehre vom Parteienstaat

Die Diskussion um den Standort der Parteien wurde besonders nachhaltig durch Gerhard Leibholz geprägt.[203] Nach seiner Theorie verfügen allein die Parteien über die Möglichkeit, die Wähler zu aktionsfähigen Gruppen zusammenzuschließen. Sie erscheinen so als „Sprachrohr, deren [sic] sich das organisierte Volk bedient, um sich artikuliert äußern und Entscheidungen fällen zu können."[204] Dies hat laut Leibholz zur Folge, dass das Volk politisch nicht mehr als selbstständige, von den Parteien unterscheidbare Größe in Erscheinung trete.[205] Sein Postulat begründet Leibholz demokratietheoretisch, indem er Rousseaus Identitätstheorie aufgreift und abwandelt: Genauso wie in der plebiszitären Demokratie der Mehrheitswille der Aktivbürgerschaft mit dem Willen des Volkes identifiziert werde, sei in der parteienstaatlichen Demokratie der Wille der jeweiligen Parteienmehrheit in Regierung und Parlament mit der *volonté générale* gleichzusetzen.[206] Das heutige Herrschaftssystem bilde demnach „eine rationalisierte Erscheinungsform der plebiszitären Demokratie – oder wenn man will – ein Surrogat der direkten Demokratie im modernen Flächenstaat"[207]. Im so um-

---

203 Zur Person und zum Werk des früheren Bundesverfassungsrichters vgl. *Heun*, in: Schumann (Hrsg.), Kontinuitäten und Zäsuren, S. 301 ff.; *Wiegandt*, Norm und Wirklichkeit, S. 17 ff. und passim.

204 *Leibholz*, DVBl. 1950, S. 194 (196); zur Metapher des „Sprachrohrs" s.a. *ders.*, Das Wesen der Repräsentation, S. 225; *ders.*, Verhandlungen des 38. DJT (1950), S. C 2 (C 7).

205 Vgl. *Leibholz*, Verhandlungen des 38. DJT (1950), S. C 2 (C 10): „Ja, man kann geradezu sagen, daß in dieser Form der Demokratie die Parteien das Volk ‚sind'".

206 *Leibholz*, in: ders. (Hrsg.), Strukturprobleme der modernen Demokratie, S. 78 (94).

207 *Leibholz*, Verhandlungen des 38. DJT (1950), S. C 2 (C 9).

schriebenen Parteienstaat mediatisierten die Parteien nicht nur das Volk, sondern fügten sich auch als legitime politische Organisationen in den staatlichen Herrschaftsapparat ein.[208] Es besteht mithin Identität zwischen Parteien, Staat und Gesellschaft.[209] Hieraus folgert Leibholz, dass der neue Typus der parteienstaatlichen Demokratie mit der überkommenen repräsentativ-parlamentarischen Demokratie grundsätzlich unvereinbar sei.[210] Den Unterschied zwischen beiden Modellen veranschaulicht er anhand der Stellung des Abgeordneten. Dieser sei nicht mehr freier und nur seinem Gewissen unterworfener Vertreter des ganzen Volkes, wie es das liberale Repräsentativsystem vorsehe. Vielmehr wandele er sich zu einem an Parteiweisungen gebundenen Funktionär, der nicht mehr aufgrund seiner besonderen politischen Verdienste oder persönlichen Fähigkeiten, sondern allein als Zugehöriger zu einer bestimmten politischen Partei gewählt werde.[211] Das Parlament entwickle sich damit zu einem Ort, an dem anderweitig bereits getroffene Entschlüsse lediglich registriert würden.[212] Zugleich werde die Regierung zum bloßen „Exekutivausschuss" der im Parlament herrschenden Fraktionen und der hinter ihnen stehenden Parteiorganisationen. Das Regierungsmitglied sei daher „nicht mehr im repräsentativen Sinne ‚Diener der Gesamtheit', sondern Vertrauensmann seiner Fraktion und Partei."[213] Letztlich verändern unter den parteienstaatlichen Voraussetzungen auch die Wahlen ihre Funktion, indem sie ihren personalen Charakter verlieren und zu reinen Sachabstimmungen über das Regierungsprogramm werden.[214]

---

208 *Leibholz*, DVBl. 1950, S. 194 (195).
209 Eine Kluft könnte nur dann aufbrechen, wenn sich die Parteiapparate verselbständigten und ihren Willen den Wählern und Parteibürgern oktroyierten. Um eine solche Mutation der Parteien in „diktatoriale Körperschaften" zu verhindern, müsse die innerparteiliche Ordnung stets demokratischen Grundsätzen entsprechen. Vgl. *Leibholz*, Verhandlungen des 38. DJT (1950), S. C 2 (C 12, C 21 f.).
210 *Leibholz*, Das Wesen der Repräsentation, S. 119 ff.; *ders.*, Verhandlungen des 38. DJT (1950), S. C 2 (C 15).
211 *Leibholz*, DVBl. 1950, S. 194 (195).
212 *Leibholz*, Verhandlungen des 38. DJT (1950), S. C 2 (C 10).
213 *Leibholz*, Das Wesen der Repräsentation, S. 104, 117.
214 Vgl. dazu *Leibholz*, in: Wandersleb/Traumann (Hrsg.), Recht, Staat, Wirtschaft, S. 99 (107).

b) Die gesellschaftliche Verwurzelung der Parteien

Leibholz' Parteienstaatsdoktrin, die in der Weimarer Zeit noch eher eine
„These" war und sich erst in der Bundesrepublik zur „Lehre" verfestigte,[215]
erntete sowohl von juristischer als auch von politikwissenschaftlicher Seite
massive Kritik.[216] Dabei stand vor allem die von Leibholz postulierte Ineinssetzung von Parteien, Staat und Volk im Fokus, die mit der für die freiheitlich-demokratische Ordnung unerlässlichen Unterscheidung von Staat
und Gesellschaft nicht in Einklang zu bringen sei. In der Tat können die
Parteien die ihnen zugewiesene Funktion als Träger und Mittler eines freien und offenen politischen Willensbildungsprozesses nur erfüllen, wenn
sie ihre Autonomie wahren und sich nicht in die organisierte Staatlichkeit
einfügen.[217] Jede auch nur partielle Integration in den staatlichen Organismus ginge indes mit der Gefahr einher, den in der Demokratie vorausgesetzten Fluss der politischen Willensbildung vom Volk zum Staat umzukehren.[218] Die Parteien wären bei einer Inkorporation von den lebendigen
Kräften der Gesellschaft abgekoppelt und könnten deren Willen nicht
mehr ungehindert und unverfälscht artikulieren.[219] Sie büßten folglich
ihre Vermittlungsfunktion ein und würden zum Instrument autoritärer
Steuerung der Gesellschaft. Um einen solchen Zustand zu verhindern, benötigen die Parteien gegenüber dem Staat einen Status der Freiheit.[220] Dieser kommt namentlich in Art. 21 I 2 GG zum Ausdruck, der neben der
Gründungs- auch die Programm- und Betätigungsfreiheit garantiert.[221]
Das Grundgesetz weist die Parteien vor diesem Hintergrund als auf freier

---

215 Zur Entwicklung der Leibholzschen Parteienstaatslehre eingehend *Hecker*, Der
   Staat 34 (1995), S. 286 (288 ff.).
216 Zur Kritik aus juristischer Perspektive siehe namentlich *Achterberg*, Parlamentsrecht, S. 82 ff.; *Henke*, NVwZ 1985, S. 616 ff.; *Lipphardt*, Die Gleichheit der politischen Parteien vor der öffentlichen Gewalt, S. 530 ff.; *Shirvani*, Das Parteienrecht und der Strukturwandel im Parteiensystem, S. 58 ff.; *Wiegandt*, Norm und
   Wirklichkeit, S. 166 ff.; zur Kritik aus politikwissenschaftlicher Sicht vgl. insbesondere *Haungs*, ZParl 1973, S. 502 (523); *Hennis*, in: ders. (Hrsg.), Auf dem
   Weg in den Parteienstaat, S. 107 (117 ff.); *Mantl*, Repräsentation und Identität,
   S. 175 ff.; *Stöss*, in: Gabriel/Niedermayer/Stöss (Hrsg.), Parteiendemokratie in
   Deutschland, S. 13 (31).
217 *Hesse*, VVDStRL 17 (1959), S. 11 (27 f.).
218 *Seifert*, Die politischen Parteien, S. 78 f.
219 *Henke*, Das Recht der politischen Parteien, S. 18.
220 *Hesse*, VVDStRL 17 (1959), S. 11 (27 f.).
221 Eingehend hierzu *Grimm*, in: Bender/Maihofer/Vogel (Hrsg.), HVerfR, § 14
   Rn. 31 ff.; *Ossenbühl*, BayVBl. 2000, S. 161 (164 ff.).

Mitgliedschaft beruhende Vereinigungen des gesellschaftlichen Raumes aus, zu denen sich bestimmte, durch gemeinsames Wollen verbundene Teile des Volkes organisieren, um politisch wirksam agieren zu können.[222] Eine solche Verortung der Parteien ist auch insoweit zwingend, als der verfassungsrechtliche Status unterschiedslos allen politischen Verbänden zusteht, die den Parteibegriff erfüllen. Eine Eingliederung in den staatlichen Bereich wäre dagegen nur für diejenigen Parteien vorstellbar, die dank ihrer Wahlerfolge die Möglichkeit erhielten, die staatliche Willensbildung zu beeinflussen. Dies trifft jedoch nur auf einen verhältnismäßig kleinen Teil aller Parteien zu.[223]

c) Die institutionelle Einbindung der Parteien in das Regierungssystem

Im Verfassungsleben unterscheiden sich die Parteien von anderen privaten Vereinigungen sowohl durch ihre Beteiligung an Wahlen als auch durch ihre zentrale Rolle im staatsorganschaftlichen Bereich. Diese folgt nicht allein aus der regelmäßigen Identität des Führungspersonals in Partei, Parlament und Regierung, sondern ebenso aus zahlreichen funktionellen Abhängigkeiten und Wechselbeziehungen. Beispielsweise haben die Abgeordneten ihr Mandat auf Vorschlag ihrer Partei errungen und schließen sich im Parlament zu Fraktionen zusammen, die gem. § 10 I 1 GO-BT die Parteizugehörigkeit ihrer Mitglieder widerspiegeln und von ihnen ein gewisses Maß an Geschlossenheit einfordern. Die Fraktionsarbeit zeichnet sich weiterhin durch einen umfassenden Rekurs auf Parteiprogramme und -strategien aus, derer sich zugleich die Regierungsmitglieder bedienen. Die so skizzierte parteipolitische Durchdringung von Parlament und Regierung führt zur Frage, inwieweit das Grundgesetz dem Parteieneinfluss in beiden Verfassungsinstitutionen Grenzen setzt.

aa) Parteien und Parlament

Im parlamentarischen Betrieb sind die Abgeordneten auf die Entscheidungshilfe ihrer Parteien angewiesen, um ihre umfassenden Aufgaben erfüllen zu können. Die Unterstützung in Form von Informationen und

---

222 Vgl. statt vieler *Seifert*, Die politischen Parteien, S. 78.
223 *Ipsen*, in: Sachs (Hrsg.), GG, Art. 21 Rn. 10; *Streinz*, in: v. Mangoldt/Klein/Starck (Hrsg.), GG II, Art. 21 Rn. 12.

Zielvorgaben folgt hierbei aus der bereits erörterten Vermittlungsfunktion der Parteien im politischen Willensbildungsprozess. Sie ist einfachgesetzlich in § 1 II PartG verankert, der es ausdrücklich als Aufgabe der Parteien bezeichnet, auf die politische Entwicklung in Parlament und Regierung Einfluss zu nehmen. Damit wird die Einwirkung auf die Abgeordneten grundsätzlich legitimiert, jedoch setzt ihr das freie Mandat aus Art. 38 I 2 GG Grenzen. So darf die Beeinflussung nur soweit gehen, wie die Entschließungsfreiheit der Abgeordneten gewahrt bleibt. Aufträge und Weisungen, welche die Volksvertreter gegen ihr Gewissen zu einem bestimmten Abstimmungsverhalten oder gar zum Mandatsverzicht zwingen, sind daher verfassungswidrig.[224] Weicht ein Abgeordneter dauerhaft von der beschlossenen Mehrheitsmeinung seiner Partei ab, kann diese politisch hierauf reagieren, indem sie ihn bei der nächsten Wahl nicht wieder aufstellt. In besonders schwerwiegenden Fällen kommt zudem ein Parteiausschluss in Betracht. Ein solcher ist nach § 10 IV PartG nur unter engen Voraussetzungen vorgesehen und lässt ebenso wie ein Parteiaustritt das Mandat unberührt.[225] Für die Parteien ergibt sich mithin ein Präsentationsrecht für die Kandidaten, nicht aber ein Bestimmungsrecht über die Gewählten.[226] Zwar mag die Forderung nach einem parteigebundenen imperativen Mandat auf den ersten Blick durchaus sinnvoll erscheinen, um eine bessere Kontrolle der politischen Eliten zu ermöglichen und die innerparteiliche Demokratie zu stärken. Allerdings verschöbe eine entsprechende Bindung den Orientierungspunkt für den Mandatsträger von der Wählerschaft zur Parteibasis. Obgleich die Wähler so nicht entmachtet würden, da ihnen in der Wahl die Entscheidung über die konkurrierenden Parteien verbliebe, nähme ihr Einfluss zwischen den Wahlen ab.[227] Ferner würden die Abgeordneten ihrer Verantwortung als „Vertreter des ganzen Volkes" nicht mehr gerecht, wenn sie ihr politisches Handeln zuvorderst vom Willen der aktiven Parteimitglieder leiten ließen. Insoweit ist festzuhalten, dass ein parteigebundenes imperatives Mandat im Widerspruch zu Art. 38 I 2 GG steht und der gesamtstaatlichen Demokratie abträglich ist.

---

224 *Badura*, in: Schneider/Zeh (Hrsg.), Parlamentsrecht und Parlamentspraxis, § 15 Rn. 20 ff.; *Seifert*, Die politischen Parteien, S. 340 f.; *Streinz*, in: v. Mangoldt/ Klein/Starck (Hrsg.), GG II, Art. 21 Rn. 87.

225 Dies gilt unabhängig davon, ob der Abgeordnete als Direkt- oder als Listenkandidat gewählt wurde. Vgl. hierzu *Grimm*, in: Bender/Maihofer/Vogel (Hrsg.), HVerfR, § 14 Rn. 56.

226 *Henke*, Das Recht der politischen Parteien, S. 135; *Streinz*, in: v. Mangoldt/Klein/ Starck (Hrsg.), GG II, Art. 21 Rn. 87.

227 *Grimm*, in: Bender/Maihofer/Vogel (Hrsg.), HVerfR, § 14 Rn. 59 m.w.N.

Die Einwirkung auf die Abgeordneten geht in den meisten Fällen nicht von ihrer Partei, sondern von ihrer Fraktion aus. Diese stößt an die gleichen Grenzen des freien Mandats wie die Partei,[228] als deren „parlamentarische Erscheinungsform" sie gilt.[229] Obwohl beide Seiten personell eng miteinander verbunden sind und ihr Handeln koordinieren, dürfen sie nicht in unreflektierter Betrachtung miteinander identifiziert werden. So gründet sich die Fraktion allein auf den Willen der Abgeordneten ohne konstitutive Mitwirkung der sie tragenden Partei.[230] Sie ist eine ständige, mit eigenen Rechten ausgestattete Gliederung des Parlaments und dadurch Bestandteil der Staatsorganisation.[231] Gegenüber der Partei als im gesellschaftlichen Raum gebildeter Vereinigung gewährt ihr Art. 38 I 2 GG Selbständigkeit und Souveränität.[232] Parteiorgane dürfen ihr also keine rechtsverbindlichen Weisungen erteilen.[233] Umgekehrt ist wegen Art. 21 I 3 GG eine Subordination der Partei unter die Fraktion ausgeschlossen.[234] Damit handelt es sich letztlich um rechtlich unabhängige Akteure, die freilich „in einem verfassungsrechtlich gewollten politischen Wirkungszusammenhang stehen."[235]

---

228 Zur Unterscheidung zwischen zulässiger Fraktionsdisziplin und verbotenem Fraktionszwang eingehend *Butzer*, in: Epping/Hillgruber (Hrsg.), GG, Art. 38 Rn. 101 ff.; *H. H. Klein*, in: Isensee/Kirchhof (Hrsg.), HStR III, § 51 Rn. 14 ff.; *Seifert*, Die politischen Parteien, S. 341 f.

229 *Schulze-Fielitz*, in: Schneider/Zeh (Hrsg.), Parlamentsrecht und Parlamentspraxis, § 11 Rn. 28; zur rein politischen Funktion der Fraktion als „verlängerter Arm" der Partei im Parlament siehe darüber hinaus *Schneider*, in: Bender/Maihofer/Vogel (Hrsg.), HVerfR, § 13 Rn. 53; *Volkmann*, in: Morlok/Schliesky/Wiefelspütz (Hrsg.), Parlamentsrecht, § 4 Rn. 19.

230 *Demmler*, Der Abgeordnete im Parlament der Fraktionen, S. 185 f.; *Seifert*, Die politischen Parteien, S. 344 f.

231 BVerfGE 20, 56 (104); 70, 324 (350 f.); 80, 188 (231).

232 Die Fraktion kann sich grundsätzlich in gleicher Weise wie ein Abgeordneter auf das freie Mandat berufen. Hieraus folgt die sog. Fraktionsautonomie als das Recht zur selbständigen und alleinigen Regelung ihrer Angelegenheiten. Vgl. hierzu ausführlich *Grzeszick*, NVwZ 2017, S. 985 (988 f.) m.w.N.

233 *Jekewitz*, in: Schneider/Zeh (Hrsg.), Parlamentsrecht und Parlamentspraxis, § 37 Rn. 48; *Zeh*, in: Isensee/Kirchhof (Hrsg.), HStR III, § 52 Rn. 14.

234 *Seifert*, Die politischen Parteien, S. 347 f.

235 *H. H. Klein*, in: Brenner/Huber/Möstl (Hrsg.), FS Badura, S. 263 (275).

bb) Parteien und Regierung

Während das Wirkungsfeld der Parteien im Konstitutionalismus noch auf die Volksvertretung begrenzt war, erstreckt es sich seit Einführung des parlamentarischen Regierungssystems ebenfalls auf die Regierung. Bei deren Besetzung behauptet sich regelmäßig der Wille der Parteien, die in der letzten Parlamentswahl die Mehrheit der Stimmen gewonnen haben. Ihr Führungspersonal erhält zumeist Regierungsämter und ist sodann auf die Kooperation mit den parteipolitisch ausgerichteten Mehrheitsfraktionen angewiesen. Diese sehen es wiederum als ihre natürliche Aufgabe an, die von ihnen gewählte Regierung zu stützen und ihrer Agenda zum Erfolg zu verhelfen. Dementsprechend sinkt die Bereitschaft zur Regierungskritik und -kontrolle, die man für gewöhnlich nur noch bei der parlamentarischen Minderheit voraussetzen kann.[236] An die Stelle des klassischen Spannungsverhältnisses zwischen Exekutive und Legislative tritt so ein „neuer Dualismus", bei dem sich einerseits die Regierung und die sie tragende Parlamentsmehrheit und andererseits die oppositionelle Parlamentsminderheit gegenüberstehen.[237] Die Grenze zwischen beiden Sphären verläuft hierbei entlang der parteipolitischen Couleur, wodurch die zentrale Rolle der Parteien im Regierungssystem zum Ausdruck kommt. Im Hinblick auf die regelmäßige persönliche Identität der Akteure und die weitgehende programmatische Übereinstimmung liegt nun die Annahme nahe, Partei- und Regierungspolitik miteinander zu identifizieren. Einen solchen Ansatz verfolgte bereits Joachim Rottmann in seinem stark durch die Leibholz'sche Parteienstaatslehre geprägten Sondervotum zum bundesverfassungsgerichtlichen Urteil vom 2. März 1977. Insbesondere führte er aus, dass die Regierung in der Parteiendemokratie des Grundgesetzes keine neutrale, über den politischen Kräften schwebende Exekutivspitze sei. Vielmehr bilde sie den „Exekutivausschuß der Regierungspartei oder der sie tragenden Regierungskoalition."[238] Infolgedessen sei auch eine Aufspaltung der Regierungsmitglieder in Amtspersonen einerseits und Parteipoli-

---

236 *Grimm*, in: Bender/Maihofer/Vogel (Hrsg.), HVerfR, § 14 Rn. 66; *Lorz/Richterich*, in: Morlok/Schliesky/Wiefelspütz (Hrsg.), Parlamentsrecht, § 35 Rn. 112.

237 Zum „neuen Dualismus" vgl. namentlich *P. M. Huber*, in: Isensee/Kirchhof (Hrsg.), HStR III, § 47 Rn. 29 ff.; *Steffani*, Gewaltenteilung und Parteien im Wandel, S. 148 ff.; siehe ferner *Ingold*, Das Recht der Oppositionen, S. 28 ff.; *Ismayr*, Der Deutsche Bundestag, S. 18 ff.; *H. H. Klein*, in: Isensee/Kirchhof (Hrsg.), HStR III, § 50 Rn. 34.

238 BVerfGE 44, 125 (183).

tiker andererseits unmöglich.[239] In gemäßigter Form lebt diese Auffassung im jüngeren Schrifttum fort. Namentlich plädiert Mehrdad Payandeh dafür, im Bereich politisch relevanter Äußerungen nicht mehr zwischen amtlicher und parteipolitischer Sphäre zu unterscheiden und somit die parteipolitische Prägung der Regierungsämter anzuerkennen.[240]

Gegen eine solche Ineinssetzung spricht indes, dass das Grundgesetz den Parteien nirgends einen unmittelbaren Zugriff auf die Regierungsämter gewährt. Stets schieben sich zwischen den Vorschlag der Partei und den Amtserwerb staatliche Konstitutionsakte.[241] Verfassungsrechtlich bringen diese zunächst zum Ausdruck, dass sich staatliche Handlungsaufträge allein vom Volk ableiten und dass kein Parteibeschluss aus sich heraus für den Staat verbindlich ist, sondern stets der Umsetzung durch eine auf Wahlen zurückgehende Instanz bedarf.[242] Ist also eine Partei mit der von ihr gestellten Regierung unzufrieden, kann sie gegenüber den Mitgliedern des Kabinetts ihre Erwartungen aussprechen, ihre Kritik nachdrücklich geltend machen und gegebenenfalls einen Dissens öffentlich austragen. Zudem steht es ihr frei, den Weg über ihre Abgeordneten zu suchen, die das Regierungsprogramm gesetzgeberisch modifizieren können, ohne freilich selbst Parteiweisungen zu unterliegen. Mit rechtlichen Mitteln kann eine Partei die Regierung aber nicht zu einer bestimmten Entscheidung zwingen.[243] Insbesondere entfalten Koalitionsvereinbarungen aufgrund des fehlenden rechtlichen Bindungswillens der Partner keinerlei Rechtswirkungen.[244] Überdies sind Satzungsregelungen und Beschlüsse verfassungswidrig, die der Partei ein Vorschlags- oder Zustimmungsrecht für die

---

239 BVerfGE 44, 125 (187).

240 *Payandeh*, Der Staat 55 (2016), S. 519 (536 f.); ebenso *Krüper*, JA 2015, S. 414 (416 f.); *Wieland*, in: Krüper (Hrsg.), FS Morlok, S. 533 (548); tendenziell ähnlich *Penz*, ThürVBl. 2016, S. 265 (267); *Putzer*, DÖV 2015, S. 417 (422 f.); *Tanneberger/Nemeczek*, NVwZ 2015, S. 215 (216).

241 Mit Blick auf das Bundeskanzleramt setzt sich der Bundespräsident zwar praktisch mit den Parteien in Verbindung, bevor er dem Bundestag einen entsprechenden Kandidaten vorschlägt. Für welche Person er sich dabei entscheidet, steht ihm aber frei. Weitere staatliche Konstitutionsakte bilden sodann der parlamentarische Wahlakt, die Ernennung des Gewählten durch den Bundespräsidenten sowie die anschließende Vereidigung (vgl. Art. 63, 64 GG). Siehe hierzu vertiefend auch *Herzog*, in: Maunz/Dürig (Begr.), GG, Art. 63 Rn. 2 ff.

242 *Grimm*, in: Bender/Maihofer/Vogel (Hrsg.), HVerfR, § 14 Rn. 64.

243 *Henke*, in: Kahl/Waldhoff/Walter (Hrsg.), Bonner Kommentar, Art. 21 Rn. 144.

244 Zur heute ganz h.M. siehe insbesondere *Hermes*, in: Dreier (Hrsg.), GG II, Art. 63 Rn. 15; *Leisner*, NJW 2010, S. 823 (824); *Maurer*, Staatsrecht I, § 14 Rn. 29 ff.; *v. Schlieffen*, in: Isensee/Kirchhof (Hrsg.), HStR III, § 49 Rn. 9 ff.

Besetzung von Regierungsämtern einräumen.[245] Folglich bildet die Regierung entgegen der Auffassung Rottmanns nicht bloß den verlängerten Arm der Regierungsparteien.

Als unabdingbares Erfordernis des Amtserwerbs bekundet die Zwischenschaltung von Staatsakten des Weiteren, dass die Vergabe von Regierungsämtern an Parteipolitiker nicht nur deren Anhängerschaft, sondern der Gesellschaft insgesamt zugerechnet wird.[246] Entsprechend wird die Regierung zwar von der parteipolitisch gefärbten Mehrheit gebildet, jedoch ist sie „keine parteiliche Veranstaltung, sondern institutionell-repräsentativer Teil der res publica"[247]. Ihr Handeln muss sie damit gegenüber allen Bürgern verantworten und stets am Gemeinwohl ausrichten. Selbstredend darf sie bei dessen Konkretisierung auf die Programme der Mehrheitsparteien zurückgreifen und so eine gewisse „Parteilichkeit" offenbaren.[248] Dies gilt es allein schon deshalb anzuerkennen, weil die Vorstellung einer Politik jenseits der Parteien illusorisch ist und meist auch mit dem Versuch einhergeht, einer bestimmten Gruppe oder Schicht, die sich im Besitz der Wahrheit glaubt, die Regierungsmacht zu verschaffen oder zu erhalten.[249] Gleichwohl erschöpft sich die regierungsamtliche Gemeinwohlgenerierung nicht in der bloßen Verwirklichung des Programms der Mehrheitsparteien.[250] Die Regierung muss vielmehr einen verfassungsrechtlichen Kern an materiellen Gemeinwohlvorgaben beachten und in ihren Entscheidungen den Interessen der jeweiligen Minderheit Rechnung tragen.[251] Hiermit ist verbunden, dass sie sich für Themen und Impulse offenhält, welche die oppositionellen politischen Kräfte in den öffentlichen Dis-

---

245 *Seifert*, Die politischen Parteien, S. 406 Fn. 48.

246 *Grimm*, in: Bender/Maihofer/Vogel (Hrsg.), HVerfR, § 14 Rn. 64.

247 *Häberle*, JZ 1977, S. 361 (364); ähnlich *P. Kirchhof*, in: Isensee/Kirchhof (Hrsg.), HStR XII, § 283 Rn. 23.

248 Zur parteipolitischen Prägung der Regierungsämter vgl. namentlich *Gusy*, KritV 2018, S. 210 (221 f., 225); *Payandeh*, Der Staat 55 (2016), S. 519 (532 ff.); s.a. *Grimm*, in: Bender/Maihofer/Vogel (Hrsg.), HVerfR, § 14 Rn. 63: „Die Regierung ist insofern parteilich, als sie politische Probleme auf der Grundlage ihres nicht von allen geteilten Parteiprogramms löst."

249 *H. H. Klein*, in: Maunz/Dürig (Begr.), GG, Art. 21 Rn. 198. Insoweit ist auch Rottmanns Ansicht zuzustimmen, dass es in der Parteiendemokratie des Grundgesetzes den „Typ des angeblich unpolitischen überparteilichen Beamtenministers" Wilhelminischer Prägung nicht mehr gebe. Vgl. dazu BVerfGE 44, 125 (183).

250 So aber das Sondervotum des Richters *Rottmanns* in BVerfGE 44, 125 (184).

251 Vgl. zu diesen Direktiven B. II. 3. c).

kurs einbringen.[252] Verfahrensrechtlich wird diese Verpflichtung zur Rücksichtnahme durch Abstimmungs- und Kooperationszwänge abgesichert, die für die politische Willensbildung im parlamentarisch-gewaltenteiligen System der Bundesrepublik charakteristisch sind.[253]

Die daraus resultierende Unterscheidung von Partei- und Regierungspolitik ist nicht nur verfassungsrechtlich vorgegeben, sondern zeigt sich auch in der Praxis der parlamentarischen Demokratie. So muss sich die Regierung regelmäßig mit knappen Ressourcen abfinden und dem Erfordernis eines ausgeglichenen Haushalts Rechnung tragen. Daneben besteht vor allem in Koalitionsregierungen ein Zwang zu vielfältigen politischen Kompromissen, die so manches Partei- und Wahlprogramm reduzieren und zu Konflikten mit Vertretern der „reinen Parteilehre" führen.[254] Die damit einhergehenden Parteidebatten verdeutlichen, dass die Parteien nicht einseitig Einfluss auf die Regierung nehmen. Stattdessen handelt es sich um eine wechselseitige Beziehung, in der es den Regierungsmitgliedern nicht selten gelingt, mittels ihrer Autorität und Rhetorik die Willensbildung in ihrer Partei zu lenken und so einen Ausgleich zwischen Partei- und Regierungspolitik zu schaffen.[255]

IV. Zusammenfassung

Ungeachtet der vielfältigen Wechselbeziehungen zwischen Staat und Gesellschaft ist die traditionelle Differenzierung beider Sphären nach wie vor geboten: Sie dient der Sicherung individueller Freiheit und bringt das Bedürfnis nach einer regulierenden Instanz zum Ausdruck, die dafür sorgt, dass die gesellschaftlichen Interessengegensätze einem gerechten Ausgleich zugeführt werden. Die Unterscheidung ist dabei nicht (mehr) im Sinne

---

252 *Volkmann*, in: Friauf/Höfling (Hrsg.), Berliner Kommentar, Art. 21 Rn. 52; ähnlich *Kuch*, AöR 142 (2017), S. 491 (516 f.).

253 Strebt die Bundesregierung etwa eine Verfassungsänderung an, bedarf ihr Gesetzesentwurf gem. Art. 79 II GG einer Zweidrittelmehrheit sowohl des Bundestages als auch des Bundesrates. Zu weiteren konkordanzdemokratischen Elementen im politischen System der Bundesrepublik eingehend *Holzner*, Konsens im Allgemeinen Verwaltungsrecht und in der Demokratietheorie, S. 120 ff.

254 Siehe z.B. die Auseinandersetzungen des Bundeskanzlers Gerhard Schröder mit Teilen der SPD im Zuge der Arbeitsmarktreform „Agenda 2010".

255 Ähnlich *Henke*, Das Recht der politischen Parteien, S. 164; zum Einfluss der Bundeskanzler auf ihre Parteien s.a. *Zolleis/Schmid*, in: Niedermayer (Hrsg.), Die Parteien nach der Bundestagswahl 2013, S. 25 (27 ff.), die sich insbesondere mit der CDU als „Kanzlerwahlverein" befassen.

zweier antagonistischer Personenverbände zu verstehen, sondern spiegelt differente Wirkbereiche wider. So zeichnet sich der gesellschaftliche Bereich durch grundrechtliche Freiheit und Autonomie aus. Der Bürger kann sich hier selbstverwirklichen und seinen Partikularinteressen den Vorrang einräumen. Agiert er hingegen als Amtswalter für den Staat, muss er gem. Art. 1 III GG die Grundrechte wahren und schützen, nimmt aber nicht selbst an ihnen teil. Stattdessen übt er staatliche Befugnisse aufgrund von Kompetenzvorschriften aus und ist nach dem republikanischen Prinzip an das Gemeinwohl gebunden. Das Wohl aller Bürger stellt indes keine feste, vorgegebene Größe dar, sondern muss von Fall zu Fall durch wertende Entscheidung bestimmt werden. Es handelt sich insoweit um das Ergebnis eines durch demokratische Verfahrensgarantien gesicherten Willensbildungsvorgangs, bei dem das Grundgesetz einer Beliebigkeit des Mehrheitsvotums dadurch vorbeugt, dass es für die Entscheidungsträger in Parlament und Regierung einen Kern an inhaltlichen Direktiven bereithält.

Im Prozess der politischen Willensbildung nehmen die Parteien eine Schlüsselrolle ein, indem sie die gesellschaftlichen Interessen und Bestrebungen sammeln, in sich ausgleichen und auf eine begrenzte Anzahl alternativer Gemeinwohlentwürfe reduzieren. Diese werden dann den Wahlbürgern zur Entscheidung vorgelegt und bilden im Fall eines Wahlerfolgs den sachlichen Input für die politischen Führungsämter. Es entsteht so eine enge inhaltliche Verflechtung von Staatsamt und Parteifunktion, die sich zugleich in regelmäßigen Personalunionen offenbart. Unbeschadet dessen bleiben die Parteien als freie Vereinigungen in der Gesellschaft verwurzelt und werden nicht Teil der organisierten Staatlichkeit. Amts- und Parteipolitik sind demnach stets voneinander zu unterscheiden. Aufgrund der weitgehenden Identität der Akteure und Aktionsfelder gestaltet sich die Differenzierung für die Jurisprudenz zwar durchaus als Herausforderung. Verfassungsrechtlich ist sie aber unabdingbar, da die jeweiligen Funktionen und Rollen verschiedenen Maßstäben und Vorschriften unterliegen. So ist ein Kabinettsmitglied bei seinen Regierungsgeschäften grundrechtsgebunden und auf Kompetenztitel angewiesen, während es in seiner Eigenschaft als Parteipolitiker grundrechtliche Freiheit genießt.

C. Grund und Grenzen regierungsamtlicher Öffentlichkeitsarbeit

Äußert sich ein Kabinettsmitglied in seiner Rolle als Regierungsvertreter gegenüber einem allgemeinen Publikum, handelt es sich um staatliche Öffentlichkeitsarbeit. Deren vielfältige Erscheinungsformen und Mittel sollen im Folgenden kursorisch dargelegt werden. Sodann gilt es, die grundgesetzlichen Legitimationsgründe für die staatliche Öffentlichkeitsarbeit näher zu erörtern. Aufbauend auf diesen Grundlagen soll speziell die regierungsamtliche Teilnahme am parteipolitischen Diskurs untersucht werden. Es geht also darum, ob und inwiefern die Regierung ihre Politik öffentlich verteidigen und zugleich wertend Stellung zu politischen Parteien und deren programmatischen Ansichten nehmen darf. Hierbei wird zunächst ein Blick auf die Kompetenznormen geworfen, die eine Äußerungsbefugnis der Regierung und ihrer einzelnen Mitglieder nicht nur begrenzen, sondern überhaupt erst begründen. Danach folgt eine Auseinandersetzung mit den verfassungsrechtlichen Vorschriften, aufgrund derer die Regierung zu Neutralität gegenüber den verschiedenen politischen Strömungen in der Gesellschaft und namentlich gegenüber den Parteien verpflichtet ist. Schließlich sollen Maßstäbe entwickelt werden, die eine praktische Konkordanz zwischen der Informationspflicht der Regierung einerseits und ihrer politischen Neutralitätspflicht andererseits ermöglichen.

I. Erscheinungsformen staatlicher Öffentlichkeitsarbeit

Die Rechtswissenschaft bietet eine unüberschaubare Vielzahl an Definitionen und Umschreibungen für den Begriff der staatlichen Öffentlichkeitsarbeit. Zu dessen allgemein anerkanntem Kern zählt jedenfalls die Unterrichtung der Bevölkerung über vergangene, gegenwärtige sowie zukünftige Tätigkeiten und Ziele einer staatlichen Stelle.[256] Ob der Topos darüber hinaus weitere Kommunikationsakte einschließt, ist freilich umstritten. Einige Stimmen im Schrifttum plädieren etwa für ein enges Begriffsverständ-

---

256 Vgl. den Überblick bei *F. Schürmann*, Öffentlichkeitsarbeit der Bundesregierung, S. 54 f.; s.a. *Mandelartz*, DÖV 2009, S. 509 (511 f.).

nis, wonach die Aufklärung der Öffentlichkeit über gesellschaftlich bedeutsame Vorgänge ebenso wenig umfasst ist wie damit verbundene Empfehlungen oder Warnungen.[257] Hierbei handele es sich um „echte" verhaltenssteuernde Maßnahmen, die sich deutlich von herkömmlicher Öffentlichkeitsarbeit als staatlicher Selbstdarstellung unterschieden.[258] Demgegenüber legen die Rechtsprechung[259] und der wohl überwiegende Teil der Literatur[260] den Begriff der Öffentlichkeitsarbeit heute weit aus, indem sie neben Informationen über die staatliche Sphäre auch Auskünfte über gesellschaftliche Prozesse sowie mehr oder weniger direkte Appelle einbeziehen. Eine solche Lesart überzeugt insofern, als die Grenzen zwischen den soeben genannten Erscheinungsformen staatlicher Kommunikation oftmals fließend sind. Dies gilt insbesondere auf dem Feld der politischen Auseinandersetzung. So lässt sich die regierungsamtliche Diskussion eines Parteiverbotsantrags nicht nur als Unterrichtung der Bevölkerung über eine staatliche Tätigkeit und mithin als „klassische" Öffentlichkeitsarbeit qualifizieren. Vielmehr liest sich die öffentliche Darlegung der mit einer wertenden Stellungnahme verbundenen Antragsbegründung regelmäßig auch als Warnung vor der betroffenen Partei. Ebenfalls gilt es zu berücksichtigen, dass nahezu jede staatliche Informationstätigkeit mit staatlicher Selbstdarstellung einhergeht und sich durch eine influenzierende Wirkung auf die Wählerschaft auszeichnet. Zwar dienen Aufklärungsmaßnahmen über gesellschaftliche Ereignisse und damit zusammenhängende Appelle primär der Gefahrenabwehr,[261] allerdings signalisieren sie den Bürgern zugleich die staatliche Handlungsbereitschaft, das allgemeine Wohl zu schützen und zu fördern. Hierdurch sind sie geeignet, das Vertrauen der Bürger

---

257 So insbesondere *Gröschner*, DVBl. 1990, S. 619 (620); *Heintzen*, VerwArch 81 (1990), S. 532 (551 f.); *Schoch*, in: Isensee/Kirchhof (Hrsg.), HStR III, § 37 Rn. 72 ff.; siehe aus jüngerer Zeit auch *Degenhart*, AfP 2010, S. 324 (327); *Gersdorf*, AfP 2016, S. 293 (294); *Zott*, Aktive Informationen des Staates im Internet, S. 79 ff.

258 *Schoch*, in: Isensee/Kirchhof (Hrsg.), HStR III, § 37 Rn. 76; *Zott*, Aktive Informationen des Staates im Internet, S. 80 ff.

259 Vgl. namentlich BVerfGE 105, 252 (269); 105, 279 (302); 138, 102 (113 f.); OVG Münster, KommJur 2017, S. 52 (54 f.); ThürVerfGH, ThürVBl. 2016, S. 273 (277 f.).

260 Vgl. beispielsweise *Engel*, in: Isensee/Kirchhof (Hrsg.), HStR IV, § 80 Rn. 3; *Gusy*, NJW 2000, S. 977 (978); *Jensen*, Rechtsprobleme regierungsamtlicher Öffentlichkeitsarbeit, S. 12 f.; *Porsch*, Warnungen und kritische Äußerungen als Mittel gemeindlicher Öffentlichkeitsarbeit, S. 38 ff.; *F. Schürmann*, Öffentlichkeitsarbeit der Bundesregierung, S. 74.

261 *Gramm*, Der Staat 30 (1991), S. 51 (63).

in die Amtswalter zu stärken[262] und sich zumindest mittelbar auf den politischen Willensbildungsprozess auszuwirken.[263] Gleiches gilt unbestritten auch für die staatliche Erläuterung und Bewertung getroffener Maßnahmen und künftiger Vorhaben.[264]

Angesichts dieser Abgrenzungsprobleme und Überschneidungen wird der nachfolgenden Untersuchung ein weites Verständnis von staatlicher Öffentlichkeitsarbeit zugrunde gelegt. Erfasst sind so alle staatlichen Kommunikationsakte, die sich an die allgemeine Öffentlichkeit richten. Hierunter wird ein grundsätzlich offener Adressatenkreis verstanden, der durch kein anderes Kriterium als das individuelle Interesse begrenzt ist.[265] Begrifflich ausgeschlossen ist demnach die staatsinterne Kommunikation, zu der etwa ein ministerieller Mitarbeiterbrief[266] oder die nach § 69 I 1 GO-BT prinzipiell nichtöffentlichen Beratungen der parlamentarischen Ausschüsse zählen. Zudem bleibt jedes individualbezogene Informationshandeln des Staates außen vor, worunter individuelle Auskünfte sowie die behördliche Beratung des Bürgers bei der Abgabe von Erklärungen oder bei der Stellung von Anträgen fallen.[267]

Unbeachtlich für die Bestimmung des hier zugrunde gelegten Begriffs der staatlichen Öffentlichkeitsarbeit sind inhaltliche Kriterien wie der Verzicht auf reine Sympathiewerbung und herabsetzende Werturteile. Sie werden erst bei der Abgrenzung zwischen zulässiger und unzulässiger Öffentlichkeitsarbeit herangezogen.[268] Ebenso wenig wird auf der Begriffsebene danach differenziert, ob sich staatliche Stellen – z.B. in Form von Anzeigen- und Plakatkampagnen, Druckschriften, Stellungnahmen auf eigenen Internetseiten oder Postings in sozialen Netzwerken[269] – unmittelbar an die Bevölkerung wenden oder mit den Medien kommunizieren

---

262 Ebenso *Jensen*, Rechtsprobleme regierungsamtlicher Öffentlichkeitsarbeit, S. 12 f.; *Zott*, Aktive Informationen des Staates im Internet, S. 77.

263 Vgl. in diese Richtung auch *Porsch*, Warnungen und kritische Äußerungen als Mittel gemeindlicher Öffentlichkeitsarbeit, S. 39.

264 Vgl. dazu näher unten C. V. 2. c) cc).

265 *Gramm*, Der Staat 30 (1991), S. 51 (53 f.).

266 Vgl. hierzu *Mandelartz*, LKRZ 2010, S. 371 (373).

267 Dazu näher *Kloepfer*, Informationsrecht, § 10 Rn. 79; s.a. *Drefs*, Die Öffentlichkeitsarbeit des Staates und die Akzeptanz seiner Entscheidungen, S. 47.

268 A.A. *Mandelartz*, LKRZ 2010, S. 371 (372); ihm folgend *Barczak*, NVwZ 2015, S. 1014 (1015).

269 Zur Nutzung sozialer Netzwerke durch die Bundesregierung vgl. die ausführliche Darstellung in BTDrucks 18/6609; s.a. *Friehe*, in: Uhle (Hrsg.), Information und Einflussnahme, S. 81 (83 ff.).

und so auf deren Vermittlung angewiesen sind, um die Öffentlichkeit zu erreichen.[270]

II. Verfassungsrechtliche Legitimationsgründe für staatliche Öffentlichkeitsarbeit

Spätestens seit der Grundsatzentscheidung des Bundesverfassungsgerichts vom 3. März 1977 steht außer Frage, dass die Öffentlichkeitsarbeit des Staates nicht nur verfassungsrechtlich zulässig, sondern auch notwendig ist.[271] Damit konnte sich die frühliberale Auffassung nicht durchsetzen, nach welcher der Prozess der politischen Meinungs- und Willensbildung allein den gesellschaftlichen Kräften vorbehalten sei. Zwar können sich nur Grundrechtsträger und nicht die öffentliche Hand auf die Meinungsfreiheit berufen, jedoch lässt sich aus verschiedenen grundgesetzlichen Normen eine Pflicht des Staates zur Kommunikation mit seinen Bürgern herleiten.

1. Das Demokratieprinzip

Die Legitimation des Staates zur Öffentlichkeitsarbeit fußt zunächst auf der Erkenntnis, dass eine Demokratie nur dann funktioniert, wenn die Entscheidungen der Mehrheit von den betroffenen Minderheiten akzeptiert werden. Die Bereitschaft zur Hinnahme des Mehrheitsvotums setzt wiederum ein „gewisses Maß an gemeinsamen Grundauffassungen der Bürger über die Art und Ordnung ihres Zusammenlebens sowie die Abwesenheit extremer wirtschaftlich-sozialer Gegensätze voraus."[272] Namentlich bedarf es des gesellschaftlichen Einverständnisses mit der freiheitlich-

---

270 Im Schrifttum wird diese mittelbare Öffentlichkeitsarbeit, zu der insbesondere Interviews und Pressekonferenzen zählen, teilweise als Presse- oder Medienarbeit bezeichnet. Siehe etwa *Fuchs*, VBlBW 2015, S. 401 (402); *Kempen*, Grundgesetz, amtliche Öffentlichkeitsarbeit und politische Willensbildung, S. 24 f.; *Mandelartz*, LKRZ 2010, S. 371 (372).
271 Vgl. BVerfGE 44, 125 (147 f.); siehe darüber hinaus BVerfGE 63, 230 (242 f.); 138, 102 (114).
272 *Böckenförde*, in: Isensee/Kirchhof (Hrsg.), HStR II, § 24 Rn. 63; zum Homogenitätskonzept vgl. bereits *Heller*, Staatslehre, S. 206; siehe hierzu auch *Lübbe-Wolff*, ZAR 2007, S. 121 (122 ff.).

demokratischen Grundordnung.[273] Hierunter ist eine rechtsstaatliche Ordnung zu verstehen, die unter Ausschluss von Gewalt- und Willkürherrschaft auf der Selbstbestimmung des Volkes nach dem jeweiligen Mehrheitswillen sowie auf bürgerlicher Freiheit und Gleichheit beruht.[274] Zu ihren Grundprinzipien zählen jedenfalls „die Achtung vor den im Grundgesetz konkretisierten Menschenrechten, vor allem vor dem Recht der Persönlichkeit auf Leben und freie Entfaltung, die Volkssouveränität, die Gewaltenteilung, die Verantwortlichkeit der Regierung, die Gesetzmäßigkeit der Verwaltung, die Unabhängigkeit der Gerichte, das Mehrheitsprinzip und die Chancengleichheit für alle politischen Parteien mit dem Recht auf verfassungsmäßige Bildung und Ausübung einer Opposition."[275] Wie sich insbesondere aus Art. 9 II, 18 S. 1, 20 IV, 21 II, III GG ergibt, stehen zum Schutz dieser Werteordnung vielfältige verfassungsrechtliche Instrumente zur Verfügung.[276] Das Grundgesetz konstituiert insoweit eine wehrhafte Demokratie[277] und tritt dem Wertrelativismus der Weimarer Zeit entschieden entgegen.[278] Zwangsläufig geht damit die Pflicht der staatlichen Organe einher, Maßnahmen zum Schutz der freiheitlich-demokratischen Grundordnung zu treffen.[279] Dies gilt nicht erst dann, wenn die Wertebasis akut gefährdet oder bereits erodiert ist. Vielmehr muss der Grund-

---

273 BVerfGE 44, 125 (147).

274 BVerfGE 2, 1 (12 f.).

275 BVerfGE 2, 1 (13); 5, 85 (140); zum Verhältnis der freiheitlich-demokratischen Grundordnung zu den in Art. 79 III GG geschützten Prinzipien vgl. näher *Schliesky*, in: Isensee/Kirchhof (Hrsg.), HStR XII, § 277 Rn. 21.

276 Zu den grundgesetzlichen Normen, die sich auf den Schutz der freiheitlich-demokratischen Grundordnung beziehen, zählen des Weiteren Art. 10 II 2, 11 II, 73 I Nr. 10 lit. b, 87a IV 1 und 91 I GG.

277 Zur Verfassungsentscheidung für eine „streitbare" oder „wehrhafte" Demokratie vgl. etwa BVerfGE 5, 85 (138 f.); 28, 36 (48 f.); 30, 1 (19 ff.); 40, 287 (292); 134, 141 (179 ff.); *Struth*, Hassrede und Freiheit der Meinungsäußerung, S. 62 ff.; *Thiel*, in: ders. (Hrsg.), Wehrhafte Demokratie, S. 1 (5 ff.); zu ihrer ideengeschichtlichen Grundlegung siehe zudem *Papier/Durner*, AöR 128 (2003), S. 340 (345 ff.).

278 Hierzu näher *Schliesky*, in: Isensee/Kirchhof (Hrsg.), HStR XII, § 277 Rn. 9 f.; *Thiel*, in: ders. (Hrsg.), Wehrhafte Demokratie, S. 1 (14); *Volp*, NJW 2016, S. 459 (460 ff.) m.w.N.

279 Vgl. statt vieler BVerfGE 39, 334 (349), wonach „die Verfassung nicht wertneutral ist, sondern sich für zentrale Grundwerte entscheidet, sie in ihren Schutz nimmt und dem Staat aufgibt, sie zu sichern und sie zu gewährleisten (Art. 1 GG)." Entsprechend verlangen auch § 60 I 3 BBG und § 33 I 3 BeamtStG auf einfachgesetzlicher Ebene, dass sich der einzelne Beamte zur freiheitlich-demokratischen Grundordnung bekennen und aktiv für sie eintreten muss.

konsens, welcher die Gesellschaft zusammenhält und den Staat trägt, kontinuierlich gepflegt werden.[280] Hierbei kommt der amtlichen Öffentlichkeitsarbeit eine zentrale Bedeutung zu: Sie bildet grundsätzlich eine freiheitsschonende Alternative zu repressiven Schutzinstrumentarien, indem sie die Bürger über Geschichte, Wesen und Funktionsweise der freiheitlichen Demokratie aufklärt und das gesellschaftliche Bewusstsein lebendig erhält, dass der vom Grundgesetz verfasste Staat dem Einzelnen anders als totalitäre Herrschaftssysteme einen weiten Freiheitsraum zur Entfaltung im privaten wie auch im öffentlichen Bereich gewährleistet.[281] Auf diese Weise wird eine Integrationswirkung erzielt, ohne die kein demokratischer Staat dauerhaft lebensfähig wäre.[282]

Eine funktionierende Demokratie bedarf zudem der fortwährenden Beteiligungsbereitschaft ihrer Bürger. Diese benötigen Einblicke in die Problemzusammenhänge staatlicher Entscheidungen, damit Wahlen und Abstimmungen nicht zur bloß emotionalen Akklamation verkommen.[283] Die entsprechenden Hintergrundinformationen vermag häufig allein der Staat bereitzustellen. Ihm obliegt es insoweit, die Bevölkerung nicht nur über bereits getroffene Entscheidungen, sondern auch über die vorherigen Entscheidungsprozesse, -grundlagen und -alternativen zu unterrichten.[284] Nur so ist der Einzelne in der Lage, sich ein fundiertes Urteil über das politische Handeln der Staatsorgane zu bilden und seine staatsbürgerlichen Mitwirkungsrechte verantwortungsvoll wahrzunehmen.

---

280 So überzeugend *Tillmanns*, in: Thiel (Hrsg.), Wehrhafte Demokratie, S. 25 (40 f.).

281 BVerfGE 44, 125 (147); s.a. *Uhle*, in: Isensee/Kirchhof (Hrsg.), HStR IV, § 82 Rn. 62.

282 *Engel*, in: Isensee/Kirchhof (Hrsg.), HStR IV, § 80 Rn. 5; *Gramm*, Der Staat 30 (1991), S. 51 (65 f.); *Hill*, JZ 1993, S. 330 (331 f.); zum integrierenden Charakter der Tätigkeit oberster Staatsorgane s.a. *Smend*, in: ders. (Hrsg.), Staatsrechtliche Abhandlungen, S. 119 (200 ff.).

283 So prägnant *Gersdorf*, Parlamentsfernsehen des Deutschen Bundestages, S. 30 f.; vgl. ebenfalls BVerfGE 44, 125 (147); *Depenheuer*, Selbstdarstellung der Politik, S. 79 f.; *Gusy*, in: Hoffmann-Riem/Schmidt-Aßmann/Voßkuhle (Hrsg.), Grundlagen des Verwaltungsrechts II, § 23 Rn. 20; *P. Kirchhof*, JZ 1989, S. 453 (455).

284 *F. Schürmann*, Öffentlichkeitsarbeit der Bundesregierung, S. 130 ff.; s.a. *Zeh*, in: Schneider/Zeh (Hrsg.), Parlamentsrecht und Parlamentspraxis, § 32 Rn. 8.

2. Das Rechtsstaatsprinzip

Ein beträchtlicher Teil der staatlichen Öffentlichkeitsarbeit widmet sich der Unterrichtung der Bevölkerung über geltendes oder zukünftig zu schaffendes Recht. Als Legitimationsgrundlage für ein solches Informationshandeln kommt das Rechtsstaatsprinzip in Betracht.[285] Es gebietet unter anderem die Herstellung einer Rechtsordnung, die nicht nur auf dem Papier besteht, sondern von den Bürgern auch wirklich befolgt wird.[286] Hierfür ist es wiederum unerlässlich, dass die Rechtsunterworfenen die Normen tatsächlich kennen und verstehen.[287] Diesem Erfordernis wird der bloße Abdruck neu erlassener Vorschriften im Gesetz- oder Amtsblatt insoweit nicht gerecht, als er lediglich die theoretische Möglichkeit der Kenntnisnahme gewährleistet.[288] In der Tat fällt es dem Bürger angesichts der steigenden Normenflut zunehmend schwer, den Überblick über alle ihn betreffenden Vorschriften zu bewahren. Zugleich kann er viele Gesetze wegen ihrer hohen Technizität ohne sachkundige Anleitung kaum noch hinreichend verstehen.[289] Insofern bedarf es über die förmliche Verkündung hinaus weiterer Anstrengungen, um für eine effektive Verbreitung und Erläuterung der Normen und damit für eine allgemeine Rechtsgeltung zu sorgen.[290] Insbesondere sind die Bemühungen der Medien, Interessenverbände und Parteien zu nennen, die den Bürger häufig bereits vor Erlass einer Norm über die zukünftige Rechtslage informieren und teilweise auch die im Rahmen des Gesetzgebungsverfahrens aufgetretenen politischen Meinungsverschiedenheiten publik machen. Erfahrungsgemäß ist eine begleitende mediale Berichterstattung aber nur bei populären oder umstrittenen Vorhaben zu erwarten. Hingegen kann sich der Staat bei einer Gesetzgebung, die weniger originell ausfällt oder nicht das alltägliche Handeln vieler Bürger betrifft, kaum auf die unvorhersehbare Infor-

---

285 Das Rechtsstaatsgebot leitet sich aus einer Gesamtschau der Verfassung ab, wobei insbesondere Art. 20 III GG (Rechtsbindung der Staatsgewalt), Art. 20 II 2 GG (Gewaltenteilung), Art. 1 III GG (Grundrechtsbindung), Art. 19 IV GG (Rechtsschutzgarantie) und Art. 28 I 1 GG (Homogenitätsklausel) zu nennen sind. Vgl. hierzu näher *Kunig*, Das Rechtsstaatsprinzip, S. 63 ff.; zu den rechtsstaatlichen Einzelgehalten siehe im Überblick auch *Sachs*, in: ders. (Hrsg.), GG, Art. 20 Rn. 77 f.
286 *F. Kirchhof*, DÖV 1982, S. 397 (398).
287 *Kunig*, Das Rechtsstaatsprinzip, S. 396; *F. Schürmann*, Öffentlichkeitsarbeit der Bundesregierung, S. 159 f.
288 Ebenso *F. Kirchhof*, DÖV 1982, S. 397 (399).
289 So bereits BVerfGE 44, 125 (148).
290 Vgl. hierzu und zum Folgenden *F. Kirchhof*, DÖV 1982, S. 397 (399 f.).

mationstransmission seitens der Gesellschaft verlassen.[291] Er ist vielmehr selbst angehalten, dem Bürger in allgemein verständlicher Weise den Inhalt von Gesetzen und deren Änderungen nahezubringen, ihn über seine Rechte und Pflichten aufzuklären und ihn so in die Lage zu versetzen, von den durch das Recht eröffneten Möglichkeiten auch tatsächlich Gebrauch zu machen. In dieser Hinsicht ist die amtliche Öffentlichkeitsarbeit nicht nur aus dem Rechtsstaatsprinzip gerechtfertigt,[292] sondern sogar geboten.[293]

3. Das Sozialstaatsprinzip

Der moderne Staat sieht sich nicht nur aus demokratischer und rechtsstaatlicher Sicht zur Öffentlichkeitsarbeit veranlasst. Für eine umfassende informationelle Bürgerbetreuung streitet vielmehr auch die Sozialstaatsklausel aus Art. 20 I und Art. 28 I 1 GG, welche die staatliche Verantwortung für die Befindlichkeit der Gesellschaft konstituiert.[294] In diesem Sinn muss der Sozialstaat die allgemeinen und besonders die ökonomischen und sozialen Voraussetzungen schaffen, die den Mitgliedern der Gesellschaft die Möglichkeit eröffnen, von ihrer grundrechtlichen Freiheit tatsächlich Gebrauch zu machen.[295] Gleichzeitig hat der Staat nach allgemeinem Verständnis für einen Ausgleich der sozialen Gegensätze und damit für eine gerechte Sozialordnung zu sorgen.[296] Sein Handeln ist immer dann gefordert, wenn das freie Wirken der gesellschaftlichen Kräfte den Bestand und die tatsächliche Verwirklichung der grundrechtlich geschützten Güter und Interessen nicht in dem von der Verfassung gewünschten Mindestmaß zu sichern vermag. Dabei ist gerade im Medienzeitalter der gewachsenen Bedeutung des Faktors „Information" für die gesamtgesellschaftliche Prosperität wie auch für die individuelle Entscheidungsautonomie zu gedenken. So kann der Einzelne lebensprägende Entschlüsse ohne eine qualifizierte informationelle Basis kaum mehr verantwortlich treffen. Aktuelle und hinreichend aufbereitete Daten bilden demnach eine wesentliche Vorausset-

---

291 *F. Schürmann*, Öffentlichkeitsarbeit der Bundesregierung, S. 160 f.
292 BVerfGE 44, 125 (148); zustimmend *Engel*, in: Isensee/Kirchhof (Hrsg.), HStR IV, § 80 Rn. 5.
293 *F. Schürmann*, Öffentlichkeitsarbeit der Bundesregierung, S. 161.
294 *Zacher*, in: Isensee/Kirchhof (Hrsg.), HStR II, § 28 Rn. 21.
295 *Kingreen*, Das Sozialstaatsprinzip im europäischen Verfassungsverbund, S. 129 m.w.N.
296 Vgl. oben B. I. 3. c).

zung für die personale Entwicklung.[297] Sofern die gesellschaftliche Selbststeuerung diese Grundbedingung nicht ausreichend erfüllen kann, fordert das Sozialstaatsprinzip den Staat auf, eine drohende Kluft zwischen informationsarmen und -reichen Akteuren abzuwenden und die Bürger insbesondere mittels Öffentlichkeitsarbeit zu befähigen, das für ihre persönliche Meinungsbildung und Orientierung notwendige Maß an Informationen und Wissen zu erwerben.[298] Insofern hat der Sozialstaat eine „Informations- und Kommunikationsverantwortung" inne,[299] die er etwa wahrnimmt, wenn er die Bevölkerung über seine Leistungsangebote unterrichtet[300] oder auf gesundheitsgefährdende Produkte hinweist[301]. Im politischen Bereich gleicht zwar die vielfältige Beteiligung der gesellschaftlichen Kräfte und insbesondere der Medien Informationsdefizite weitgehend aus, allerdings finden sich auch hier Themenfelder, auf denen ein ausgeprägtes Bedürfnis der Bürger nach staatlicher Informationstätigkeit besteht. Dies gilt namentlich für die öffentliche Auseinandersetzung mit extremen Kleinstparteien und sonstigen politischen Splittergruppen, über deren Aktivitäten die Medien aufgrund der teils schwer zugänglichen Quellen häufig nicht hinreichend berichten können.

4. Grundrechtliche Schutzpflichten

Im Präventions- und Gefahrenabwehrbereich stellt sich schließlich die Frage, inwiefern die staatliche Öffentlichkeitsarbeit als konkrete Erfüllung einer grundrechtlichen Schutzpflicht zu deuten ist. Zu deren Begründung greift das Bundesverfassungsgericht einerseits auf die schon früh vertretene Auffassung zurück, dass das einzelne Grundrecht nicht nur ein subjektives

---

297 *Scherzberg*, Die Öffentlichkeit der Verwaltung, S. 333 f.

298 Im Ergebnis ähnlich BVerfGE 105, 252 (269); 105, 279 (302). Bei der Informationsvermittlung darf der Staat freilich keine Dominanz aufbauen und muss stets den Vorrang der gesellschaftlichen Kräfte wahren. Vgl. zum Verhältnis zwischen amtlicher Öffentlichkeitsarbeit und grundrechtlich geschützter Medientätigkeit näher *Müller-Franken*, AfP 2016, S. 301 (303 ff.) m.w.N.

299 *Pitschas*, in: Hoffmann-Riem/Schmidt-Aßmann/Schuppert (Hrsg.), Reform des Allgemeinen Verwaltungsrechts, S. 219 (239 ff., 246 ff.); vgl. ebenfalls *Gusy*, in: Hoffmann-Riem/Schmidt-Aßmann/Voßkuhle (Hrsg.), Grundlagen des Verwaltungsrechts II, § 23 Rn. 22; *Scherzberg*, Die Öffentlichkeit der Verwaltung, S. 334 f.

300 Hierzu *Jerschke*, Öffentlichkeitspflicht der Exekutive und Informationsrecht der Presse, S. 85.

301 So im Fall von BVerfGE 105, 252 – Glykol.

Abwehrrecht bildet, sondern zugleich einen objektiv-rechtlichen Gehalt hat.[302] Andererseits verweist das Gericht auf Art. 1 I 2 GG,[303] wobei jedoch unklar bleibt, ob diese ausdrückliche Verpflichtung des Staates zum Schutz der Menschenwürde generell auf alle Grundrechte ausstrahlt oder ob hiervon nur der Würdekern einzelner Grundrechte profitieren soll.[304] Demgegenüber begründet ein Teil des Schrifttums die grundrechtliche Schutzpflicht ideengeschichtlich mit der Etablierung des Staates als Friedensordnung, die für den Staat das Gewaltmonopol reklamiert und für den Einzelnen mit einer Gehorsamspflicht sowie einem grundsätzlichen Verbot privater Gewaltanwendung einhergeht.[305] So verzichtet das Individuum auf sein naturgegebenes Recht zur Verteidigung seiner Rechtsgüter nur dann, wenn es sie durch den Staat gesichert weiß. Die Gewährleistung von Sicherheit wird insofern zur Voraussetzung der Unterwerfung.

Ungeachtet der unterschiedlichen Ansätze zu ihrer verfassungsrechtlichen Herleitung gilt die staatliche Schutzpflicht heute als fester Bestandteil der Grundrechtsdogmatik.[306] Ebenso unbestritten ist, dass der Staat seinen Schutzauftrag nicht nur durch strafrechtliche oder präventiv-polizeiliche Interventionen, sondern auch mittels Aufklärungsmaßnahmen und Appellen zu erfüllen hat.[307] Mit Blick auf den politischen Meinungskampf muss er sich etwa im Wege der Öffentlichkeitsarbeit gegen gesellschaftliche Aktivitäten aussprechen, die sich gegen eine bestimmte Bevölkerungsgruppe wegen ihrer Religion oder Weltanschauung, ihrer Hautfarbe und Herkunft, ihrer Behinderung oder ihrer sexuellen Orientierung richten. Hier-

---

302 BVerfGE 39, 1 (41 f.); 49, 89 (141 f.); 99, 185 (196). Die Erkenntnis, dass das Grundgesetz mit Rechtsgütern wie Leben, Gesundheit, Freiheit und Eigentum bestimmte Werte objektiv-rechtlich anerkennt, von denen die Staatsgewalt Richtlinien und Impulse erhält, vermag isoliert betrachtet aber noch nicht zu erklären, warum aus dieser Richtlinien- und Impulsfunktion eine staatliche Pflicht zum Schutz der grundrechtlich verbürgten Rechtspositionen vor privaten Übergriffen folgen soll. Zur Kritik an der Berufung auf die objektive Wertordnung s.a. *Isensee*, in: ders./Kirchhof (Hrsg.), HStR IX, § 191 Rn. 169 ff.

303 BVerfGE 39, 1 (41 f.); 49, 89 (141 f.); 88, 203 (251 f.); 115, 118 (152 f.).

304 Insoweit kritisch *E. Klein*, NJW 1989, S. 1633 (1635).

305 Vgl. hierzu und zum Folgenden *Isensee*, Das Grundrecht auf Sicherheit, S. 21 ff.; *Robbers*, Sicherheit als Menschenrecht, S. 192 und passim.

306 Siehe etwa die Darstellungen und Nachweise bei *Aulehner*, Grundrechte und Gesetzgebung, S. 11 ff.; *Cremer*, Freiheitsgrundrechte, S. 228 ff.; *Müller-Terpitz*, Der Schutz des pränatalen Lebens, S. 85 ff.; zur Idee grundrechtlicher Schutzpflichten als Gemeingut fast des gesamten europäischen Verfassungskreises vgl. ebenfalls auch *Stern*, DÖV 2010, S. 241 (243) m.w.N.

307 So bereits BVerwGE 82, 76 (83); vgl. ferner das Sondervotum der Richterin *Heßelmann* in ThürVerfGH, ThürVBl. 2015, S. 295 (301).

bei ist zu bedenken, dass die Rechtsgüter von Gesundheit und Leben sowie die Menschenwürde gerade in jüngster Vergangenheit durch extremistische Agitation und Gewalt vielfältig tangiert wurden.[308] Insoweit ist eine Aufklärung über die Gefahren von Geschichtsrevisionismus, Intoleranz und Xenophobie ebenso gefordert wie Appelle an die Bevölkerung, mit demokratischen Mitteln zu verhindern, dass sich extremistisches Gedankengut durchsetzt.[309]

III. Die Regierungskompetenz zur Öffentlichkeitsarbeit

Die vorherige Analyse hat die grundsätzliche Legitimation staatlicher Öffentlichkeitsarbeit zu Tage gefördert. Hieraus folgt aber keinesfalls ein informatorischer Blankoscheck für staatliche Akteure, die gerade nicht von grundrechtlich gewährleisteter Freiheit Gebrauch machen dürfen. Vielmehr bildet ihr Informationshandeln nach nahezu einhelliger Auffassung eine hoheitliche Tätigkeit, die an die grundgesetzliche Zuständigkeitsordnung gebunden ist.[310] Damit stellt sich nunmehr die Frage, inwieweit die Regierung sowie ihre einzelnen Mitglieder aus kompetenzrechtlicher Sicht überhaupt zur Öffentlichkeitsarbeit und namentlich zur Teilnahme am parteipolitischen Diskurs befugt sind. Die verfassungsgerichtliche Rechtsprechung argumentiert in diesem Zusammenhang regelmäßig mit der allgemeinen Kompetenz der Regierung zur Staatsleitung.[311] Ihr Rekurs sieht sich wiederum starker Kritik im Schrifttum ausgesetzt, das den unbestimmten Begriff der Staatsleitung etwa als „holistische Wunderwaffe"[312]

---

308 Zu politisch und religiös motivierter Gewalt und Propaganda vgl. etwa die Verfassungsschutzberichte des BfV unter https://www.verfassungsschutz.de/de/oeffentlichkeitsarbeit/publikationen (zuletzt abgerufen am 30.9.2019).
309 Zu weitgehend freilich das Sondervotum der Richterin *Heßelmann* in ThürVerfGH, ThürVBl. 2015, S. 295 (301), der zufolge die Schutzpflicht selbst einen amtlichen Demonstrationsaufruf gegen eine konkrete rechtsextreme Parteiveranstaltung zu rechtfertigen vermag. Siehe hierzu auch unten C. V. 3. d) bb).
310 Siehe aus der Judikatur etwa BVerfGE 44, 125 (149); 105, 252 (270); 105, 279 (306); vgl. aus dem Schrifttum namentlich *Barczak*, NVwZ 2015, S. 1014 (1016 f.); *Gramm*, Der Staat 30 (1991), S. 51 (74); *Pietzcker*, in: Isensee/Kirchhof (Hrsg.), HStR VI, § 134 Rn. 124 ff.; *Stumpf*, ThürVBl. 2016, S. 270 (272).
311 Vgl. aus jüngster Zeit besonders BVerfGE 148, 11 (27 f.); ThürVerfGH, ThürVBl. 2016, S. 281 (283); s.a. bereits BVerfGE 105, 252 (268 ff.); 105, 279 (301 ff.); 138, 102 (114); RhPfVerfGH, NVwZ 2008, S. 897 (898).
312 *Schoch*, in: Isensee/Kirchhof (Hrsg.), HStR III, § 37 Rn. 113.

oder „parakonstitutionelle Kategorie"[313] abqualifiziert. Angesichts dessen erscheint eine nähere Erörterung der Frage geboten, was das Grundgesetz unter der Staatsleitungskompetenz versteht und inwiefern sich hierunter die regierungsamtliche Öffentlichkeitsarbeit subsumieren lässt.

1. Der Begriff der Staatsleitung

Ebenso wie die vorangegangenen Verfassungen des Deutschen Reichs greift das Grundgesetz den Topos der Staatsleitung nicht ausdrücklich auf. Infolgedessen fehlt es in Wissenschaft und Praxis an einer einheitlichen Bezeichnung. Neben dem Terminus „Staatsleitung" finden sich verwandte Begriffe wie z.B. „Staatsführung", „politische Leitung" oder „Führung der Politik".[314] Vielfach wird auch der Ausdruck „Regierung" verwendet. Dies kann indes zu Missverständnissen führen, da die Regierung im materiellen Sinn für einen Bereich der Staatsgewalt steht, während sie im formellen oder institutionellen Sinn das gleichnamige Staatsorgan kennzeichnet.[315] Die Frage, welche Bereiche die Staatsleitung oder der materielle Regierungsbegriff erfasst, lässt sich leicht beantworten, solange alle Staatsgewalt in den Händen eines Herrschers vereinigt ist. Verfassungsrechtliche Abgrenzungsschwierigkeiten entstanden aus historischer Perspektive mit dem Übergang vom Absolutismus zum Konstitutionalismus. So schränkten im Verlauf des 19. Jahrhunderts die bürgerlich-demokratischen Kräfte die zunächst umfassende Herrschaft des Monarchen immer mehr in ihrer Bewegungsfreiheit ein. Dem monarchischen Zugriff wurden nun einzelne Staatstätigkeiten entzogen, wozu neben der unabhängigen Gerichtsbarkeit vor allem die parlamentarische Gesetzgebung gehörte.[316] Diese zielte mit dem auf die Sicherung von „Freiheit und Eigentum" abstellenden Gesetzesbegriff auf die gesellschaftliche Herrschaftsteilhabe, stellte die Vormacht des Monarchen jedoch nicht in Abrede.[317] Daher oblagen der Krone weiter alle staatlichen Tätigkeiten, die nicht positivrechtlich der Gesetzgebung und der Rechtsprechung zugewiesen waren.[318] Die positive Bestimmung der Gewalten erfolgte hierbei über den Gesetzesbegriff: Wäh-

---

313 *Kersten*, in: Bultmann u.a. (Hrsg.), FS Battis, S. 239 (247).
314 *Magiera*, Parlament und Staatsleitung, S. 46 f. m.w.N.
315 Zur Terminologie eingehend *Badura*, in: Herzog u.a. (Hrsg.), EvStL II, Sp. 2951 (2953 ff.); *Frotscher*, Regierung als Rechtsbegriff, S. 173 f., 193.
316 *Magiera*, Parlament und Staatsleitung, S. 49.
317 *Grigoleit*, Bundesverfassungsgericht und deutsche Frage, S. 12.
318 Vgl. hierzu und zum Folgenden *Magiera*, Parlament und Staatsleitung, S. 51 ff.

rend die Legislative die Gesetze schuf, wachte die Judikative über ihre Einhaltung. Als „Restbereich" stand damit mittelbar auch die Exekutive fest, die nicht nur die Gesetze ausführte, sondern gleichfalls alle übrige Staatsgewalt außerhalb der Reichweite des Gesetzesbegriffs umfasste. Diese „freie" Staatstätigkeit ordnete die konstitutionelle Lehre – dem monarchischen Prinzip folgend – der Krone als der „obersten Staatsleitung" zu.[319]

Angesichts des Übergangs vom monarchischen zum demokratischen Prinzip wechselte die Staatsleitung zwar ihren Legitimations- und Verantwortungszusammenhang, verlor jedoch nicht ihre grundsätzliche Daseinsberechtigung.[320] Vielmehr müssen auch im demokratischen Verfassungsstaat Leitungs- und Koordinationsaufgaben erfüllt werden, welche der Staatstätigkeit ihre Richtung geben. Diese Aufgaben, bei denen es mit den Worten des Bundesverfassungsgerichts „um die politische Führung, die verantwortliche Leitung des Ganzen, der inneren und äußeren Politik geht"[321], fasst die Staatsleitung begrifflich zusammen. Als organisationssoziologische Notwendigkeit ist sie an keine bestimmte Staats- und Regierungsform gebunden.[322] Ihre rechtlichen Konturen sowie ihre politische Qualität gewinnt sie aus der konkreten Verfassung, die aber nicht alle Aspekte und Aufgaben der Staatsführung im Voraus bedenken kann. Dementsprechend kann die Rechtswissenschaft den Topos der Staatsleitung zwar umschreiben und inhaltlich näher konkretisieren, nicht jedoch abschließend definieren.[323]

2. Staatsleitung zwischen Parlament und Regierung

Das Grundgesetz überträgt keinem Staatsorgan die alleinige Entscheidungskompetenz in allen Angelegenheiten, die für die Ausrichtung, Entwicklung und Einheit des Staates von Bedeutung sind. Vielmehr kommt die Staatsleitung mehreren Organen zu und überlagert so die Gewalten.[324] Auf gesamtstaatlicher Ebene liegt ihr Schwerpunkt rechtlich wie tatsächlich bei Bundestag und Bundesregierung. Die Deutung des beidseitigen

---

319 Siehe etwa *Laband*, Deutsches Reichsstaatsrecht, S. 60; *Mayer*, Deutsches Verwaltungsrecht I, S. 9 ff.

320 *Grigoleit*, Bundesverfassungsgericht und deutsche Frage, S. 12 f.

321 BVerfGE 105, 279 (301).

322 *Schröder*, in: Isensee/Kirchhof (Hrsg.), HStR V, § 106 Rn. 5.

323 *Bethge*, Jura 2003, S. 327 (330); *Schröder*, in: Isensee/Kirchhof (Hrsg.), HStR V, § 106 Rn. 4.

324 Vgl. insbesondere *Leisner*, JZ 1968, S. 727 (728); *Stern*, Staatsrecht II, S. 685.

Anteils bildet seit Bestehen des Grundgesetzes ein zentrales Thema der staatsrechtlichen und politikwissenschaftlichen Literatur.[325] Große Resonanz fand dabei die einprägsame Formel Ernst Friesenhahns, wonach die Staatsleitung „Regierung und Parlament gewissermaßen zur gesamten Hand" zusteht.[326] Obgleich dieser Ansatz im Einzelfall keine Kompetenzkonflikte zu lösen vermag,[327] bringt er zutreffend zum Ausdruck, dass die Staatsleitung durch ein Zusammenspiel exekutiver und legislativer Wertungen und Entscheidungen verwirklicht wird. Die Vorstellung gleicher oder gleichartiger Entscheidungsanteile ist mit dem Bild einer „gesamthänderischen" Staatsleitung freilich nicht verbunden.[328] So besitzt das Parlament, das als einziges Staatsorgan unmittelbare demokratische Legitimation genießt, für den Bereich der formellen Gesetzgebung das Monopol und im Übrigen die Rechtsetzungsprärogative.[329] Zudem verfügt es im Hinblick auf die Bundesregierung über grundlegende Kreations- und Kontrollrechte[330] und nimmt im Zusammenwirken mit dieser eine Reihe weiterer staatsleitender Aufgaben wie z.B. die Außen- und Verteidigungspolitik wahr.[331] Demnach verwundert es auch nicht, wenn Teile der Jurisprudenz den Bundestag als „institutionellen Mittelpunkt des politischen Lebens der Bundesrepublik"[332] charakterisieren. Aus der zentralen Stellung der Volksvertretung folgt allerdings nicht, dass die Regierung in allen Fällen oberster Staatsleitung zwingend auf die parlamentarische Mitwirkung angewiesen ist. Art. 20 II 2 GG setzt stattdessen eine gewaltenteilende Demokratie fest, in welcher die Regierung als Spitze der Exekutive nicht bloß eine ab-

---

325 Dazu näher *Grigoleit*, Bundesverfassungsgericht und deutsche Frage, S. 17 mit entsprechenden Nachweisen.

326 *Friesenhahn*, VVDStRL 16 (1958), S. 9 (38); zustimmend etwa *Herzog*, in: Maunz/ Dürig (Begr.), GG, Art. 62 Rn. 58; *Magiera*, Parlament und Staatsleitung, S. 252; *Maurer*, VVDStRL 43 (1985), S. 135 (152 f.).

327 Insoweit kritisch *Heun*, Staatshaushalt und Staatsleitung, S. 26 f.

328 *Schröder*, in: Isensee/Kirchhof (Hrsg.), HStR V, § 106 Rn. 11. Neben Parlament und Regierung verfügt die rechtsprechende Gewalt von Verfassungs wegen über keinen eigengestaltenden Anteil an der Staatsleitung. Vgl. hierzu näher *Grigoleit*, Bundesverfassungsgericht und deutsche Frage, S. 53, 103 ff. und passim.

329 *Bethge*, Jura 2003, S. 327 (330).

330 Siehe hierzu im Überblick *P. M. Huber*, in: Isensee/Kirchhof (Hrsg.), HStR III, § 47 Rn. 10 f.

331 Vgl. *Bethge*, Jura 2003, S. 327 (330) m.w.N.

332 *Hesse*, Grundzüge des Verfassungsrechts der Bundesrepublik Deutschland, Rn. 574; ähnlich *Hofmann/Dreier*, in: Schneider/Zeh (Hrsg.), Parlamentsrecht und Parlamentspraxis, § 5 Rn. 24; *P. Kirchhof*, in: Brenner/Huber/Möstl (Hrsg.), FS Badura, S. 237 ff.

hängige Vollzugsagentur der Legislative bildet,[333] sondern über einen Kernbereich funktionaler Eigenständigkeit und Eigenverantwortung disponiert.[334] Obwohl das Grundgesetz die Regierungskompetenz zur Staatsleitung nicht ebenso ausdrücklich wie die Gesetzgebungs- und Verwaltungszuständigkeiten bestimmt, geht es stillschweigend von einer entsprechenden Kompetenz aus. Diese zeigt sich etwa in der Konstituierung eines parlamentarischen Regierungssystems durch Art. 62 ff. GG sowie in den Informations- und Unterrichtungspflichten der Regierung gegenüber dem Parlament.[335] Offenkundig wird sie zugleich im Rahmen der Gesetzgebung als der zentralen politischen Steuerungsressource im Rechtsstaat.[336] So weist Art. 77 I 1 GG den Bundestag zwar als Gesetzgeber aus, jedoch überträgt Art. 76 I GG das gesetzgeberische Initiativrecht primär der Bundesregierung und erst danach der „Mitte des Bundestages". In der Praxis bringt die Regierung nicht nur die Mehrzahl der Gesetzesentwürfe ein, sondern nimmt durch Beratungs- und Hilfstätigkeiten der ihr nachgeordneten Ministerialbürokratie ebenfalls Einfluss auf den weiteren Gang der Gesetzgebung. Zusammen mit dem Initiativrecht spiegelt diese informelle Teilhabe am Gesetzgebungsprozess einen Sachkunde- und Informationsvorsprung der Regierung gegenüber dem Parlament wider, der ihre Charakterisierung als das „dynamische Element" der Staatsleitung rechtfertigt.[337] Hingegen verfügt das unmittelbar vom Volk durch Wahlen konstituierte Parlament über die bestimmende Legitimations- und Integrationskraft. Ihm gebührt ein Letztentscheidungsrecht in allen staatsleitenden Angelegenheiten, das in der parlamentarischen Verantwortlichkeit der Regierung seine verfassungsrechtliche Grundlage findet.

---

333 Vgl. statt vieler *Horn*, AöR 127 (2002), S. 427 (455 f.); *Oldiges/Brinktrine*, in: Sachs (Hrsg.), GG, Art. 62 Rn. 41.

334 BVerfGE 49, 89 (124 ff.); 68, 1 (87); siehe zudem *Busse*, DÖV 1989, S. 45 (46 ff.); *Schröder*, in: Isensee/Kirchhof (Hrsg.), HStR III, § 64 Rn. 11 ff.

335 BVerfGE 105, 252 (270); 105, 279 (306).

336 Zum Gesetz als „zentralem Steuerungsmedium" vgl. etwa *Ossenbühl*, in: Isensee/Kirchhof (Hrsg.), HStR V, § 100 Rn. 19 ff.; *Schuppert*, in: ders. (Hrsg.), Das Gesetz als zentrales Steuerungsinstrument des Rechtsstaates, S. 105 ff.; *Waldhoff*, in: Fleischer (Hrsg.), Mysterium „Gesetzesmaterialien", S. 77 (85).

337 Vgl. hierzu und zum Folgenden *Grigoleit*, Bundesverfassungsgericht und deutsche Frage, S. 20 ff.; zur Qualifizierung der Regierung als „Gravitationszentrum politischer Gestaltung und Leitung" s.a. *Stern*, Staatsrecht I, S. 1009; in der Sache ebenso *P. M. Huber*, in: Isensee/Kirchhof (Hrsg.), HStR III, § 47 Rn. 13, 16 ff.

3. Regierungsamtliche Öffentlichkeitsarbeit als Staatsleitung

Als Organ der Staatsleitung muss die Regierung die gesellschaftliche Entwicklung ständig beobachten, auftretende Probleme möglichst rasch und genau erfassen sowie entsprechende Lösungen konzipieren und in die Tat umsetzen.[338] Ihre Handlungsoptionen beschränken sich bei alledem nicht nur auf Gesetzesinitiativen und die richtungsweisende Einwirkung auf den Gesetzesvollzug. Vielmehr schließt ihre Kompetenz zur Staatsleitung als integralen Bestandteil ebenso die Befugnis zur Öffentlichkeitsarbeit ein.[339] Hierzu zählt unbestritten die Darlegung und Erläuterung der Regierungspolitik bezüglich getroffener Maßnahmen und künftiger Vorhaben, damit sich die Wähler selbst ein Urteil über die jeweiligen Sachfragen und die Antworten ihrer Regierung bilden können.[340] Einer differenzierten Betrachtung bedürfen dagegen Aufklärungsmaßnahmen über gesellschaftliche Geschehnisse und hiermit verbundene Appelle. Ihre Einordnung als Staatsleitung erfordert, dass sie sich auf Entwicklungen beziehen, die den Zusammenhalt der Gesellschaft oder den Staat als solchen bedrohen.[341] Ansonsten steht eine Verwaltungstätigkeit in Rede.[342] Eine derartige Gefahrenlage mag zwar bei den kontrovers diskutierten Warnungen vor glykolhaltigen Weinen oder Jugendsekten zweifelhaft erscheinen,[343] liegt aber jedenfalls dann vor, wenn gesellschaftliche Gruppierungen das Ziel verfolgen, die Grundwerte der freiheitlichen Demokratie zu beseitigen. Aufgrund ihrer allgemeinen Staatsleitungskompetenz und unter Wahrung bestimmter, noch ausführlich zu erörternder Voraussetzungen[344] darf die Regierung in diesem Fall das betreffende Verhalten öffentlich als „extremistisch" oder „verfassungsfeindlich"[345] bewerten und den Bürgern die Erwä-

---

338 BVerwGE 82, 76 (80).
339 BVerfGE 105, 252 (270); 105, 279 (306); 138, 102 (114).
340 BVerfGE 44, 125 (147).
341 *Detterbeck*, Allgemeines Verwaltungsrecht, Rn. 300 m.w.N.
342 Zur Abgrenzung zwischen Staatsleitung und Verwaltungshandeln siehe allgemein *Gusy*, NJW 2000, S. 977 (981); *Schröder*, in: Isensee/Kirchhof (Hrsg.), HStR V, § 106 Rn. 30.
343 Zur Einordnung derartiger Warnungen als Verwaltungstätigkeit vgl. etwa *Heintzen*, NJW 1990, S. 1448 (1449); *P. M. Huber*, JZ 2003, S. 290 (295 f.); *Murswiek*, NVwZ 2003, S. 1 (7).
344 Vgl. dazu unten C. V. 3. a), d).
345 Die „Verfassungsfeindlichkeit" ist zwar ursprünglich kein Rechtsbegriff, hat sich aber sowohl in der Amtssprache als auch in öffentlichen Diskussionen als Kennzeichnung für Parteien mit extremer Programmatik etabliert, bei denen die Verfassungswidrigkeit i.S.d. Art. 21 II GG (noch) nicht durch das hierfür

gungen erläutern, die den Erhalt des demokratischen Grundkonsenses sicherstellen sollen.[346] Darüber hinaus umfasst ihre Befugnis zur Öffentlichkeitsarbeit Appelle an die Bevölkerung, gesellschaftliche Initiativen zu unterstützen, die für das friedliche Zusammenleben aller Bürger und für den Schutz der freiheitlich-demokratischen Ordnung eintreten.[347] Dazu gehören namentlich Aufrufe zur Teilnahme an Kundgebungen gegen Geschichtsrevisionismus, Rassismus und politischen Extremismus jeglicher Couleur, wobei freilich an späterer Stelle noch eingehend untersucht werden soll, inwieweit einer entsprechenden Äußerungsbefugnis verfassungsrechtliche Grenzen gesetzt sind.[348] Schließlich stellt sich die Frage, ob die Regierung in kompetenzrechtlicher Hinsicht selbst politische Versammlungen in die Wege leiten darf. Diesem Problem ist – soweit ersichtlich – in Rechtsprechung und Schrifttum bislang kaum Beachtung geschenkt worden. Vereinzelt wird ohne nähere Begründung vertreten, dass die Regierung in bestimmten Krisensituationen zur Beteiligung an einer von ihr initiierten Demonstration auffordern dürfe, um sich der Unterstützung der Bevölkerung zu vergewissern.[349] Ein solcher Ansatz verkennt allerdings die politisch-demokratische Bedeutung von Versammlungen in der grundgesetzlichen Ordnung. In seiner Ausprägung als Demonstrationsfreiheit ermöglicht hier Art. 8 I GG den Bürgern, „Unzufriedenheit, Unmut und Kritik öffentlich vorzubringen und abzuarbeiten."[350] Versammlungen dienen insoweit den nach politischen Veränderungen strebenden Gesellschaftsteilen dazu, Druck auf die staatliche Führung auszuüben und sie zu Kurskorrekturen zu bewegen.[351] Diese demokratische Funktionsweise von Demonstrationen würde indes in ihr Gegenteil verkehrt, wenn staatliche Organe selbst politische Kundgebungen initiieren dürften und dadurch die gesellschaftliche Willensbildung von oben nach unten steuern könnten. So sind staatlich organisierte oder veranlasste Massenaufmärsche und -kundgebungen gerade ein Charakteristikum totalitärer Regime, die sich

---

ausschließlich zuständige Bundesverfassungsgericht festgestellt wurde. Zur Terminologie s.a. *Buchheim*, in: Merten/Morsey (Hrsg.), 30 Jahre Grundgesetz, S. 19 (31 f.); *Ipsen*, in: Sachs (Hrsg.), GG, Art. 21 Rn. 202 m.w.N.

346 RhPfVerfGH, NVwZ 2008, S. 897 (898).
347 ThürVerfGH, ThürVBl. 2015, S. 295 (299).
348 Siehe unten C. V. 3. d) bb).
349 So das Sondervotum des Richters *Bayer* in ThürVerfGH, ThürVBl. 2015, S. 295 (300).
350 *Blanke/Sterzel*, Vorgänge 1983, S. 67 (69); ihnen folgend BVerfGE 69, 315 (347).
351 Vgl. statt vieler *Hoffmann-Riem*, in: Merten/Papier (Hrsg.), HGR IV, § 106 Rn. 2.

hiermit der Loyalität der Bevölkerung vergewissern.[352] Im freiheitlich-demokratischen System des Grundgesetzes ist das Initiieren von Versammlungen dagegen den gesellschaftlichen Kräften vorbehalten, die dabei grundrechtlichen Schutz aus Art. 8 I GG genießen. Der Regierung verbleibt allein die Befugnis, auf ein solches privates Engagement aufmerksam zu machen und die Bevölkerung zur Unterstützung privater Demonstrationen aufzurufen.[353]

Naturgemäß setzt sich die soeben skizzierte Öffentlichkeitsarbeit auch mit opponierenden Parteien auseinander. Die Regierung darf etwa deren mediale Angriffe abwehren[354] und den Bürgern die Gründe erläutern, weshalb sie die konträren politischen Ideen und Konzepte nicht zur staatlichen Gemeinwohlgenerierung heranzieht.[355] Ebenso ist sie zur Teilnahme an der öffentlichen Diskussion befugt, ob Ziele und Verhalten einer bestimmten Partei mit der verfassungsmäßigen Ordnung vereinbar sind.[356] Sonst wären z.B. schon die öffentliche Darstellung der Regierungsabsicht, beim Bundesverfassungsgericht einen Parteiverbotsantrag zu stellen,[357] und ihre notwendigerweise wertende Begründung gar nicht möglich. Ein solches Informationshandeln bildet aber gerade die Voraussetzung einer offenen und transparenten Debatte über politische wie auch verfassungsrechtliche Vorhaben und ist daher in der freiheitlichen Demokratie unabdingbar.[358]

Im Rahmen ihrer staatsleitenden Öffentlichkeitsarbeit kann die Regierung nicht nur mannigfaltige Lebensbereiche thematisieren, sondern auch verschiedene, sich fortlaufend verändernde Kommunikationsmittel nutzen.[359] Fraglich ist indessen, inwieweit sie bei alldem einer formell-gesetzli-

---

352 Vgl. zu den Beispielen des „Dritten Reichs" und der DDR namentlich *Mampel*, Totalitäres Herrschaftssystem, S. 146.

353 Mit Blick auf eine Befugnis kommunaler Organe ebenso *Gärditz*, NWVBl. 2015, S. 165 (170).

354 Dieses „Recht zum Gegenschlag" steht der Regierung nicht nur gegenüber Parteien, sondern gegenüber jedem zu, der sich am politischen Diskurs beteiligt. Vgl. BVerwG, NJW 1984, S. 2591; s.a. *Bethge*, NJW 1985, S. 721.

355 Ähnlich *Gusy*, NVwZ 2015, S. 700 (702); *Seifert*, Die politischen Parteien, S. 416.

356 RhPfVerfGH, NVwZ 2008, S. 897 (898) m.w.N.

357 Zur Einleitung eines Parteiverbotsverfahrens nach Art. 21 II, IV GG i.V.m. §§ 13 Nr. 2, 43 ff. BVerfGG vgl. den Überblick bei *Schlaich/Korioth*, Das Bundesverfassungsgericht, Rn. 340 ff.

358 SaarlVerfGH, Urt. v. 8.7.2014 – Lv 5/14 –, juris Rn. 41.

359 Siehe zu den vielfältigen Kommunikationsmitteln bereits oben C. I.; vgl. darüber hinaus auch *Jensen*, Rechtsprobleme regierungsamtlicher Öffentlichkeitsarbeit, S. 14 ff.; *Nellesen*, Äußerungsrechte staatlicher Funktionsträger, S. 11 ff.

chen Grundlage bedarf. Mit Blick auf den Vorbehalt des Gesetzes[360] ist zunächst zu beachten, dass die Regierung über einen grundsätzlich unausforschbaren „Initiativ-, Beratungs- und Handlungsbereich" disponiert, der zum Kernbereich exekutiver Eigenverantwortung zählt.[361] Wenn hierunter zweifellos die interne Willensbildung der Regierung fällt, muss ebenso das Gegenstück, d.h. die anschließende Willenskundgabe in Gestalt der Öffentlichkeitsarbeit, erfasst sein.[362] Daher liegt es im politischen Ermessen der Regierung, wann und wie sie ihre staatsleitenden Beratungen und Entscheidungen den Bürgern zugänglich macht.[363] Eine entsprechende Regelung durch ein Parlamentsgesetz ist nicht geboten. Etwas anderes könnte allein für Aufklärungsmaßnahmen und Appelle gelten, die mit Grundrechtseingriffen verbunden sind. Ob und inwieweit das regierungsamtliche Informationshandeln allerdings nachteilige Konsequenzen für den Bürger oder eine gesellschaftliche Vereinigung entfaltet, hängt von einer Reihe von Faktoren und deren Zusammenwirken ab.[364] Häufig ist dafür das Verhalten Dritter entscheidend, das regelmäßig nicht abschätzbar ist und sich hinsichtlich seiner Folgen nur schwer kalkulieren lässt. Unter diesen Umständen müsste sich eine gesetzliche Normierung der Öffentlichkeitsarbeit auf allgemein gehaltene Formeln und Generalklauseln beschränken. Ein Gewinn an Messbarkeit und Berechenbarkeit staatlichen Handelns ginge damit für den Bürger nicht einher. Ebenso wenig wäre das Ziel erreicht, die Entscheidung wesentlicher und vor allem grundrechtsrelevanter Fragen aus Gründen der demokratischen Legitimation dem Parlament zu überlassen, da dieses angesichts der zwangsläufig weiten und unbestimmten Fassung einer gesetzlichen Grundlage keine wirkliche Entscheidung zur Sache treffen könnte. Infolgedessen ist eine über die Staatsleitungskompetenz hinausgehende gesetzliche Ermächtigung für die regie-

---

360 Zu seiner verfassungsrechtlichen Verankerung in den Grundrechten sowie im Demokratie- und Rechtsstaatsprinzip vgl. näher *Huster/Rux*, in: Hillgruber/Epping (Hrsg.), GG, Art. 20 Rn. 172 ff.; *Ossenbühl*, in: Isensee/Kirchhof (Hrsg.), HStR V, § 101 Rn. 42 ff.

361 BVerfGE 67, 100 (139).

362 *F. Schürmann*, Öffentlichkeitsarbeit der Bundesregierung, S. 194 ff.

363 *Busse*, DÖV 1989, S. 45 (49 f.); vgl. auch VGH Kassel, NVwZ 2003, S. 1000 (1001): „Die Frage, welche Tatsachen und Werturteile die Regierung im Rahmen ihrer Öffentlichkeitsarbeit vortragen will, gehört zum ureigensten und internen Bereich der Regierungstätigkeit."

364 Vgl. hierzu und zum Folgenden BVerfGE 105, 279 (304 f.).

rungsamtliche Öffentlichkeitsarbeit selbst dann entbehrlich, wenn diese zu mittelbar-faktischen Grundrechtsbeeinträchtigungen führt.[365]

4. Die Kompetenzverteilung innerhalb der Regierung

Während Rechtsprechung und Literatur die Öffentlichkeitsarbeit als integralen Bestandteil einer Regierungskompetenz zur Staatsleitung kontrovers diskutieren, haben die Äußerungsbefugnisse einzelner Regierungsmitglieder bislang kaum Beachtung gefunden. Um die Frage nach der regierungsinternen Zuständigkeitsverteilung zu klären, ist zunächst ein Blick auf die Organisationsgewalt des Bundeskanzlers angezeigt. Dieser gliedert die Aufgaben seiner Regierung nach Sachgebieten und fasst verwandte Materien zu Geschäftsbereichen unter der Leitung eines Ministers zusammen.[366] Sodann gewährt die Ressortleitungsbefugnis aus Art. 65 S. 2 GG den Ministern eigene politische Gestaltungsspielräume, sofern ihr Handeln nicht durch den Gesetzgeber oder durch Richtlinien des Bundeskanzlers abschließend geregelt wird.[367] Inbegriffen ist damit auch die Befugnis zur Öffentlichkeitsarbeit, die aber nach der Mehrzahl der einschlägigen Literaturstimmen auf den ministeriellen Geschäftsbereich begrenzt ist.[368] Demnach dürfte etwa der Umweltminister auf seiner Ministeriumshomepage die Verhandlungsergebnisse einer Klimakonferenz erörtern, nicht jedoch die Auslandseinsätze der Bundeswehr. Zudem agierte der Bildungs-

---

365 BVerfGE 105, 279 (305); BVerwGE 82, 76 (81); billigend EGMR, NVwZ 2010, S. 177 (180); zur massiven Kritik des Schrifttums an dieser ständigen Rechtsprechung vgl. *Schoch*, in: Isensee/Kirchhof (Hrsg.), HStR III, § 37 Rn. 111 ff.; besonders prägnant auch *P. M. Huber*, JZ 2003, S. 290 (294 f.); *Ibler*, in: Geis/Lorenz (Hrsg.), FS Maurer, S. 145 (156 f.); *Klement*, DÖV 2005, S. 507 (514 f.); siehe aus jüngerer Zeit ebenfalls *Kersten*, in: Bultmann u.a. (Hrsg.), FS Battis, S. 239 (246 ff.); *Knebel/Schoss*, DÖV 2016, S. 105 (106 ff.).

366 Zum sog. Kabinettsbildungsrecht des Kanzlers eingehend *Böckenförde*, Die Organisationsgewalt im Bereich der Regierung, S. 139 ff.; *Detterbeck*, in: Isensee/Kirchhof (Hrsg.), HStR III, § 66 Rn. 13 f., 25; *Oldiges/Brinktrine*, in: Sachs (Hrsg.), GG, Art. 64 Rn. 22 ff.

367 Hierzu näher *Herzog*, in: Maunz/Dürig (Begr.), GG, Art. 65 Rn. 53 ff.; *Karehnke*, DVBl. 1974, S. 101 (103 f.).

368 Vgl. namentlich *Barczak*, NVwZ 2015, S. 1014 (1017); *Schenke*, in: Kahl/Waldhoff/Walter (Hrsg.), Bonner Kommentar, Art. 65 Rn. 161; s.a. *Gröpl/Zembruski*, JA 2016, S. 268 (275); *Milker*, JA 2017, S. 647 (652); *Spitzlei*, JuS 2018, S. 856 (858); im Hinblick auf die Auseinandersetzung mit radikalen Parteien ebenso *Kliegel*, in: Scheffczyk/Wolter (Hrsg.), Linien der Rechtsprechung, S. 413 (430 Fn. 68).

minister noch innerhalb seiner Ressortkompetenz, wenn er die Bevölkerung allgemein vor Gefahren durch Geschichtsrevisionismus warnte und zu mehr zivilgesellschaftlichem Engagement gegen Rassismus aufriefe.[369] Dagegen unterfielen Stellungnahmen zu extremistischen Bestrebungen einzelner politischer Parteien oder sonstiger gesellschaftlicher Verbände allein dem Geschäftsbereich des Innenministers.[370] Eine ressortübergreifende Befugnis zur Öffentlichkeitsarbeit billigt der bisher überwiegende Teil des Schrifttums schließlich nur dem Bundeskanzler aufgrund seiner in Art. 65 S. 1 GG verankerten Richtlinienkompetenz zu. So sei ihm zwar verwehrt, in die Ressorts „hineinzuregieren", allerdings dürfe er sich im Allgemeinen zu Vorgängen aus sämtlichen Geschäftsbereichen äußern.[371]

Freilich erscheint eine Begrenzung der ministeriellen Äußerungsbefugnisse auf den jeweiligen Geschäftsbereich insofern problematisch, als der Ressortgrundsatz teils durch das Kabinettsprinzip eingeschränkt wird.[372] Dessen Hauptausprägung findet sich in § 15 I GOBReg, der die Beratung und Beschlussfassung der Bundesregierung über Angelegenheiten von allgemeiner innen- oder außenpolitischer, wirtschaftlicher, sozialer, finanzieller oder kultureller Bedeutung vorsieht. Die Vorschrift begründet somit eine Zuständigkeit des gesamten Kabinetts für solche Entscheidungen, die „das Wohl des gesamten staatlichen Seins in umfassender Form betreffen"[373]. Als Mitglieder des Regierungskollegiums nehmen in dieser Hinsicht alle Minister an der Staatsleitung teil. Es liegt folglich nahe, ihnen im politischen Diskurs Äußerungsbefugnisse zuzugestehen, die über die jeweiligen Ressortgrenzen hinausreichen.[374] Hiergegen lässt sich wiederum einwenden, dass § 15 I GOBReg verfassungskonform als Verfahrensvor-

---

369 Zu entsprechenden Äußerungsbefugnissen einer Landesministerin für Bildung und Kultur s.a. SaarlVerfGH, Urt. v. 8.7.2014 – Lv 5/14 –, juris Rn. 32 ff.
370 So insbesondere *Kliegel*, in: Scheffczyk/Wolter (Hrsg.), Linien der Rechtsprechung, S. 413 (429). Ergo hätte im kontrovers diskutierten Fall „Schwesig" (BVerfGE 138, 102) die Bundesministerin für Familie, Senioren, Frauen und Jugend die Grenzen ihres Ressorts überschritten, sofern sie in amtlicher Eigenschaft vor der rechtsextremen Ideologie der NPD gewarnt hätte.
371 *Barczak*, NVwZ 2015, S. 1014 (1017); zustimmend *Gröpl/Zembruski*, JA 2016, S. 268 (275); *Milker*, JA 2017, S. 647 (652); vgl. zu den ähnlich weitreichenden Äußerungsbefugnissen eines Ministerpräsidenten auch *Hufen*, LKRZ 2007, S. 41 (44 f.).
372 Zur eigenartigen Verflechtung von Ressort- und Kabinettsprinzip näher *Karehnke*, DVBl. 1974, S. 101 (108 f.).
373 *v. Wick*, Kompetenzwahrnehmung im Bereich der Bundesregierung, S. 88.
374 So ohne nähere Begründung *Eder*, „Rote Karte" gegen „Spinner"?, S. 156; *Gusy*, KritV 2018, S. 210 (232); im Ansatz ähnlich *Nellesen*, Äußerungsrechte staatli-

schrift für die politische Koordination der die Regierung tragenden Kräfte auszulegen ist.[375] Insoweit ist lediglich die interne Willensbildung, nicht aber auch die Außendarstellung allen Kabinettsmitgliedern überantwortet. Damit bleibt die ministerielle Öffentlichkeitsarbeit an die Ressortgrenzen gebunden, wodurch letztendlich auch ein einheitliches Auftreten der Bundesregierung gegenüber der Bevölkerung optimal gewährleistet wird.

Die Analyse der regierungsinternen Zuständigkeitsverteilung bliebe schließlich unvollständig, wenn sie sich nicht auch den Folgen potentieller Rechtsverstöße widmete. Es gilt also einen Blick auf die gerichtliche Kontrolle zu werfen. Äußert sich etwa ein Minister als Amtswalter zu Themen außerhalb seines Geschäftsbereichs und greift somit in die Ressortverantwortung eines Kabinettskollegen ein, kann dieser die Rechtsverletzung zumindest theoretisch im Wege eines Organstreitverfahrens vor dem Bundesverfassungsgericht geltend machen. Tatsächlich ist aber die Vorstellung, dass Regierungsmitglieder eine solche Kompetenzfrage gerichtlich klären lassen, eher abwegig. Vielmehr tragen die Betroffenen ihre Konflikte ausschließlich im politischen Raum aus, wo sie sich gewöhnlich auf die Unterstützung ihrer jeweiligen Partei oder parlamentarischen Fraktion verlassen können.[376] Im Vergleich dazu können Außenstehende eine Überschreitung der Ressortgrenzen schon insoweit nicht vor Gericht prüfen lassen, als sie hier nur eine Verletzung eigener Rechte geltend machen dürfen. Mangels Streitrelevanz ist es dann auch kaum verwunderlich, dass sich das Bundesverfassungsgericht im Fall „Wanka" nicht näher mit der kompetenzrechtlichen Frage auseinandersetzte, ob amtliche Stellungnahmen einer Bundesministerin eines inhaltlichen Bezugs zu ihrem Geschäftsbereich bedürfen.[377] Damit handelt es sich bei der regierungsinternen Kompetenzverteilung insgesamt um eine rein akademische Frage, die in der Verfassungswirklichkeit allein politisch zu lösen ist.

---

cher Funktionsträger, S. 186 f., dem zufolge sich die Bundesminister ungeachtet ihrer jeweiligen Ressortzuständigkeit zu allen Kabinettsbeschlüssen äußern dürfen.

375 Vgl. hierzu statt vieler *Oldiges/Brinktrine*, in: Sachs (Hrsg.), GG, Art. 65 Rn. 30 f.; *Schröder*, in: Isensee/Kirchhof (Hrsg.), HStR III, § 64 Rn. 25.

376 *Bryd*e, Verfassungsentwicklung, S. 194; zum primär politischen Charakter entsprechender Kompetenzprobleme vgl. ebenfalls *Degenhart*, Staatsrecht I, Rn. 760; *Karehnke*, DVBl. 1974, S. 101 (105).

377 Vgl. BVerfGE 148, 11 (38).

IV. Regierungsamtliche Öffentlichkeitsarbeit im Bundesstaat

Aus dem Umstand, dass die Bundesregierung im Rahmen ihrer Staatsleitungskompetenz zur Teilnahme am parteipolitischen Diskurs befugt ist, lässt sich noch nicht auf ihre Verbandszuständigkeit schließen. Um deren Reichweite zu bestimmen, ist vielmehr eine nähere Auseinandersetzung mit der bundesstaatlichen Kompetenzordnung geboten. Zwar wird bei politischen Äußerungen von Regierungsmitgliedern teilweise ein verbandskompetenzfreier Raum vertreten, solange keine besondere Inanspruchnahme von personellen oder sächlichen Mitteln des Staates erfolgt.[378] Gegen einen solchen Ansatz spricht jedoch, dass es nicht Sache von Bund und Ländern ist, nach Belieben die Politik der jeweils anderen Seite mittels kostenneutraler Kommunikationsmittel wie amtlicher Reden und Interviews zu beeinflussen. Die Machtbalance im Bundesstaat lässt sich letztlich nur aufrechterhalten, wenn amtliche Äußerungen ausnahmslos an die föderale Zuständigkeitsordnung gebunden sind.[379] Diese findet ihr Fundament in Art. 30 GG, dem zufolge eine grundsätzliche Länderkompetenz besteht, soweit das Grundgesetz nichts anderes bestimmt oder zulässt.

1. Äußerungsgrenzen der Bundesregierung

Die allgemeine Verteilungsregel des Art. 30 GG wird für administratives Handeln durch Art. 83 ff. GG konkretisiert. Danach ist der Bund jedenfalls dann für die Öffentlichkeitsarbeit zuständig, wenn seine Verwaltung hierzu mittels eines verfassungskonformen Gesetzes ermächtigt wird. Im Hinblick auf die Auseinandersetzung mit politischen Parteien ist namentlich § 16 II 1 BVerfSchG anzuführen, der die Aufklärung der Öffentlichkeit über extremistische und sicherheitsgefährdende Bestrebungen einfachgesetzlich prozeduralisiert und als Daueraufgabe dem Bundesinnenministerium zuweist. Dabei umfasst der Anwendungsbereich der Norm sowohl

---

378 *Isensee*, in: ders./Kirchhof (Hrsg.), HStR VI, § 133 Rn. 112; ähnlich *Gubelt*, in: v. Münch/Kunig (Hrsg.), GG I, Art. 30 Rn. 7; *Ruppelt*, in: Umbach/Clemens (Hrsg.), GG I, Art. 30 Rn. 15; zu einem noch weitergehenden „allgemein-politischen Mandat" der Regierung s.a. *F. Schürmann*, Öffentlichkeitsarbeit der Bundesregierung, S. 242 f.
379 Vgl. zur ganz h.M. die Nachweise oben C. III. (dort Fn. 310).

periodisch erscheinende Publikationen[380] als auch mündliche Äußerungen, die im Rahmen begleitender Pressekonferenzen erfolgen.[381]

Soweit die Öffentlichkeitsarbeit nicht spezialgesetzlich geregelt ist, begründet die ständige Rechtsprechung die Bundeskompetenz mit der Ermächtigung der Bundesregierung zur Staatsleitung. Hierbei handele es sich um eine andere Regelung i.S.d. Art. 30 GG.[382] Dieser Ansatz stößt insoweit auf Schwierigkeiten, als neben der Bundesregierung auch die Landesregierungen eine Kompetenz zur politischen Staatsleitung innehaben[383] und somit zur Öffentlichkeitsarbeit befugt sind. Es stellt sich daher die Frage, wie sich das staatsleitende Informationshandeln der Bundesregierung von demjenigen der Landesregierungen abgrenzen lässt. Außer Zweifel steht zunächst, dass die Bundesregierung innerhalb ihrer Verbandskompetenz agiert, wenn sie ihre eigenen Maßnahmen und Vorhaben den Bürgern erläutert und auf entsprechende Kritik eingeht. Darüber hinaus darf sie die Aktivitäten anderer staatlicher Organe kommentieren, sofern ein Bezug zur Bundespolitik vorhanden ist. Ein solcher liegt insbesondere vor, wenn es um Sachmaterien aus den Kompetenzkatalogen der Art. 73 I, 74 I GG geht. Hingegen sind der Bundesregierung Stellungnahmen zu rein landespolitischen Maßnahmen mangels Verbandszuständigkeit grundsätzlich verwehrt.[384] Dies gilt etwa für Äußerungen zur Schulpolitik oder zur Organisation einer Landespolizei. Freilich lassen sich auch hier ausnahmsweise kompetenzielle Anknüpfungspunkte finden. So kann die Bundesregierung einen abstrakten Normenkontrollantrag nach Art. 93 I Nr. 2 GG i.V.m. §§ 13 Nr. 6, 76 ff. BVerfGG zum Anlass nehmen, um sich öffentlich mit landesgesetzlichen Vorschriften auseinanderzusetzen. Weitere Diskussionsthemen erschließen sich ihr dadurch, dass sie aufgrund ihres Initiativrechts zu nahezu jeder Frage eine Verfassungsänderung auf den Weg bringen kann. Von dieser Anknüpfungsmöglichkeit darf die Bundesregierung aber nicht beliebig Gebrauch machen. Stattdessen muss sie eine Grundgesetzänderung in dem diskutierten Punkt tatsächlich erwägen und stets sachlich begründen.[385]

---

380 Zum Verfassungsschutzbericht als Mittel zur Auseinandersetzung mit politisch motiviertem Extremismus vgl. *Murswiek*, NVwZ 2004, S. 769 ff.

381 So auch VGH München, Urt. v. 22.10.2015 – 10 B 15.1609 –, juris Rn. 24 zur entsprechenden Landesnorm.

382 BVerfGE 105, 252 (271); 105 279 (307); s.a. bereits BVerwGE 87, 37 (51).

383 Hierzu näher *Nellesen*, Äußerungsrechte staatlicher Funktionsträger, S. 190 f.

384 Ebenso *Masing*, Parlamentarische Untersuchungen privater Sachverhalte, S. 118 f.

385 *Pietzcker*, in: Isensee/Kirchhof (Hrsg.), HStR VI, § 134 Rn. 29.

Über Vorgänge im gesellschaftlichen Raum darf sich die Bundesregierung im Rahmen ihrer Staatsleitung nur äußern, wenn ihre gesamtstaatliche Verantwortung aktiviert ist. Hierfür muss eine Angelegenheit aufgrund ihres Auslandsbezugs oder ihrer länderübergreifenden Bedeutung einen überregionalen Charakter aufweisen.[386] Ein solcher Zusammenhang fehlt etwa bei der Auseinandersetzung mit kommunalen Wählervereinigungen und sonstigen politischen Gruppen, die lediglich lokal oder regional tätig sind.[387] In gleicher Weise könnten Stellungnahmen der Bundesregierung zu reinen Landesparteien unzulässig sein. Indes lässt sich die gesamtstaatliche Verantwortung hier damit begründen, dass die Parteien über eine von ihnen unterstützte Landesregierung im Bundesrat an der Bundesgesetzgebung mitwirken könnten.[388] Außerdem ist der Bundesregierung eine Zuständigkeit für die fraglichen Äußerungen insoweit nicht abzusprechen, als sie der Öffentlichkeit ihre Überlegungen zu einem möglichen Parteiverbotsverfahren darlegen darf,[389] für dessen Einleitung es keine Rolle spielt, ob die in Rede stehende Partei nur in einem Bundesland aktiv ist.[390]

2. Äußerungsgrenzen der Landesregierungen

Eine Landesregierung darf sich nicht nur zu den eigenen landespolitischen Maßnahmen und Vorhaben äußern, sondern auf Grundlage eines Vergleichs auch die Politik eines anderen Bundeslandes erörtern.[391] Überdies wirkt sie über ihre Mitgliedschaft im Bundesrat an der Bundesgesetzgebung mit, wodurch sich weitreichende Äußerungsbefugnisse zu bundespolitischen Themen ergeben.[392] Eine Kompetenzüberschreitung kommt hier allein bei Stellungnahmen zu originären Aufgaben der Bundesregierung in

---

386 BVerfGE 105, 252 (271); 105, 279 (306); zur Qualifizierung der „gesamtstaatlichen Verantwortung" als Aspekt der Verbandskompetenz s.a. *Bethge*, Jura 2003, S. 327 (330); *Stumpf*, ThürVBl. 2016, S. 270 (272).
387 Dem entspricht, dass für solche Vereine auch nicht der Bundesinnenminister die zuständige Verbotsbehörde ist. Vielmehr dürfen hier gem. § 3 I, II 1 Nr. 1 VereinsG allein Landesbehörden ein Vereinsverbot anordnen.
388 *Stumpf*, ThürVBl. 2016, S. 270 (272).
389 Vgl. oben C. III. 3.
390 Hierzu näher *v. Coelln*, in: Maunz u.a. (Hrsg.), BVerfGG, § 43 Rn. 5.
391 Siehe zur Vergleichsmöglichkeit auch *Mandelartz*, DÖV 2015, S. 326 (328).
392 *Hufen*, LKRZ 2007, S. 41 (45); *Philipp*, Staatliche Verbraucherinformation, S. 58.

Betracht,[393] zu denen namentlich die Personalhoheit, die Organisation des Ministerialbereichs, nichtvertragliche Akte gegenüber fremden Völkerrechtssubjekten sowie die Entwicklung verteidigungspolitischer Strategien zählen.

Die Kompetenz einer Landesregierung zur politischen Staatsleitung ihres Bundeslandes schließt ferner die Befugnis ein, die Öffentlichkeit über gesellschaftliche Phänomene mit landesweiter Bedeutung zu unterrichten. Insbesondere darf sich eine Landesregierung mit extremistischen Parteien auseinandersetzen und über deren Aktivitäten und Programme aufklären. Hierbei könnte ihre Befassungskompetenz auf Parteien begrenzt sein, die allein innerhalb ihres Bundeslandes tätig sind. Dagegen spricht freilich die Mitgliedschaft im Bundesrat, der gem. § 43 I 1 BVerfGG nicht bloß in Bezug auf reine Landesparteien ein Parteiverbot oder einen Ausschluss von der staatlichen Parteienfinanzierung beantragen darf. Insoweit ist es einer Landesregierung auch möglich, zu politischen Parteien Stellung zu nehmen, die bundesweit agieren oder einzig zu Wahlen in einem anderen Bundesland antreten.

Die Diskussion um das Für und Wider eines Parteiverbots führt beispielhaft vor Augen, dass sich die Äußerungskompetenzen der Regierungen von Bund und Ländern teilweise überschneiden. So kommen unter Wahrung des Gebots der Bundestreue[394] divergierende Äußerungen in Betracht, die jedoch insofern unbedenklich sind, als sie den Kenntnisstand der Bürger vervollständigen und einer Informationsmonopolisierung vorbeugen.[395]

V. Die Pflicht der Regierung zu parteipolitischer Neutralität

Nach den bisherigen Untersuchungsergebnissen ist die Regierung aufgrund ihrer Staatsleitungskompetenz grundsätzlich zur Teilnahme am öffentlichen Diskurs befugt. Mit Blick auf den Wettbewerb der Parteien unterliegt diese Befugnis jedoch Beschränkungen, die im Folgenden unter dem Schlüsselbegriff der parteipolitischen Neutralität näher erörtert wer-

---

393 *Hufen*, LKRZ 2007, S. 41 (45).
394 Vgl. zum Prinzip der Bundestreue, das sowohl den Bund als auch jedes Land zur gegenseitigen Rücksichtnahme und zum Zusammenwirken verpflichtet, näher *Isensee*, in: ders./Kirchhof (Hrsg.), HStR VI, § 126 Rn. 160 ff.; *Sommermann*, in: v. Mangoldt/Klein/Starck (Hrsg.), GG II, Art. 20 Rn. 37 ff.
395 So auch *Lübbe-Wolff*, NJW 1987, S. 2705 (2708) hinsichtlich amtlicher Informationen zu Umweltangelegenheiten.

den. Für das einzelne Regierungsmitglied gelten hierbei keine anderen Maßstäbe als für die Regierung als Ganzes, sofern es im Rahmen seiner Ressortkompetenz die ihm übertragenen Regierungsaufgaben wahrnimmt.[396]

1. Neutralität als verfassungsrechtlicher Topos

Im Grundgesetz als auch in den Landesverfassungen findet sich der Begriff „Neutralität" nicht wieder. Gemeinhin ist er dort gebräuchlich, wo es um die Auseinandersetzung differenter Interessen, Mächte oder Weltanschauungen geht.[397] Er bezeichnet dann eine unparteiische Haltung, die mit Nichteinmischung verbunden ist.[398] Dieser Wortsinn hat seinen Ursprung im lateinischen Pronomen „neuter", das sich mit „keiner von beiden" übersetzen lässt.[399] Als abgeleitete Form nahm der Ausdruck „neutralis" in mittel- und spätlateinischen Quellen vermehrt die Bedeutung „keiner Partei angehörend" an. Daraus entwickelte sich im 16. Jahrhundert wohl unter französischem Spracheinfluss das deutsche Adjektiv „neutral". Zunächst war es zusammen mit dem Substantiv „Neutralität" vornehmlich im Völkerrecht geläufig und charakterisierte hier einen Staat, der nicht am Krieg teilnahm. Im Verlauf des 19. Jahrhunderts erstreckte sich der Neutralitätsbegriff schließlich ebenso auf die innerstaatliche Ebene, wo er sich anfangs noch auf das staatliche Verhältnis zu den Religionsgemeinschaften konzentrierte.[400] So stellte der Staat den Glauben zur freien Disposition seiner Bürger und verzichtete allmählich darauf, sich mit nur einer Konfession zu identifizieren.[401] Als Lesart der Neutralität beanspruchte dieses Gebot staatlicher Nichtidentifikation spätestens seit der Weimarer Zeit auch gegenüber allen anderen gesellschaftlichen Gruppen und Interessen Gel-

---

396 Ebenso BVerfGE 138, 102 (116 f.); 148, 11 (31).
397 *Schlaich*, Neutralität als verfassungsrechtliches Prinzip, S. 219.
398 *Droege*, in: Heun u.a. (Hrsg.), EvStL, Sp. 1620.
399 Dazu und zum Folgenden näher *Dudenredaktion* (Hrsg.), Das Herkunftswörterbuch, Stichwort „neutral"; *Schweitzer/Steiger*, in: Brunner/Conze/Koselleck (Hrsg.), Geschichtliche Grundbegriffe, S. 315 f., 320 f.
400 Vgl. hierzu näher *Schlaich*, in: Herzog u.a. (Hrsg.), EvStL II, Sp. 2239 (2241); *Schweitzer/Steiger*, in: Brunner/Conze/Koselleck (Hrsg.), Geschichtliche Grundbegriffe, S. 315 (352 ff.).
401 Die institutionelle Trennung zwischen Staat und Religionsgemeinschaften war freilich erst 1919 abgeschlossen, als Art. 137 I WRV die letzten vorhandenen Reste des Staatskirchentums in Gestalt des Summepiskopats beseitigte. Vgl. hierzu den Überblick bei *v. Campenhausen/de Wall*, Staatskirchenrecht, S. 28 ff.

tung und entwickelte sich alsbald zum beherrschenden Grundzug moderner Verfassungsstaatlichkeit[402]: Indem sich der Staat mit keiner partikularen Gruppe identifiziert, sieht er sich überhaupt erst imstande, die Vielfalt der Einzelinteressen zu integrieren. Aus dem Umstand, dass er Distanz gegenüber den gesellschaftlichen Kräften wahrt und zugleich deren Besonderheiten achtet, gewinnt er außerdem die Legitimation, von seinen Bürgern Folgebereitschaft einzufordern und Entscheidungen zu treffen, die für die gesamte Gesellschaft verbindlich sind.[403]

Über diese Kernaussage hinaus lässt sich indessen keine einheitliche inhaltliche Definition staatlicher Neutralität formulieren. Vielmehr handelt es sich um einen Relationsbegriff, bei dem alles auf das konkrete Bezugsfeld ankommt.[404] In einzelnen Sachgebieten hat sich die Formel von der Neutralität bereits derart verfestigt, dass von einem Rechtsgrundsatz auszugehen ist. Dies gilt namentlich für die religiös-weltanschauliche Neutralität des Staates,[405] unter deren Deckmantel Rechtsprechung und Schrifttum freilich ganz unterschiedliche Forderungen an das staatliche Auftreten gegenüber Religionsgemeinschaften und Weltanschauungen geltend machen.[406] Derweil wird andernorts offenbar, dass Neutralität fast identisch mit anderen und unter Umständen gezielteren Begriffen wie etwa Parität, Pluralität und Toleranz ist.[407]

Da staatliche Neutralität nicht als übergreifendes und homogenes Verfassungsprinzip existiert, sind die regierungsamtlichen Verhaltenspflichten gegenüber dem parteipolitischen Wettbewerb eigenständig zu eruieren.

---

402 *Hollerbach*, in: Maihofer (Hrsg.), Ideologie und Recht, S. 37 (52); ebenso *Schlaich*, Neutralität als verfassungsrechtliches Prinzip, S. 238.

403 *Böckenförde*, VVDStRL 28 (1970), S. 33 (55 f.); richtungsweisend zum Prinzip staatlicher Nichtidentifikation auch *Krüger*, Allgemeine Staatslehre, S. 178 ff.

404 *Jestaedt*, in: Nehring/Valentin (Hrsg.), Religious Turns – Turning Religions, S. 67 (78); *Schlaich*, in: Herzog u.a. (Hrsg.), EvStL II, Sp. 2239 (2242 f.); *ders.*, Neutralität als verfassungsrechtliches Prinzip, S. 222; im Ergebnis ebenso *Droege*, in: Heun u.a. (Hrsg.), EvStL, Sp. 1620; *Huster*, Die ethische Neutralität des Staates, S. 31 ff.

405 Zur Herleitung aus Art. 4 I, 3 III 1, 33 III und Art. 140 GG i.V.m. Art. 136 I, IV, 137 I WRV sowie zu den Mindestgehalten vgl. BVerfGE 105, 279 (294 f.); *Korioth*, in: Merten/Papier (Hrsg.), HGR IV, § 97 Rn. 6 ff.

406 Zu den unterschiedlichen Deutungen siehe den Überblick bei *Morlok*, in: Masing/Jouanjan (Hrsg.), Weltanschauliche Neutralität, Meinungsfreiheit, Sicherungsverwahrung, S. 3 (12 ff.).

407 *Schlaich*, in: Herzog u.a. (Hrsg.), EvStL II, Sp. 2239 (2243); zum Neutralitätsbegriff im allgemeinen, juristischen und politischen Sprachgebrauch vgl. auch *Schweitzer/Steiger*, in: Brunner/Conze/Koselleck (Hrsg.), Geschichtliche Grundbegriffe, S. 315 (368 f.).

Dabei kann auf den bisher gewonnenen Erkenntnissen aufgebaut werden. So gilt es sich erneut vor Augen zu führen, dass die Gemeinwohlkonkretisierung der Regierung insoweit „parteiisch" ist, als sie maßgeblich auf parteipolitischen Konzepten beruht und damit Präferenzen beim Ausgleich der konfligierenden Ansichten und Interessen aufweist.[408] Ein Neutralitätspostulat darf demnach nicht in einer Entpolitisierung des Regierungshandelns münden. Ebenso wenig ist unter der grundgesetzlichen Ordnung ein „Standpunkt über den Parteien" denkbar,[409] der nach überkommener Auffassung noch die monarchische Staatsleitung im Konstitutionalismus prägte. Vielmehr muss die enge Verflechtung von Partei- und Regierungspolitik bei der weiteren Untersuchung hinreichend Berücksichtigung finden. Insbesondere ist es in der Parteiendemokratie unumgänglich, dass die Regierung im öffentlichen Diskurs politische Ansichten und Positionen vertritt, die sich weitgehend mit den Zielvorstellungen der Mehrheitsparteien decken. Schließlich gilt es bei der Diskussion um eine parteipolitische Neutralität zu bedenken, dass das Grundgesetz eine freiheitlich-demokratische Grundordnung konstituiert,[410] deren tragende Prinzipien dem politischen Wettbewerb entzogen sind.[411] Die Regierung darf sich gegenüber diesen Wertungen nicht gleichgültig verhalten, sondern ist aufgefordert, für sie Position zu ergreifen und sie in der öffentlichen Auseinandersetzung aktiv zu verteidigen. Insoweit lässt sich bereits festhalten, dass das noch näher zu erörternde Neutralitätsgebot nicht auf eine völlige Passivität gegenüber (partei-)politischen Ansichten hinausläuft, welche die grundgesetzliche Werteordnung infrage stellen.

2. Begründungsansätze für eine parteipolitische Neutralitätspflicht

Explizit ist die regierungsamtliche Pflicht zu parteipolitischer Neutralität weder im Grundgesetz noch einfachgesetzlich statuiert. Ihre Begründung stellt die Rechtswissenschaft insoweit vor Herausforderungen, als die Regierung im Gegensatz zur Verwaltung dem politischen Kräftespiel der Gesellschaft und namentlich dem Einfluss der Parteien unterliegt. Vergegen-

---

408 Vgl. oben B. III. 2. c) bb).
409 So aber das Konzept von *Henke*, Das Recht der politischen Parteien, S. 8 ff.
410 Vgl. oben C. II. 1.
411 Vgl. auch *Müller-Franken*, DVBl. 2009, S. 1072 (1077): „Über die Entscheidungen, die das Fundament der politischen Gemeinschaft bilden, herrscht Konsens, nicht Konflikt."

wärtigt man sich nun unter den Gesichtspunkten des Bestellungsvorgangs, der Amtsdauer und der rechtlichen Determination erneut die Unterschiede zwischen den politischen Führungsämtern sowie den fachlichen Vollzugsämtern,[412] steht außer Zweifel, dass eine analoge Anwendung beamtenrechtlicher Neutralitätsvorschriften ausscheidet.[413] Vielmehr ist die parteipolitische Neutralitätspflicht der Regierung aus der Verfassung selbst abzuleiten, wobei ein Bündel grundrechtlicher Bestimmungen in Betracht kommt, die teils eng miteinander verwoben sind. Hierzu gehören neben dem Republikprinzip, dem Grundsatz der Wahlfreiheit sowie dem Recht der politischen Parteien auf Chancengleichheit auch die Grundrechte der Meinungs- und Versammlungsfreiheit als tragende Pfeiler einer freiheitlich-demokratischen Ordnung.

a) Die republikanische Gemeinwohlverantwortung

Ein parteipolitisches Neutralitätsgebot könnte sich zunächst aus dem Republikprinzip gem. Art. 20 I, 28 I GG ergeben, dem zufolge der Staat und seine Organe dem Gemeinwohl verpflichtet sind.[414] Zwar wurde bereits dargelegt, dass in der grundgesetzlichen Demokratie die Mehrheit die Kompetenz zur kontinuierlichen Gemeinwohlkonkretisierung innehat, weshalb sich die Regierungsagenda auch weitgehend mit den Programmen der Mehrheitsparteien deckt.[415] Das heißt allerdings nicht, dass die Regierung den Willen der Mehrheit ohne Rücksicht auf die Bedürfnisse der jeweiligen Minderheit verwirklichen darf. Vielmehr ist sie an einen Kern sachlicher Gemeinwohlaussagen des Grundgesetzes gebunden, denen sich der Leitgedanke eines Ausgleichs der gesellschaftlichen Interessengegensätze entnehmen lässt.[416] Dementsprechend ist die Regierung keine bloße „Parteiregistrierungsmaschine",[417] sondern ein „institutionell-repräsentativer Teil der res publica"[418]. Als solcher muss sie dem Wohl aller Bürger dienen und darf nicht lediglich die Interessen einzelner gesellschaftli-

---

412 Siehe oben B. II. 3.
413 Zur allgemeinen Auffassung vgl. aus jüngerer Zeit nur *Barczak*, NVwZ 2015, S. 1014 (1015); *Payandeh*, Der Staat 55 (2016), S. 519 (538 f.).
414 Vgl. zur staatlichen Gemeinwohlbindung oben B. I. 3. b).
415 Vgl. oben B. III. 2. c) bb).
416 Vgl. oben B. I. 3. c).
417 So deutlich *Friesenhahn*, VVDStRL 16 (1958), S. 9 (22).
418 *Häberle*, JZ 1977, S. 361 (364); vgl. zur Unterscheidung von Partei- und Regierungspolitik bereits oben B. III. 2. c) bb).

cher Gruppen verfolgen. Dies führt zu einer sehr allgemeinen Anforderung an die regierungsamtliche Öffentlichkeitsarbeit: Will die Regierung
glaubhaft für das Wohl des ganzen Volkes sorgen, muss sie ein Mindestmaß an Distanz zu den gesellschaftlichen Kräften wahren und darf sich –
auch nicht auf Zeit – mit bestimmten Parteien identifizieren.[419]

b) Der Grundsatz der Wahlfreiheit

Als verfassungsrechtliches Fundament für ein parteipolitisches Neutralitätsgebot bietet sich darüber hinaus der demokratische Grundsatz einer
freien und offenen Willensbildung vom Volk zu den Staatsorganen an.
Ausgangspunkt ist dann der Dualismus von Staat und Gesellschaft, den
das Grundgesetz rezipiert, indem es in Art. 20 II 2 und Art. 21 I 1 zwischen
der Staatswillensbildung einerseits und der Willensbildung des Volkes andererseits unterscheidet.[420] Bei aller Eigenständigkeit sind beide Prozesse
nicht streng voneinander getrennt, sondern auf vielfältige Weise miteinander verschränkt.[421] So wirken die Äußerungen und Maßnahmen staatlicher
Organe unablässig auf die gesellschaftliche Meinungs- und Willensbildung
ein und werden selbst zu deren Gegenstand. Das im Volk vorhandene Meinungsspektrum beeinflusst wiederum die staatliche Entscheidungsfindung, da die Regierung und die sie tragenden Kräfte im Parlament bei
ihrem Handeln stets auch den Wähler im Blick haben. Die formale Verknüpfung der beiden Willensbildungssysteme erfolgt letztlich in der Wahl
zur Volksvertretung. Diesem Vorgang kommt in der repräsentativen Demokratie des Grundgesetzes insofern zentrale Bedeutung zu, als das Volk
hier als „Verfassungs- und Kreativorgan" selbst Staatsgewalt i.S. Art. 20 II 2
GG ausübt[422] und dem Parlament sowie mittelbar auch allen anderen

---

419 Ähnlich *Grimm*, in: Schneider/Zeh (Hrsg.), Parlamentsrecht und Parlaments-
     praxis, § 6 Rn. 11; *Isensee*, in: ders./Kirchhof (Hrsg.), HStR IV, § 71 Rn. 134; *Volk-
     mann*, in: Friauf/Höfling (Hrsg.), Berliner Kommentar, Art. 21 Rn. 51 f.; siehe
     zu den Ausprägungen des Identifikationsverbots, das heute von der ganz h.M.
     vertreten wird, noch eingehend unten C. V. 3. b).
420 BVerfGE 8, 104 (113); 20, 56 (98 f.); vgl. auch *Jestaedt*, Demokratieprinzip und
     Kondominialverwaltung, S. 179; *Schmitt Glaeser*, in: Isensee/Kirchhof (Hrsg.),
     HStR III, § 38 Rn. 33.
421 BVerfGE 20, 56 (99); 44, 125 (139 f.); 85, 264 (285); vgl. darüber hinaus *Häberle*,
     JuS 1967, S. 64 (66 f.); *Holznagel*, VVDStRL 68 (2009), S. 381 (386); *Schmitt Glae-
     ser*, in: Isensee/Kirchhof (Hrsg.), HStR III, § 38 Rn. 36.
422 BVerfGE 20, 56 (98). Neben Wahlen nennt Art. 20 II 2 GG auch Abstimmun-
     gen als Form der unmittelbaren Ausübung der Staatsgewalt durch das Volk. Ein

Staatsorganen diejenige demokratische Legitimation zuteilwerden lässt, derer sie nach dem in Art. 20 II 1 GG verankerten Prinzip der Volkssouveränität bedürfen.[423] Dank ihrer regelmäßigen Wiederkehr fungieren Wahlen weiterhin als wichtigstes Instrument zur Kontrolle der Regierenden durch die Regierten.[424] Zugleich verfügen sie über eine Innovativfunktion, indem sie den Wechsel der Staatsleitung und damit gesellschaftlichen Fortschritt und Wandel ermöglichen.[425] So kann in der vielbeschworenen Demokratie als „Herrschaft auf Zeit"[426] die Minderheit zur Mehrheit werden und nach ihrem Wahlerfolg bis dato getroffene Entscheidungen in den Grenzen des Möglichen widerrufen.[427]

Die ihnen zugewiesenen Funktionen können Wahlen allerdings nur dann erfüllen, wenn sie nicht zur bloßen Akklamation der bisherigen Machthaber degenerieren. Hierzu trägt namentlich die Freiheit der Wahl gem. Art. 38 I 1 GG bei. Dieser „dem demokratischen Prinzip immanente Grundsatz"[428] erfasst zunächst den Akt der Stimmabgabe, der frei von Zwang und sonstigem unzulässigem Druck bleiben muss.[429] Da die Stimmabgabe nur der Endpunkt eines kommunikativen Prozesses ist, wird darüber hinaus das gesamte Wahlvorbereitungsverfahren einschließlich des Wahlkampfs geschützt.[430] Die Wähler müssen ihre Entscheidung mithin in einem freien und offenen Prozess der Meinungsbildung treffen können, damit sich im Wahlakt die Willensbildung vom Volk zum Staat und nicht umgekehrt vom Staat zum Volk vollzieht.[431] Dabei gilt es zu berücksichtigen, dass jeder Wähler in der einen oder anderen Weise staatlichen

---

solch plebiszitäres Element ist aber nur ausnahmsweise in Art. 29, 118 f. GG für Fragen der Länderneugliederung vorgesehen. Vgl. hierzu sowie zur möglichen Ergänzung des Grundgesetzes um direktdemokratische Komponenten näher *Sommermann*, in: v. Mangoldt/Klein/Starck (Hrsg.), GG II, Art. 20 Rn. 161 f.

423 Zum Grundsatz der Volkssouveränität und seinem Verhältnis zur repräsentativen Demokratie eingehend *Grzeszick*, in: Maunz/Dürig (Begr.), GG, Art. 20 Rn. 61 ff. m.w.N.

424 *H. H. Klein*, in: Maunz/Dürig (Begr.), GG, Art. 38 Rn. 70.

425 Zu Wahlen als „Methode der Sozialreform" s.a. *Badura*, AöR 97 (1972), S. 1 (2).

426 Vgl. nur BVerfGE 79, 311 (343); *H. Dreier*, in: ders. (Hrsg.), GG II, Art. 20 (Demokratie) Rn. 69; *Hesse*, Grundzüge des Verfassungsrechts der Bundesrepublik Deutschland, Rn. 134; *Ingold*, Das Recht der Opposition, S. 311 f.

427 Zur Reversibilität demokratischer Entscheidungen näher *Hofmann/Dreier*, in: Schneider/Zeh (Hrsg.), Parlamentsrecht und Parlamentspraxis, § 5 Rn. 58.

428 BVerfGE 47, 253 (283).

429 BVerfGE 7, 63 (69 f.); 47, 253 (282 f); 66, 369 (380); 95, 335 (350).

430 Vgl. statt vieler *Trute*, in: v. Münch/Kunig (Hrsg.), GG I, Art. 38 Rn. 42.

431 BVerfGE 44, 125 (139 f.); 138, 102 (109); zur Willensbildung „von unten nach oben" vgl. ebenso das Sondervotum *Geigers* in BVerfGE 44, 125 (173 f.).

Einflüssen unterliegt und dass das Grundgesetz von einem mündigen Bürger ausgeht, der sich der influenzierenden Wirkung amtlicher Öffentlichkeitsarbeit durchaus bewusst ist. Folglich sind hohe Anforderungen an eine unzulässige Wahlbeeinflussung zu stellen. Eine solche ist erst dann anzunehmen, „wenn staatliche Stellen im Vorfeld der Wahl in mehr als nur unerheblichem Maße auf die Bildung des Wählerwillens eingewirkt haben."[432] Dies gilt namentlich für amtliche Wahlempfehlungen und -warnungen, die den Eindruck erwecken, dass die Regierung auch noch für das Gelingen der Wahlentscheidung Verantwortung trägt und die Wählerschaft vor einem Fehlgebrauch ihrer eigenen Wahlfreiheit bewahren muss. Hierdurch würde die demokratische Verantwortlichkeit geradezu auf den Kopf gestellt.[433]

Nach alldem folgt aus Art. 38 I 1 GG insoweit ein Neutralitätsgebot, als die Regierung grundsätzlich nicht parteiergreifend in den Wahlkampf intervenieren darf.[434] Eine amtliche Beeinflussung des Bürgers ist freilich auch außerhalb der Wahlkampfzeit denkbar. Mangels eines unmittelbaren funktionalen Zusammenhangs mit der Wahl greift in diesem Fall aber nicht mehr Art. 38 I 1 GG, sondern das demokratische Prinzip aus Art. 20 I, II GG ein.[435] Es garantiert die Offenheit des gesellschaftlichen Willensbildungsprozesses, der zwar über keine eigene und vom Wahlakt unabhängige Legitimationswirkung verfügt, jedoch eine unabdingbare Voraussetzung für die demokratische Legitimationsfähigkeit der Volkswahl bildet.[436] Eine staatliche Einmischung erscheint insofern als reine Störung, die es um der Integrität des demokratischen Prozesses willen zu unterbinden gilt. Dementsprechend ist es der Regierung von Verfassungs wegen versagt, ihre Herrschaft dadurch zu perpetuieren, dass sie mittels Öffentlichkeitsarbeit politische Parteien unterstützt oder bekämpft.[437] Dies be-

---

432 BVerfGE 103, 111 (132 f.); 122, 304 (315). Eine Beeinflussung der Wähler durch Private stellt sich demgegenüber als Grundrechtsausübung dar und ist grundsätzlich zulässig, wenn nicht mit Zwang oder ähnlich schwerwiegendem sozialem Druck Einfluss auf die Wahlentscheidung genommen wird. Hierzu näher *H. H. Klein*, in: Maunz/Dürig (Begr.), GG, Art. 41 Rn. 121 ff.; *Meyer*, in: Isensee/Kirchhof (Hrsg.), HStR III, § 46 Rn. 25.
433 *Kuch*, AöR 142 (2017), S. 491 (510).
434 So insbesondere auch *Trute*, in: v. Münch/Kunig (Hrsg.), GG I, Art. 38 Rn. 45; vgl. darüber hinaus *Pieroth*, in: Jarass/Pieroth, GG, Art. 38 Rn. 30; *H. H. Klein*, in: Maunz/Dürig (Begr.), GG, Art. 38 Rn. 109; *Magiera*, in: Sachs (Hrsg.), GG, Art. 38 Rn. 93.
435 *Trute*, in: v. Münch/Kunig (Hrsg.), GG I, Art. 38 Rn. 43.
436 Vgl. hierzu *Jestaedt*, Demokratieprinzip und Kondominialverwaltung, S. 191 f.
437 BVerfGE 44, 125 (150).

trifft insbesondere unmittelbare Handlungsappelle, die etwa in Form von Demonstrationsaufrufen für oder gegen bestimmte Parteien erfolgen. Im Vergleich dazu bereitet die Beurteilung des sonstigen regierungsamtlichen Informationshandelns oftmals Schwierigkeiten. Der Grund hierfür liegt auch in der Ambivalenz des demokratischen Prinzips: Zum einen verpflichtet es die Regierung zu Neutralität gegenüber Parteien und sonstigen politischen Verbänden, damit die Freiheit und Offenheit des gesellschaftlichen Willensbildungsprozesses nicht gefährdet wird. Zum anderen legitimiert es gerade die amtliche Öffentlichkeitsarbeit, um die Meinungs- und Willensbildung der Bürger überhaupt erst zu ermöglichen.[438] Die daraus resultierende Frage, auf welche Weise sich eine praktische Konkordanz zwischen der Informationspflicht der Regierung einerseits und ihrer parteipolitischen Neutralitätspflicht andererseits herstellen lässt, soll an späterer Stelle aufgegriffen und in allen Einzelheiten beantwortet werden.[439]

c) Die Chancengleichheit der Parteien

Damit die Bürger ihre Wahlentscheidung in voller Freiheit fällen können, ist es unerlässlich, dass die Parteien gleichberechtigt am politischen Wettbewerb teilnehmen.[440] Mit der gesellschaftlichen Meinungsvielfalt korrespondiert demnach die Vorstellung einer pluralistischen Parteiendemokratie, in der die politischen und sozialen Interessenkonflikte in freier Konkurrenz zwischen den Parteien ausgetragen werden. Diese können die divergierenden gesellschaftlichen Belange aber nur dann kanalisieren und in die Sphäre des Staatlichen transferieren, wenn es der Regierung grundsätzlich untersagt ist, sie im kommunikativ-politischen Prozess unterschiedlich zu behandeln.

aa) Sedes materiae

Obgleich das Recht der Parteien auf Chancengleichheit heute selbstverständlich und unbestritten ist, bereitet seine genaue normative Herleitung

---

438 *Dişçi*, Der Grundsatz politischer Neutralität, S. 140; *Kloepfer*, Informationsrecht, § 10 Rn. 81; *Müller-Franken*, Verfassungsrechtliche Fragen zur Online-Informationstätigkeit von Kommunen, S. 53.
439 Vgl. unten C. V. 3.
440 BVerfGE 44, 125 (146); 138, 102 (110).

Schwierigkeiten. Einen ersten Ansatzpunkt bildet Art. 21 I GG. Er trifft zwar keine explizite Aussage zur Chancengleichheit, schützt aber in Satz 1 die Mitwirkung der Parteien an der politischen Willensbildung des Volkes sowie in Satz 2 die Freiheit der Parteigründung. Hierdurch wird ein umfassender Freiheitsbereich statuiert, der sich auf Gründung, Aufbau und inhaltliche Programmatik ebenso erstreckt wie auf Propaganda und Mitgliederwerbung.[441] Die so skizzierte Betätigungsfreiheit geht letztlich mit einer politischen Wettbewerbsfreiheit einher[442]: Da zwischen den Parteien unmittelbare Konkurrenz herrscht, stellt sich jede staatliche Bevorzugung einer Partei für ihre Mitbewerber als Beschneidung ihrer Entfaltungsmöglichkeiten und Eingriff in ihre freie Betätigung dar. Insofern bekräftigte das Bundesverfassungsgericht in älteren Entscheidungen, dass mit der Gründungsfreiheit der Parteien auch die freie Auswirkung bei der Wahl, d.h. die volle Gleichberechtigung aller Parteien, notwendig verbunden sei.[443] Ein Teil des Schrifttums knüpft daran an und zieht Art. 21 I GG als ausschließliche verfassungsrechtliche Grundlage für das Recht der Parteien auf politische Chancengleichheit heran.[444] Einen ähnlichen Ansatz verfolgt die jüngste Rechtsprechung, sofern staatliches Handeln außerhalb der Wahlkampfzeit in Rede steht.[445] Gegen eine alleinige Herleitung aus Art. 21 I GG spricht indes, dass die Vorschrift für sich betrachtet zu wenig instruktiv ist[446] und auch nicht zu den Grundrechten oder grundrechtsgleichen Rechten i.S.d. Art. 93 I Nr. 4a GG, § 90 I BVerfGG gehört, womit eine Verfassungsbeschwerde mangels Beschwerdefähigkeit ausgeschlossen ist.[447] Hierauf sind die Parteien zur Erlangung verfassungsgerichtlichen

---

441 *Jülich*, Chancengleichheit der Parteien, S. 72; *Maurer*, JuS 1991, S. 881 (885); *Streinz*, in: v. Mangoldt/Klein/Starck (Hrsg.), GG II, Art. 21 Rn. 107 f.

442 Vgl. bereits *Fuß*, JZ 1959, S. 392 (393); s.a. *H. H. Klein*, in: Maunz/Dürig (Begr.), GG, Art. 21 Rn. 280 f.; *Seifert*, Die politischen Parteien, S. 119.

443 BVerfGE 14, 121 (133); 47, 198 (225).

444 Vgl. besonders *P. M. Huber*, in: Badura/Dreier (Hrsg.), FS 50 Jahre Bundesverfassungsgericht, S. 609 (624); *Kunig*, in: Isensee/Kirchhof (Hrsg.), HStR III, § 40 Rn. 93; siehe ferner *Grimm*, in: Bender/Maihofer/Vogel (Hrsg.), HVerfR, § 14 Rn. 42; *Ipsen*, in: Sachs (Hrsg.), GG, Art. 21 Rn. 33; *Lipphardt*, Die Gleichheit der politischen Parteien vor der öffentlichen Gewalt, S. 117 ff.

445 Freilich rekurriert die Judikatur hierbei regelmäßig nur auf Art. 21 I 1 GG. Vgl. etwa BVerfGE 148, 11 (23, 25 f.); OVG Münster, KommJur 2017, S. 52 (55 f.); ThürVerfGH, ThürVBl. 2016, S. 273 (275).

446 So *Morlok*, in: Dreier (Hrsg.), GG II, Art. 21 Rn. 78.

447 A.A. contra legem *Lipphardt*, Die Gleichheit der politischen Parteien vor der öffentlichen Gewalt, S. 119, 693; zutreffend hierzu *Mauersberger*, Die Freiheit der Parteien, S. 110.

Rechtsschutzes aber gerade in Fällen angewiesen, in denen ein Organstreit unzulässig ist, weil die Chancengleichheit von einer Behörde und nicht von einem Verfassungsorgan verletzt wird.[448] Diesem Problem begegnet wiederum ein Teil der Literatur, indem er die Chancengleichheit der Parteien grundrechtlich durch Art. 3 I i.V.m. Art. 19 III GG sichert.[449] Freilich ergeben sich daraus keine inhaltlichen Unterschiede, da Art. 21 I GG modifizierend hinzugezogen wird und sich das allgemeine Willkürverbot des Art. 3 I GG insofern zum Gebot formaler Gleichbehandlung verdichtet.[450] Daneben lässt sich auf den Grundsatz der Wahlgleichheit aus Art. 38 I 1 GG rekurrieren, sofern ein greifbarer Zusammenhang mit der Wahl besteht.[451] Inwieweit es eines Rückgriffs auf das Demokratieprinzip bedarf, ist schließlich umstritten. Teilweise wird eine solche Zuhilfenahme mit der Begründung abgelehnt, dass die Bedeutung der Parteien in der Demokratie speziell in Art. 21 GG zum Ausdruck komme.[452] Für eine ergänzende Herleitung aus Art. 20 I, II GG lässt sich dagegen der besondere Akzent ins Feld führen, den das demokratische Mehrheitsprinzip dem bisher erörterten Normenmosaik hinzufügt. So ist die Entscheidung der Majorität generell verbindlich, da sich alle Bürger durch ihre Teilnahme am Abstimmungsvorgang inzidenter darauf geeinigt haben, dass die Mehrheit den Ausschlag geben soll. Im Ergebnis stellt das Mehrheitsprinzip dabei sicher, dass jedenfalls die Mehrheit nur ihrem eigenen und keinem oktroyierten Willen Folge leisten muss.[453] Die Unterwerfung der Minderheit wird wiederum durch deren Beteiligung am Entscheidungsverfahren sowie die damit verbundene Möglichkeit kompensiert, die Mehrheitsverhältnisse zu ändern. Ohne die gleiche Chance politischer Machtgewinnung wäre nicht allein die demokratische Gleichheit aufgehoben, sondern es entfiele auch der rechtfertigende Grund für die Minderheit, die Mehrheitsentscheidung zu achten und zu befolgen.[454] Die Chance der Minderheit, Mehrheit zu

---

448 *Grote*, Der Verfassungsorganstreit, S. 270; *H. H. Klein*, in: Maunz/Dürig (Begr.), GG, Art. 21 Rn. 304.

449 Vgl. hierzu namentlich *Jülich*, Chancengleichheit der Parteien, S. 75 ff.; s.a. *Henke*, Das Recht der politischen Parteien, S. 241 f.; *Mauersberger*, Die Freiheit der Parteien, S. 111 f.

450 *Maurer*, JuS 1991, S. 881 (886).

451 *Morlok*, in: Dreier (Hrsg.), GG II, Art. 21 Rn. 78; *Seifert*, Die politischen Parteien, S. 132; *Streinz*, in: v. Mangoldt/Klein/Starck (Hrsg.), GG II, Art. 21 Rn. 122.

452 *Eder*, „Rote Karte" gegen „Spinner"?, S. 56; ähnlich *Redmann*, Möglichkeiten und Grenzen der Beschränkung der Parteifreiheit und -gleichheit, S. 68.

453 *Volkmann*, Politische Parteien und öffentliche Leistungen, S. 155 m.w.N.

454 *Böckenförde*, in: Isensee/Kirchhof (Hrsg.), HStR II, § 24 Rn. 76.

werden, bildet folglich eine Grundvoraussetzung für die Legitimation demokratischer Mehrheitsherrschaft.[455] Auf Seiten des Staates begründet sie zugleich ein Gebot zu deren Respektierung oder – anders formuliert – eine Verpflichtung zur Neutralität.[456]

Zusammenfassend lässt sich festhalten, dass die Chancengleichheit der Parteien im politischen Wettbewerb aus einem Kanon grundgesetzlicher Vorschriften hervorgeht. In objektiv-rechtlicher Hinsicht zählt hierzu das demokratische Mehrheitsprinzip aus Art. 20 I, II GG, während der subjektiv-rechtliche Kern in Art. 3 I i.V.m. Art. 21 I GG liegt. Im Kontext von Wahlen greift zusätzlich der Grundsatz der Wahlgleichheit gem. Art. 38 I 1 GG ein.[457]

bb) Inhalt und Umfang

De facto sind die politischen Parteien ungleich und müssen es auch sein, denn nur so können sie ihre von der Verfassung vorgesehene Aufgabe erfüllen, die Vielfalt der im Volk vorhandenen politischen Kräfte und deren Größenverhältnisse abzubilden.[458] Das Grundgesetz verlangt vom Staat demnach nicht, die tatsächlichen Unterschiede zwischen den Parteien einzuebnen. Vielmehr statuiert es eine Wettbewerbsordnung, in der alle Konkurrenten über die gleiche Möglichkeit verfügen, die Bürger von ihren politischen Konzepten zu überzeugen. Parteiengleichheit bedeutet in diesem Sinn Gleichheit der Chancen und nicht der Ergebnisse.[459] Folglich dürfen staatliche Stellen die vorgefundene Wettbewerbslage grundsätzlich nicht verändern, indem sie bestehende Unterschiede zwischen den Parteien nivellieren oder vergrößern.[460] Eine solche Einflussnahme liegt bereits dann vor, wenn ex ante die Möglichkeit besteht, dass sich eine staatliche Maßnahme zum Vor- oder Nachteil einer politischen Partei auf die Wettbe-

---

455 *Badura*, Staatsrecht, S. 375.
456 *Volkmann*, Politische Parteien und öffentliche Leistungen, S. 155.
457 Vgl. zu diesem Normenkanon auch *Morlok*, in: Dreier (Hrsg.), GG II, Art. 21 Rn. 78; *Seifert*, Die politischen Parteien, S. 131 f.; *Streinz*, in: v. Mangoldt/Klein/Starck (Hrsg.), GG II, Art. 21 Rn. 122.
458 *Seifert*, Die politischen Parteien, S. 133.
459 *Tsatsos/Morlok*, Parteienrecht, S. 86; zur „Startgleichheit" der Parteien vgl. überdies *Kißlinger*, Das Recht auf politische Chancengleichheit, S. 14 ff.
460 Vgl. statt vieler BVerfGE 73, 40 (89); 85, 264 (297); *Morlok*, in: Dreier (Hrsg.), GG II, Art. 21 Rn. 80.

werbslage auswirkt.[461] Auf die tatsächliche Ursächlichkeit der Handlung für den Erfolg oder Misserfolg der Partei kommt es damit nicht an, zumal sich so etwas empirisch kaum nachweisen ließe.

Indem die Parteien permanent um den Zuspruch der Bürger konkurrieren, erstreckt sich das soeben erörterte Verbot staatlicher Wettbewerbsinterventionen nicht bloß auf die „heiße Phase" des Wahlkampfs, sondern auf den gesamten Prozess der politischen Willensbildung.[462] Staatliche Stellen müssen somit jederzeit Neutralität gegenüber den politischen Parteien wahren. Eine Ungleichbehandlung ist ihnen wegen des streng formalen Charakters der Chancengleichheit[463] allein dann gestattet, wenn sie sich durch besonders zwingende Gründe rechtfertigen lässt.[464] Hierunter ist ein Grund von Verfassungsrang zu verstehen, da eine verfassungsrechtliche Position wie die Chancengleichheit nur durch kollidierendes Verfassungsrecht eingeschränkt werden kann.[465]

cc) Beeinträchtigungen durch regierungsamtliche Öffentlichkeitsarbeit

Der Staat kann auf vielfältige Weise in den politischen Wettbewerb intervenieren und das Recht der Parteien auf Chancengleichheit beinträchtigen. Inwieweit auch die regierungsamtliche Öffentlichkeitsarbeit über eine entsprechende Eingriffsqualität verfügt, wird derweil in der Rechtswissenschaft kontrovers diskutiert und bedarf einer näheren Untersuchung. Hier-

---

461 Vgl. zu diesem Ansatz auch *Kißlinger*, Das Recht auf politische Chancengleichheit, S. 15 f., der freilich verkennt, dass nicht jede abstrakte Möglichkeit eines Wettbewerbsnachteils per se zu einer Verletzung des Rechts auf politische Chancengleichheit führt; ihm folgend *Dişçi*, Der Grundsatz politischer Neutralität, S. 181.

462 Vgl. zur nahezu einhelligen Ansicht namentlich *Kißlinger*, Das Recht auf politische Chancengleichheit, S. 15; *H. H. Klein*, in: Maunz/Dürig (Begr.), GG, Art. 21 Rn. 297; *Lipphardt*, Die Gleichheit der politischen Parteien vor der öffentlichen Gewalt, S. 119; *Tsatsos/Morlok*, Parteienrecht, S. 89.

463 So insbesondere BVerfGE 14, 121 (132 ff.); 20, 56 (116); 24, 300 (340 f.); 44, 125 (146); 73, 40 (88 f.); 85, 264 (297 f., 318); 104, 14 (20); 111, 382 (398 ff.); *v. Arnim*, DÖV 1984, S. 85 ff.; *Morlok/Merten*, Parteienrecht, S. 103 f.; *Seifert*, Die politischen Parteien, S. 137 f.

464 Vgl. zur ständigen Rechtsprechung nur BVerfGE 8, 51 (64 f.); 14, 121 (133); 20, 56 (116); 34, 160 (163); 44, 125 (146); 47, 198 (227); 69, 92 (106); 73, 40 (96); 111, 382 (398); 121, 108 (122); siehe aus dem Schrifttum zudem *Ferreau*, DÖV 2017, S. 494 (495); *Pieroth*, in: Jarass/Pieroth (Hrsg.), GG, Art. 21 Rn. 64; *Maurer*, Staatsrecht I, § 11 Rn. 43.

465 Hierzu instruktiv *Morlok/Merten*, Parteienrecht, S. 104 ff.

bei gilt es zu berücksichtigen, dass jeder funktionsfähige Wettbewerb ein relativ hohes Maß an Transparenz voraussetzt, womit die Verfügbarkeit der für das individuelle Verhalten entscheidungsrelevanten Informationen gemeint ist.[466] Verbreiten nun Amtswalter lediglich sachlich zutreffende Tatsachen, erhalten die Bürger eine fundierte informationelle Grundlage, von der sie beim Gebrauch ihrer grund- und wahlrechtlich verbürgten Freiheit profitieren. Man könnte also annehmen, dass eine solche Öffentlichkeitsarbeit den freien Wettbewerb nicht verzerrt, sondern im Gegenteil die Voraussetzungen seiner Funktionsfähigkeit verbessert.[467] Regierungsamtliche Sachinformationen sind allerdings nur selten völlig frei von Wertungen und ohne Einfluss auf die öffentliche Meinungsbildung. Typischerweise gliedern sie sich in eine Argumentationskette ein, mit deren Hilfe die Regierung ihre Politik den Bürgern vermittelt und ins rechte Licht rückt. Daneben bilden Tatsacheninformationen die Basis für Aufklärungsmaßnahmen, die mit Appellen und Werturteilen bewusst das Verhalten der Bürger zu steuern suchen. Liegt der meinungsbildende Effekt regierungsamtlicher Öffentlichkeitsarbeit somit auf der Hand,[468] stellt sich allein die Frage, auf welche Weise die Parteien hierdurch einen Vor- oder Nachteil im politischen Wettbewerb erlangen.

Zunächst könnten sich bestimmte Formen regierungsamtlicher Öffentlichkeitsarbeit als eine finanzielle Begünstigung der Mehrheitsparteien erweisen. So ist es in der Parteiendemokratie des Grundgesetzes geradezu selbstverständlich, dass die Regierung und die sie tragenden Parteien weitgehend in ihren politischen Agenden übereinstimmen.[469] Erläutert nun die Regierung öffentlich ihre Maßnahmen und zukünftigen Vorhaben unter Einsatz von Haushaltsmitteln, ziehen die Mehrheitsparteien hieraus mittelbar einen finanziellen Nutzen, weil ihr wahlkampftaktisches Bestreben gefördert wird, die Bürger von einer positiven Regierungsbilanz zu überzeugen.[470] Diesen Finanzvorteil konstatierte das Bundesverfassungsgericht bereits in seiner Grundsatzentscheidung vom 2. März 1977. Es führte aus, dass sich amtliche Broschüren und Faltblätter, die der Bevölkerung die Erfolge und Leistungen der Regierung vor Augen führen und um

---

466 *Lübbe-Wolff*, NJW 1987, S. 2705 (2711).
467 In diese Richtung *Redmann*, Möglichkeiten und Grenzen der Beschränkung der Parteifreiheit und -gleichheit, S. 125.
468 Siehe hierzu auch *Degenhart*, AfP 2009, S. 207 (210).
469 Vgl. oben B. III. 2. c) bb).
470 *Friehe*, in: Uhle (Hrsg.), Information und Einflussnahme, S. 81 (100); *Uhlitz*, Recht und Politik 1966, S. 12 f.; zum Werbeeffekt für die Regierungsparteien vgl. überdies *Volkmann*, Politische Parteien und öffentliche Leistungen, S. 48 ff.

Vertrauen werben, „in aller Regel als zusätzliches Wahlkampfmaterial für die die Regierung tragenden, nicht dagegen für die Oppositionsparteien" eigneten. Darum werde die „im Rahmen der staatlichen Wahlkampfkostenerstattung gebotene und gewahrte Chancengleichheit durch den zusätzlichen Einsatz staatlicher Mittel zu Gunsten der Mehrheits- und zu Lasten der Oppositionsparteien unterlaufen und empfindlich gestört."[471] Nichts anderes gilt heute für die amtliche Darstellung der Regierungspolitik mittels digitaler Kommunikationsmittel. Zwar ist hier der finanzielle Vorteil für die Mehrheitsparteien nicht so offensichtlich wie bei staatlichen Druckschriften, Plakaten oder Zeitungsanzeigen, da das Internet seinen Nutzern die Möglichkeit eröffnet, Informationen nahezu kostenlos einer breiten Bevölkerungsschicht zugänglich zu machen. Allerdings ist zu berücksichtigen, dass eine langfristig angelegte Online-Präsenz zur Vermittlung komplexer politischer Inhalte undenkbar ist ohne Inanspruchnahme von Haushaltsmitteln, mit denen etwa Redakteure oder Grafiker beschäftigt werden können.[472]

Dass eine kostenintensive Selbstdarstellung der Regierung den politischen Wettbewerb unter dem Gesichtspunkt der Ressourcenungleichheit stört, leuchtet ohne weiteres ein. Problematisch ist hingegen, inwiefern die amtliche Öffentlichkeitsarbeit auch ohne nennenswerten Einsatz finanzieller Mittel geeignet ist, das Recht der Parteien auf Chancengleichheit zu beeinträchtigen. Diese Frage genießt in jüngerer Zeit dank mehrerer umstrittener Interviews und Reden Hochkonjunktur, in denen sich Regierungsmitglieder und weitere Amtswalter kritisch mit radikalen Parteien auseinandersetzen oder gar vor deren Unterstützung warnen. Gewiss sind mit solchen amtlichen Werturteilen keine rechtlichen Sanktionen verbunden. Entsprechend steht es den betroffenen Parteien frei, sich gegen derartige Äußerungen zu behaupten, indem sie sich selbst an die Öffentlichkeit wenden und sich ihr so präsentieren, wie es ihrem Selbstverständnis entspricht.[473] Daraus könnte man nun den Schluss ziehen, dass ihr Recht auf politische Chancengleichheit in den fraglichen Fällen nicht beeinträchtigt wird. Freilich darf die Möglichkeit der Parteien zum medialen Gegenschlag nicht darüber hinwegtäuschen, dass die Regierung im politischen Diskurs eine herausgehobene Stellung einnimmt und den gesellschaftli-

---

471 BVerfGE 44, 125 (153 f.).
472 Vgl. zum entsprechenden Personalaufwand des Bundespresseamts nur *Friehe*, in: Uhle (Hrsg.), Information und Einflussnahme, S. 81 (89 f.).
473 Vgl. zu diesem Argument insbesondere BVerfGE 40, 287 (292); *Wieland*, in: Krüper (Hrsg.), FS Morlok, S. 533 (548).

chen Akteuren gerade nicht „auf Augenhöhe" begegnet.[474] So verfügt sie einerseits wegen ihrer Staatsleitungskompetenz über Startvorteile bei der Generierung öffentlicher Aufmerksamkeit.[475] Andererseits wird ihrer Informationstätigkeit ein gewisser „Vertrauensvorschuss" zugesprochen.[476] Zwar mag in Teilen der Bevölkerung ein ausgeprägtes Misstrauen gegenüber staatlichen Institutionen herrschen,[477] jedoch vertrauen deutlich mehr Bürger darauf, dass die staatlichen Akteure im Rahmen ihrer Kompetenzen das allgemeine Wohl fördern.[478] Hiermit geht einher, dass regierungsamtliche Äußerungen gemeinhin ernster genommen werden als private Diskursbeiträge.[479] Stuft die Regierung vor diesem Hintergrund bestimmte Parteien als „extremistisch" oder „verfassungsfeindlich" ein, besteht die Möglichkeit, dass nicht wenige Bürger eine solche Einordnung zum Anlass nehmen, um sich von den in Rede stehenden Parteien abzuwenden und ihnen jegliche Unterstützung zu versagen.[480] Derlei Werturteile entfalten somit eine faktische Sanktionswirkung und beeinträchtigen das Recht der betroffenen Parteien auf politische Chancengleichheit.[481] Über eine entsprechende Eingriffsqualität verfügen auch sonstige herabsetzende Äußerungen sowie Appelle, sofern sie aus der Perspektive eines objektiven Beobachters ebenfalls geeignet sind, die Stellung einer Partei im

---

474 Siehe hierzu auch *Ferreau*, NVwZ 2017, S. 159 (162); *Hillgruber*, JZ 2016, S. 495 (499).

475 *Pfetsch*, in: Sarcinelli (Hrsg.), Politikvermittlung und Demokratie in der Mediengesellschaft, S. 233 (241 ff.); s.a. *Bergsdorf*, in: Jarren/Sarcinelli/Saxer (Hrsg.), Politische Kommunikation in der demokratischen Gesellschaft, S. 531 (533 f.); *Donges/Jarren*, Politische Kommunikation in der Mediengesellschaft, S. 125.

476 So insbesondere *Gramm*, Der Staat 30 (1991), S. 51 (52); *Martini/Kühl*, Jura 2014, S. 1221; *Schoch*, in: Isensee/Kirchhof (Hrsg.), HStR III, § 37 Rn. 56.

477 Vgl. dazu jüngst *Bertelsmann Stiftung* (Hrsg.), Schwindendes Vertrauen in Politik und Parteien, S. 45 f., 71 f. und passim.

478 Freilich fällt das Vertrauen in die einzelnen staatlichen Stellen unterschiedlich aus. So zeigen politikwissenschaftliche Studien, dass beispielsweise der Justiz ein größeres Vertrauen entgegengebracht wird als den Regierungen von Bund und Ländern. Vgl. dazu namentlich *Bertelsmann Stiftung* (Hrsg.), Schwindendes Vertrauen in Politik und Parteien, S. 71 f.; *Redelfs*, in: Dernbach/Meyer (Hrsg.), Vertrauen und Glaubwürdigkeit, S. 246 f.

479 *Dişçi*, Der Grundsatz politischer Neutralität, S. 140; ähnlich *Hillgruber*, JZ 2016, S. 495 (499); *Morlok*, in: Dreier (Hrsg.), GG II, Art. 38 Rn. 94.

480 Vgl. insbesondere auch *Redmann*, Möglichkeiten und Grenzen der Beschränkung der Parteifreiheit und -gleichheit, S. 125; *Shirvani*, AöR 134 (2009), S. 572 (591).

481 *Murswiek*, NVwZ 2004, S. 769 (773); VGH München, Urt. v. 22.10.2015 – 10 B 15.1609 –, juris Rn. 20; s.a. *Sander*, DÖV 2001, S. 328 (331).

politischen Wettbewerb negativ zu beeinflussen und potentielle Unterstützer abzuschrecken.[482] Dies betrifft insbesondere Aufrufe zum Boykott bestimmter Parteien und ihrer politischen Initiativen oder Veranstaltungen.[483] Freilich ist eine amtliche Äußerung nur dann geeignet, den Wettbewerb zu Lasten einer Partei zu beeinflussen, sofern sie zu dieser einen ausreichenden Bezug aufweist.[484] Hierfür ist zwar nicht erforderlich, dass eine Partei in der Stellungnahme explizit genannt wird.[485] Der nötige Bezug fehlt aber, wenn sie weder direkt und unmittelbar noch in unmissverständlicher Weise indirekt und mittelbar betroffen ist.[486] Das ist etwa der Fall, wenn die Regierung allgemein Grundwerte der Verfassung erläutert und weder einen Parteinamen noch sonst eine Kollektivbezeichnung angibt, die eine einzelne Partei als Bezugspunkt der Äußerung nahelegt. Lediglich reflexartige Wirkungen zu Lasten einer Partei genügen insoweit nicht, um einen Eingriff in das Recht auf Chancengleichheit zu begründen.

d) Kommunikationsgrundrechte

Als verfassungsrechtliche Grundlage einer (partei-)politischen Neutralitätspflicht der Regierung kommen schließlich auch die Kommunikationsgrundrechte aus Art. 5 I 1 und Art. 8 I GG in Betracht. In der aktuellen Debatte um die Reichweite staatlicher Öffentlichkeitsarbeit werden sie stets dann bemüht, wenn sich eine kritische amtliche Äußerung nicht auf eine Partei, sondern auf Aktionsbündnisse und sonstige politische Vereinigungen bezieht. Das bedeutet aber keinesfalls, dass den Parteien eine Berufung auf Art. 5 I 1 und Art. 8 I GG verwehrt ist.[487]

---

482 Vgl. besonders prägnant ThürVerfGH, ThürVBl. 2016, S. 281 (283).
483 BVerfGE 148, 11 (26 f.).
484 Vgl. hierzu jüngst BlnVerfGH, LKV 2019, S. 120 (121).
485 ThürVerfGH, ThürVBl. 2016, S. 281 (283).
486 Vgl. hierzu und zum Folgenden BlnVerfGH, LKV 2019, S. 120 (122).
487 Zum Grundrechtsschutz politischer Parteien sowie zum Verhältnis des Art. 21 I zu Art. 5 I 1 und Art. 8 I GG vgl. näher *Ipsen*, in: Sachs (Hrsg.), GG, Art. 21 Rn. 45 ff.; *Mauersberger*, Die Freiheit der Parteien, S. 118 ff.

aa) Politisch-demokratische Wirkungsweisen

Im Mittelpunkt der Kommunikationsgrundrechte steht die Meinungsfreiheit aus Art. 5 I 1 Hs. 1 GG. Sie schützt in sachlicher Hinsicht jede Art von Meinung im Sinne einer wertenden Stellungnahme.[488] Irrelevant ist hierbei, ob die in Rede stehende Äußerung „rational oder emotional, begründet oder grundlos ist und ob sie von anderen für nützlich oder schädlich, wertvoll oder wertlos gehalten wird."[489] Selbst Tatsachenbehauptungen, denen das charakteristische Element des subjektiven Dafürhaltens und Wertens eigentlich fehlt, genießen grundrechtlichen Schutz, sofern sie sich mit einem Werturteil verbinden oder vermischen.[490] Vom Schutz des Art. 5 I 1 Hs. 1 GG sind sie allein dann ausgeschlossen, wenn sie zur verfassungsrechtlich vorausgesetzten Meinungsbildung nichts beitragen können. Dies betrifft den relativ überschaubaren Bereich erwiesen oder bewusst unwahrer Tatsachenbehauptungen.[491] Folglich wird der Begriff der Meinung sehr weit ausgelegt. Den Maßstab bildet das Grundbedürfnis des Menschen, seine Ansichten, Gedanken und Wünsche anderen Individuen mitzuteilen. Dementsprechend groß ist die soziale Wirkung, die noch dadurch gesteigert wird, dass auch die Form der Meinungsäußerung prinzipiell im Belieben des Grundrechtsträgers steht.[492] Vor diesem Hintergrund mag es letztlich nicht verwundern, wenn das Grundrecht der Meinungsfreiheit als „Kernstück politischer und geistiger Freiheit"[493] gilt. Mit den Worten des Bundesverfassungsgerichts ist es „als unmittelbarer Ausdruck

---

488 Vgl. statt vieler *Schmidt-Jortzig*, in: Isensee/Kirchhof (Hrsg.), HStR VII, § 162 Rn. 20.

489 BVerfGE 93, 266 (289); aus jüngerer Zeit s.a. BVerfGE 124, 300 (320). Insoweit profitieren vom Schutz des Art. 5 I 1 Hs. 1 GG nicht zuletzt Minderheiten, deren geäußerte Meinungsinhalte den vorherrschenden sozialen oder ethischen Ansichten zuwiderlaufen.

490 BVerfGE 61, 1 (9); 90, 214 (247).

491 BVerfGE 85, 1 (15); 90, 1 (15); 99, 185 (197); zur ganz h.M. vgl. überdies *Bethge*, in: Sachs (Hrsg.), GG, Art. 5 Rn. 28; *Kingreen/Poscher*, Grundrechte, Rn. 655; a.A. *Schmidt-Jortzig*, in: Isensee/Kirchhof (Hrsg.), HStR VII, § 162 Rn. 22, der falsche Tatsachenmitteilungen ebenso wie unhaltbare Meinungen prinzipiell in den Grundrechtsschutz einbezieht und ihnen erst bei der Abwägung mit kollidierenden Gütern Dritter ein gegen Null tendierendes Gewicht zumisst. Siehe in diese Richtung auch *Grabenwarter*, in: Maunz/Dürig (Begr.), GG, Art. 5 Rn. 51; *Jestaedt*, in: Merten/Papier (Hrsg.), HGR IV, § 102 Rn. 36 ff.

492 *Schmitt Glaeser*, in: Isensee/Kirchhof (Hrsg.), HStR III, § 38 Rn. 14.

493 *Hesse*, Grundzüge des Verfassungsrechts der Bundesrepublik Deutschland, Rn. 386.

der menschlichen Persönlichkeit in der Gesellschaft eines der vornehmsten Menschenrechte überhaupt. Für eine freiheitlich-demokratische Staatsordnung ist es schlechthin konstituierend, denn es ermöglicht erst die ständige geistige Auseinandersetzung, den Kampf der Meinungen, der ihr Lebenselement ist."[494] Insoweit verfügt die Meinungsfreiheit über einen Doppelcharakter: Einerseits schützt sie als klassisches subjektives Abwehrrecht die individuelle Selbstentfaltung vor hoheitlichen Einengungen, andererseits ist sie in objektiv-rechtlicher Hinsicht grundlegende und unverzichtbare Voraussetzung eines vitalen demokratischen Willensbildungsprozesses.[495] Quasi spiegelbildlich finden sich diese zwei Komponenten auch bei der Informationsfreiheit aus Art. 5 I 1 Hs. 2 GG wieder,[496] die als eigenständiges Grundrecht die ungehinderte Unterrichtung aus allgemein zugänglichen Quellen gewährleistet.[497] Hierdurch erhält das Individuum die Möglichkeit, sein eigenes Wissen zu erweitern und sich so im privaten wie sozialen Lebensbereich zu entfalten. Mit zunehmender Informiertheit wird der Bürger daneben in den Stand versetzt, Wechselwirkungen in der Politik und ihre Bedeutung für seine Existenz zu erkennen. Dies ist wiederum unverzichtbar für jede verantwortliche Teilnahme am demokratischen Meinungs- und Willensbildungsprozess.

Ein besonderes Näheverhältnis zum politischen Prozess weist in tatsächlicher Hinsicht auch das Deutschengrundrecht der Versammlungsfreiheit gem. Art. 8 I GG auf. Es gewährleistet seinen Trägern zunächst die kommunikative Entfaltung der Persönlichkeit in Gruppenform.[498] Seine spezifisch konstituierende Bedeutung für die Demokratie[499] erlangt es indessen aus seiner Funktion für den gesellschaftlichen Meinungs- und Willensbildungsprozess. So versetzen Versammlungen ihre Teilnehmer in die Lage, die Wirkung einfacher Meinungsäußerungen durch Zusammenwirken zu potenzieren. Sie sind daher ein wirksames politisches Kampfmittel, das

---

494 BVerfGE 7, 198 (208); vgl. zuletzt BVerfGE 97, 391 (398).
495 Hierzu näher *Bethge*, in: Sachs (Hrsg.), GG, Art. 5 Rn. 18 ff.; *Hillgruber*, JZ 2016, S. 495; *Schmidt-Jortzig*, in: Isensee/Kirchhof (Hrsg.), HStR VII, § 162 Rn. 9 f.
496 BVerfGE 27, 71 (81 f.); vgl. auch *Hesse*, Grundzüge des Verfassungsrechts der Bundesrepublik Deutschland, Rn. 393, der die Informationsfreiheit als „notwendiges Gegenstück" zum Meinungsäußerungsrecht bezeichnet.
497 Zum sachlichen Schutzbereich vgl. statt vieler *Jarass*, in: ders./Pieroth (Hrsg.), GG, Art. 5 Rn. 22 ff.
498 *Battis/Grigoleit*, NVwZ 2001, S. 121 (122); *Kloepfer*, in: Isensee/Kirchhof (Hrsg.), HStR VII, § 164 Rn. 11; *Michael/Morlok*, Grundrechte, Rn. 266.
499 BVerfGE 69, 315 (344 f.).

eine Schlüsselrolle bei der Austragung von Konflikten einnimmt.[500] Zugleich bieten Versammlungen unzufriedenen Bürgern die Möglichkeit, Unmut und Kritik zu ventilieren und abzuarbeiten.[501] Insoweit sind sie zwar keinesfalls „ein Stück ursprünglich-ungebändigter unmittelbarer Demokratie"[502], jedoch sehr wohl ein grundrechtlich installierter „Seismograph für politische Bewegungen mit ihren laufenden Veränderungen."[503] Sie sind von belebender Wirkung, indem sie als „Druck der Straße" auch außerhalb der Wahlkampfzeit dazu beitragen, dass staatliche Organe ihre Politik überdenken und gegebenenfalls Kurskorrekturen vornehmen.

bb) „Chilling effects" durch regierungsamtliche Öffentlichkeitsarbeit

Während die konstitutive Bedeutung der Art. 5 I 1 und Art. 8 I GG für die freiheitliche Demokratie allgemein anerkannt ist, herrscht in Rechtsprechung und Literatur keine Einigkeit darüber, inwieweit die Kommunikationsgrundrechte die Regierung zur Neutralität gegenüber den in der Gesellschaft vorhandenen und geäußerten politischen Meinungen verpflichten. Einen Streitpunkt bildet vor allem die Qualifikation der amtlichen Öffentlichkeitsarbeit als Grundrechtseingriff, wozu nach modernem Verständnis jedes staatliche Handeln zählt, das ein grundrechtlich geschütztes Verhalten ganz oder teilweise unmöglich macht oder erheblich erschwert.[504] Eine entsprechende Freiheitsverkürzung bestreiten etwa jene Stimmen im Schrifttum, die sich für ein stärkeres Engagement staatlicher Akteure im politischen Diskurs aussprechen und einem Neutralitätsgebot

---

500 *Hesse*, Grundzüge des Verfassungsrechts der Bundesrepublik Deutschland, Rn. 404.

501 Vgl. oben C. III. 3.

502 So aber BVerfGE 69, 315 (346); *Hesse*, Grundzüge des Verfassungsrechts der Bundesrepublik Deutschland, Rn. 404; dezidiert anders *Kloepfer*, in: Isensee/Kirchhof (Hrsg.), HStR VII, § 164 Rn. 15 mit zutreffendem Verweis auf die so missachtete Unterscheidung zwischen Volks- und Staatswillensbildung; ähnlich kritisch *Schmitt Glaeser*, Private Gewalt im politischen Meinungskampf, S. 88 f.

503 *Schmitt Glaeser*, Der freiheitliche Staat des Grundgesetzes, S. 141; zur Demonstrationsfreiheit als „politisches Frühwarnsystem" s.a. *Blanke/Sterzel*, Vorgänge 1983, S. 67 (69).

504 *Hillgruber*, in: Isensee/Kirchhof (Hrsg.), HStR IX, § 200 Rn. 89; *Kingreen/Poscher*, Grundrechte, Rn. 294; zum dogmatischen Sonderweg des Bundesverfassungsgerichts, das mit der sog. Beeinträchtigung des Gewährleistungsbereichs eine neue Begriffskategorie einführt, vgl. näher *Voßkuhle/Kaiser*, JuS 2018, S. 343 (344).

mithin skeptisch gegenüberstehen. So seien verbale Positionierungen für oder gegen bestimmte inhaltliche Strömungen in der Gesellschaft kein rechtfertigungsbedürftiger Eingriff in Art. 5 I 1 Hs. 1 GG, weil dieser zwar das Recht auf freie Meinungsäußerung gewähre, nicht aber ein Recht darauf, im öffentlichen Raum vor politischer Auseinandersetzung in Ruhe gelassen zu werden.[505] Als Reaktion auf amtliche oder nichtamtliche Kritik sei es jedem Grundrechtsträger vielmehr anheimgestellt, die eigene Meinungsfreiheit zur Gegenwehr in Anspruch zu nehmen.[506] Ebenso lösten inhaltliche Missbilligungen und sogar Aufrufe zu Gegendemonstrationen keinen rechtfertigungsbedürftigen Konflikt mit Art. 8 I GG aus, da die Auseinandersetzung mit Aussagen und Zielen einer Versammlung zum öffentlichen Meinungskampf gehöre und somit „grundrechtlich neutral" sei.[507] Infolgedessen seien amtliche Äußerungen erst dann als Grundrechtseingriff zu werten, wenn sie einen beleidigenden oder ehrverletzenden Charakter aufwiesen. In diesem Fall komme eine Verletzung des allgemeinen Persönlichkeitsrechts aus Art. 2 I i.V.m. Art. 1 I GG in Betracht.

Eine solche Lesart erinnert in ihren Grundzügen an das vorherrschende restriktive Verständnis von Art. 12 I GG. So schützt das Grundrecht der Berufsfreiheit nach ständiger verwaltungsgerichtlicher Rechtsprechung nicht vor Konkurrenz, auch nicht vor Konkurrenz durch die öffentliche Hand.[508] Eine Verkürzung grundrechtlicher Freiheit ist demnach nur dann angezeigt, wenn der Staat durch seine wirtschaftliche Betätigung den Wettbewerb in „unerträglichem Maße" verzerrt und privaten Akteuren eine ökonomisch sinnvolle Teilnahme am Markt unmöglich macht.[509] Indes lassen sich diese Maßstäbe nicht ohne weiteres auf den freien Wettbewerb der Meinungen übertragen, möchte man die besondere Bedeutung von Art. 5 I 1 und Art. 8 I GG für die Persönlichkeitsentfaltung als auch für den demokratischen Prozess hinreichend berücksichtigen.[510] Zwar trifft zunächst zu, dass die Kommunikationsgrundrechte ihre Träger im öffentlichen Diskurs prinzipiell nicht vor Kritik oder Widerspruch bewahren. Dies gilt umso mehr, als der Schlagabtausch in Form von pointierten

---

505 So insbesondere *Payandeh*, Der Staat 55 (2016), S. 519 (544 f.); tendenziell ähnlich *Gärditz*, NWVBl. 2015, S. 165 (169); *Putzer*, DÖV 2015, S. 417 (425 f.).
506 *Gärditz*, NWVBl. 2015, S. 165 (169); in diese Richtung auch *Putzer*, DÖV 2015, S. 417 (426).
507 Vgl. hierzu und zum Folgenden *Payandeh*, Der Staat 55 (2016), S. 519 (545 f.).
508 Vgl. nur BVerwGE 39, 329 (336); BVerwG, NJW 1995, S. 2938 (2939).
509 BVerwG, NJW 1995, S. 2938 (2939); zum Diskussionsstand ausführlich *Ferreau*, Öffentlich-rechtlicher Rundfunk und ökonomischer Wettbewerb, S. 170 ff.
510 Ebenso *Ingold*, VerwArch 108 (2017), S. 240 (261).

Argumenten und Gegenargumenten zum Lebenselixier jeder Demokratie zählt. Dementsprechend stellt auch nicht jedes Werturteil vonseiten des Staates einen Grundrechtseingriff dar.[511] In einen solchen schlägt die amtliche Öffentlichkeitsarbeit allerdings um, wenn sie Meinungen derart massiv kritisiert oder gar diskreditiert, dass eine abschreckende und nachteilige Wirkung auf das künftige Kommunikationsverhalten der Grundrechtsträger entsteht.[512] Dieser „chilling effect" im gesellschaftlichen Diskurs[513] liegt insbesondere vor, wenn die Regierung politische Ansichten als „verfassungsfeindlich" wertet und ihnen dadurch die Berechtigung abspricht, im demokratischen Wettbewerb der Ideen vertreten zu sein. So muss der Bürger zukünftig auf derartige Meinungsäußerungen verzichten, will er nicht öffentlich als Extremist stigmatisiert werden. Es handelt sich folglich um einen mittelbar-faktischen Eingriff in die Meinungsfreiheit,[514] der verfassungsrechtlich gerechtfertigt sein muss, was jedenfalls bei unzutreffenden oder diffamierenden Darstellungen mangels Verhältnismäßigkeit ausgeschlossen ist.[515] Über Eingriffsqualität verfügen in gleicher Weise amtliche Boykottaufrufe, die etwa dazu auffordern, einer Versammlung fernzubleiben oder an einer Gegendemonstration teilzunehmen.[516] Hierbei gilt es sich erneut zu vergegenwärtigen, dass staatliche Akteure gerade nicht mit gesellschaftlichen Diskursteilnehmern gleichzusetzen sind. Sie disponieren im Gegenteil über einen Aufmerksamkeits- und Glaubwürdigkeitsvorsprung, der ihren Äußerungen ein besonderes Gewicht im öffentlichen Meinungskampf verleiht.[517] Insoweit geht auch der Hinweis darauf, dass die von staatlicher Kritik betroffenen Grundrechtsträger sich dagegen im

---

511 Für den Sonderfall religiöser Überzeugungen hielt das Bundesverfassungsgericht bereits ausdrücklich fest, dass das insoweit spezielle Grundrecht aus Art. 4 I, II GG seine Träger nicht gänzlich vor Kritik durch staatliche Stellen schütze. Vgl. BVerfGE 105, 279 (294).

512 Ähnlich *Hillgruber*, JZ 2016, S. 495 (499); *Möstl*, in: Uhle (Hrsg.), Information und Einflussnahme, S. 49 (66).

513 Zum Begriff der „chilling effects", der auf die angloamerikanische Rechtsprechung zurückgeht und auch in der Judikatur des Europäischen Gerichtshofs für Menschenrechte Verwendung findet, näher *Grabenwarter*, in: Maunz/Dürig (Begr.), GG, Art. 5 Rn. 103; *Zanger*, Freiheit vor Furcht, S. 92 m.w.N.

514 BVerfGE 113, 63 (75 f.); vgl. instruktiv auch *Murswiek*, DVBl. 1997, S. 1021 (1028 ff.).

515 Zum Richtigkeitsgebot für Tatsachenbehauptungen sowie zum Verbot von Diffamierungen vgl. näher unten C. V. 3. a) bzw. d).

516 BVerfGE 140, 225 (228); *Lindner/Bast*, NVwZ 2018, S. 708 (710); *Möstl*, in: Uhle (Hrsg.), Information und Einflussnahme, S. 49 (67); s.a. *Ingold*, VerwArch 108 (2017), S. 240 (261); *Wahnschaffe*, NVwZ 2016, S. 1767 (1769).

517 Siehe oben C. V. 2. c) cc).

politischen Diskurs zur Wehr setzen könnten, am Problem der Staatsintervention schlicht vorbei.[518]

Der soeben dargelegte „chilling effect" wirkt zugleich in demokratischer Hinsicht destabilisierend, indem aus Furcht vor faktischen Nachteilen Äußerungen unterbleiben, die im Sinne eines offenen Meinungsbildungsprozesses durchaus erwünscht wären. Lieber hüllen sich viele Bürger in Schweigen, als in der Öffentlichkeit Meinungen kundzutun, die von den herrschenden ethischen oder sozialen Ansichten abweichen und mit einer staatlich forcierten Ächtung des Äußernden einhergehen. Hierdurch sieht sich die Regierung nicht mehr in der Lage, innergesellschaftliche Störungen rechtzeitig zu erkennen und abzuwenden. Es drohen letztlich Defizite in der Konkretisierung des Gemeinwohls, „weil sich im Kräfteparallelogramm der politischen Willensbildung im allgemeinen erst dann eine relativ richtige Resultante herausbilden kann, wenn alle Vektoren einigermaßen kräftig entwickelt sind."[519] Vor diesem Hintergrund muss die Regierung grundrechtlich verbürgte Kommunikationsvoraussetzungen wahren, unter denen sich Kritik und Unzufriedenheit derart offen artikulieren lassen, dass einem Bewusstsein politischer Ohnmacht ebenso wie einer gefährlichen Demokratieskepsis vorgebeugt wird. Entsprechend begründen Art. 5 I 1 und Art. 8 I GG insofern eine Neutralitätspflicht, als bei der amtlichen Bewertung politischer Meinungsinhalte eine gewisse Zurückhaltung geboten ist.

In welchem Maß es hierbei eine Rolle spielt, ob eine Position von einer Partei oder von nicht parteigebundenen Bürgern und Gruppen vertreten wird, bedarf schließlich einer näheren Auseinandersetzung. Deren Ausgangspunkt bildet die bereits gewonnene Erkenntnis, dass die Parteien zwischen Staat und Gesellschaft eine Scharnierfunktion ausüben. So wirken sie einerseits durch die Interessenartikulation und -integration an der gesellschaftlichen Willensbildung mit.[520] Andererseits erhalten sie über ihre Teilnahme an Wahlen eine direkte Einwirkungsmöglichkeit auf die staatliche Willensbildung, wodurch sie sich von sonstigen gesellschaftlichen Gruppierungen abheben.[521] Indem ihr Erfolg oder Misserfolg letztlich ausschlaggebend für die Zusammensetzung von Parlament und Regie-

---

518 *Hillgruber*, JZ 2016, S. 495 (499 f.).
519 BVerfGE 69, 315 (346); zur Gefahr gesellschaftlicher Desintegration, die der Stigmatisierung bestimmter Ansichten durch staatliche Akteure innewohnt, vgl. zudem *Kuch*, AöR 142 (2017), S. 491 (497).
520 Siehe oben B. III. 1. a).
521 Siehe oben B. III. 1. b).

rung ist und deren staatsleitende Entscheidungen mitprägt, könnte sich eine staatliche Einflussnahme auf den Parteienwettbewerb in Form von Boykottaufrufen oder herabsetzenden Stellungnahmen als besonders folgenschwer erweisen. Insoweit könnte man zur Auffassung gelangen, dass den Parteien mehr Schutz gegenüber negativen amtlichen Werturteilen gewährt werden muss als sonstigen privaten Akteuren.[522] Gegen ein unterschiedliches Schutzniveau spricht allerdings, dass die Parteien keinesfalls über ein Monopol auf die Mitwirkung an der gesellschaftlichen Meinungs- und Willensbildung verfügen. Die politischen Überzeugungen formen sich vielmehr im allgemeinen öffentlichen Diskurs, an dem ebenfalls Vereinigungen ohne Parteienstatus sowie einzelne Bürger maßgeblich beteiligt sind. Anschließend transferieren zwar gewöhnlich die Parteien den so gebildeten Volkswillen in die staatliche Sphäre, jedoch können sie ihre Mittlerfunktion dabei nur hinreichend erfüllen, wenn die Integrität politischer Meinungs- und Willensbildung über Parteistrukturen hinaus in allen gesellschaftlichen Bereichen gleichermaßen gesichert ist.[523]

3. Konkretisierende Ableitungen aus der Neutralitätspflicht

Die vorangegangene Untersuchung hat anhand einer Zusammenschau mehrerer verfassungsrechtlicher Bestimmungen vor Augen geführt, dass die regierungsamtliche Teilnahme am öffentlichen Diskurs nur eingeschränkt zulässig ist. So besteht eine Pflicht zu parteipolitischer Neutralität, die nun im Folgenden eine nähere Konkretisierung erfahren soll. Dabei soll zugleich im Wege praktischer Konkordanz ein Ausgleich mit der teils gegenläufigen regierungsamtlichen Informationspflicht gefunden werden.

---

522 Vgl. zu einem solchen Ansatz namentlich *Dişçi*, Der Grundsatz politischer Neutralität, S. 67 f., die in Bezug auf Parteien eine „höhere Anwendungsintensität" des politischen Neutralitätsgebots fordert, jedoch nicht weiter erläutert, wie das unterschiedliche Schutzniveau in der Rechtspraxis auszusehen hat; s.a. BVerwGE 159, 327 (333 f.), dem zufolge die politische Neutralitätspflicht allein aus dem Recht der Parteien auf Chancengleichheit folgt und jedenfalls nicht gegenüber Gruppierungen gilt, die einen vergleichsweise niedrigen Organisationsgrad aufweisen und sich nicht an politischen Wahlen beteiligen; tendenziell ähnlich *Ferreau*, NVwZ 2017, S. 159 (161 f.); *Putzer*, DÖV 2015, S. 417 (425).

523 So besonders prägnant *Milker*, JA 2017, S. 647 (649 f.); siehe darüber hinaus auch *Barczak*, NVwZ 2015, S. 1014 (1019); *Jürgensen/Garcia J.*, MIP 22 (2016), S. 70 (78); *Kuch*, AöR 142 (2017), S. 491 (523 f.); *Wahnschaffe*, NVwZ 2016, S. 1767 (1770 f.).

a) Richtigkeitsgebot für Tatsachenbehauptungen

Der regierungsamtlichen Öffentlichkeitsarbeit sind dort Grenzen gesetzt, wo sie die Freiheit und Offenheit des gesellschaftlichen Meinungs- und Willensbildungsprozesses nicht mehr fördert, sondern gefährdet.[524] Dies gilt insbesondere für die Verbreitung unwahrer Tatsachen, denn im politischen Diskurs ist die Wahrheit „als Rahmenbedingung sozialer Kommunikation unentbehrlich."[525] So können nur inhaltlich richtige Informationen Wissensdefizite in der Gesellschaft beseitigen und eine verantwortungsvolle Ausübung staatsbürgerlicher Mitwirkungsrechte ermöglichen. Regierungsamtliche Fehlinformationen, die aus Sicht eines verständigen Bürgers geeignet sind, die gesellschaftliche Meinungs- und Willensbildung zu Gunsten oder zu Lasten bestimmter Parteien zu beeinflussen, können hingegen zu einer undemokratischen Willensbildung von oben nach unten führen und verstoßen gegen das Gebot parteipolitischer Neutralität. Demnach ist es der Regierung insbesondere verwehrt, ihre Erfolgs- und Leistungsberichte mit falschen Angaben zu versehen und dadurch die Wettbewerbsposition der Regierungsparteien zu stärken. In gleicher Weise unzulässig ist die amtliche Behauptung unwahrer Tatsachen in Bezug auf parteipolitische Aktivitäten und Programme. Zwar könnte man hier auf eine kritische Öffentlichkeit vertrauen, die falsche Informationen als solche identifiziert und korrigiert, so dass sich die Regierungsmitglieder von selbst zu mehr Ehrlichkeit entschließen, um einer politischen Sanktion bei der nächsten Wahl zu entgehen.[526] Eine solche Kontrolle durch Medien und oppositionelle Kräfte stößt jedoch dort an ihre Grenzen, wo es um Informationen aus dem Arkanbereich der Regierung geht, und ist insofern problematisch, als die Wiederholung einer falschen Nachricht im Rahmen eines Richtigstellens deren Wirkung im Ergebnis verstärken kann.[527]

Nach alldem ist die Regierung in der politischen Auseinandersetzung zur richtigen Angabe von Tatsachen verpflichtet. Das heißt freilich nicht, dass sie ihre tatsächlichen Feststellungen ausnahmslos vom Ergebnis abschließender und unanfechtbarer Untersuchungen abhängig machen

524 Vgl. bereits oben C. V. 2. b).
525 BVerwGE 118, 101 (107); ebenso OVG Münster, NVwZ-RR 2016, S. 976 (977). Entsprechend wird auch in der Diskurstheorie die Aufrichtigkeitsregel zur Basis jeden Diskurses erklärt. Vgl. statt vieler *Alexy*, Theorie der juristischen Argumentation, S. 234; *Habermas*, Erläuterungen zur Diskursethik, S. 172 ff.
526 Vgl. in diese Richtung *Berghäuser*, NVwZ 2003, S. 1085 (1086); *Wieland*, in: Krüper (Hrsg.), FS Morlok, S. 533 (549).
527 Hierzu näher *Holznagel*, MMR 2018, S. 18 (19) m.w.N.

108

muss.[528] Vielmehr darf sie bei einem wichtigen Informationsinteresse der Öffentlichkeit auch solche Inhalte verbreiten, deren Richtigkeit zwar noch nicht abschließend geklärt, aber so sorgfältig wie möglich geprüft worden ist. Die Bürger müssen dann auf die verbleibenden Unsicherheiten über die Wahrheit der Informationen hingewiesen werden, damit sie selbst entscheiden können, wie sie mit der Ungewissheit umgehen wollen.[529]

b) Identifikationsverbot

Greift die Regierung im Rahmen der Staatsleitung auf parteipolitische Konzepte zurück und begründet sie ihre Agenda anschließend gegenüber der Öffentlichkeit, ziehen die Regierungsparteien hieraus gewöhnlich einen Vorteil, während die Opposition zumindest mittelbar benachteiligt wird.[530] Dieser Effekt ist freilich unvermeidbar im demokratischen System des Grundgesetzes, das den Parteien eine zentrale Mittlerrolle zwischen Staats- und Volkswillensbildung zuweist und ihre Einflussnahme auf die politischen Leitungsorgane grundsätzlich deckt. Dementsprechend schließt das parteipolitische Neutralitätsgebot eine sachliche Übereinstimmung von Partei- und Regierungsprogrammen auch nicht aus. Unzulässig ist allerdings eine darüber hinausgehende Gleichsetzung von Partei und Staatsorgan,[531] wie sie charakteristisch für totalitäre Systeme ist.[532] Die Regierung darf sich also trotz ihrer parteipolitischen Rekrutierung nicht mit bestimmten Parteien identifizieren und für deren Unterstützung werben.[533] Insbesondere darf sie die Bürger nicht darum ersuchen, „als Regie-

---

528 *F. Schürmann*, Öffentlichkeitsarbeit der Bundesregierung, S. 312 f.

529 BVerfGE 105, 252 (272).

530 Siehe oben C. V. 2. c) cc).

531 Vgl. hierzu bereits oben C. V. 2. a).

532 Siehe z.B. § 1 I des Gesetzes zur Sicherung der Einheit von Partei und Staat v. 1.12.1933, RGBl I, S. 1016: „Nach dem Sieg der nationalsozialistischen Revolution ist die Nationalsozialistische Deutsche Arbeiterpartei die Trägerin des deutschen Staatsgedankens und mit dem Staat unlöslich verbunden." Vgl. auch Art. 1 I der DDR-Verfassung v. 9.4.1968 i.d.F. v. 7.10.1974, GBl DDR I Nr. 47, S. 432: „Die Deutsche Demokratische Republik ist ein sozialistischer Staat der Arbeiter und Bauern. Sie ist die politische Organisation der Werktätigen in Stadt und Land unter der Führung der Arbeiterklasse und ihrer marxistisch-leninistischen Partei."

533 Vgl. zur ständigen Rechtsprechung seit 1977 vor allem BVerfGE 44, 125 (141); 63, 230 (243); 138, 102 (115); 148, 11 (28); RhPfVerfGH, NVwZ-RR 2014, S. 665 (667); siehe aus dem Schrifttum auch *H. H. Klein*, in: Maunz/Dürig (Begr.), GG,

rung wiedergewählt" zu werden.[534] Ebenfalls ist es ihr verwehrt, sich als ein von bestimmten Parteien getragenes Staatsorgan darzustellen und zu behaupten, dass allein die aktuellen Amtswalter die Gewähr für eine gesicherte Zukunft böten.[535] Hierdurch träte die Regierung als Kontrahentin im Parteienwettbewerb auf und setzte sich gezielt darüber hinweg, dass die Zusammensetzung des Parlaments und damit auch die Neukonstituierung der Regierung allein unter den gesellschaftlichen Kräften ausgefochten werden darf.[536] Zugleich erschienen die Mehrheitsparteien so als Bestandteil eines die Wahl überdauernden institutionellen Arrangements, obwohl ihre Verbindung zum Staat aufgrund des Periodizitätsprinzips eigentlich der Logik der regelmäßigen Abfolge von Verlust und Neuerwerb der Herrschaft unterliegt.[537]

c) Gebot kommunikativer Sterilität?

Gerade im heutigen Medienzeitalter stellt sich mit Nachdruck die Frage nach der „kommunikativen Verpackung" regierungsamtlicher Informationen. Das Bundesverfassungsgericht offenbarte in seinem viel beachteten Urteil vom 3. März 1977 noch ein grundsätzliches Unbehagen gegenüber ansprechenden und modernen Formen staatlicher Öffentlichkeitsarbeit, indem es bereits eine „reklamehafte Aufmachung" als Anzeichen einer Grenzüberschreitung zur Parteien- und Wahlwerbung wertete.[538] Vor allem liege eine unzulässige Sympathiewerbung nahe, wenn amtliche Veröffentlichungen in der Vorwahlzeit mit Abbildungen der Regierungsmitglieder versehen und deren persönliche Qualitäten besonders herausgestellt würden.[539] Damit ging das Gericht hier fast von einem „Gebot kommuni-

Art. 21 Rn. 301; *Morlok*, in: Dreier (Hrsg.), GG II, Art. 21 Rn. 94; *Shirvani*, Das Parteienrecht und der Strukturwandel im Parteiensystem, S. 166, 218 f.; *Trute*, in: v. Münch/Kunig (Hrsg.), GG I, Art. 38 Rn. 45.

534 BVerfGE 44, 125 (141); 63, 230 (243); vgl. auch *Häberle*, JZ 1977, S. 361 (364); *Studenroth*, AöR 125 (2000), S. 257 (268 f.); *Volkmann*, in: Friauf/Höfling (Hrsg.), Berliner Kommentar, Art. 21 Rn. 53.

535 BVerfGE 44, 125 (150); ähnlich SaarlVerfGH, LKRZ 2010, S. 376 (379).

536 *Shirvani*, Das Parteienrecht und der Strukturwandel im Parteiensystem, S. 218 f.; ähnlich *Kuch*, AöR 142 (2017), S. 491 (511).

537 So prägnant *Kuch*, AöR 142 (2017), S. 491 (510).

538 BVerfGE 44, 125 (150 f.); aus der verfassungsgerichtlichen Nachfolgejudikatur vgl. besonders BVerfGE 63, 230 (243 f.); HessStGH, NVwZ 1992, S. 465 f.

539 BVerfGE 44, 125 (151).

kativer Sterilität" aus.[540] Wenngleich sich die neuere Rechtsprechung gegenüber einer originellen und Interesse weckenden Aufbereitung politischer Inhalte durchaus aufgeschlossener zeigt, hält auch sie weiterhin fest, dass der „Unterhaltungscharakter" nicht im Vordergrund stehen dürfe.[541]

Eine derart rigide Lesart verkennt indes, dass das vielfältige Informations- und Unterhaltungsangebot es zunehmend erschwert, Aufmerksamkeit für politische Inhalte zu erzielen. Dies führt gewöhnlich zu einer Verkürzung des öffentlichen Diskurses, indem sich dessen Teilnehmer gezwungen sehen, ihre Botschaften möglichst einfach, knapp und pointiert zu formulieren.[542] Anstelle einer nüchtern-distanzierten Formensprache sind demnach Zuspitzungen und weitere rhetorische Mittel wie etwa Metaphern und Wortspiele angezeigt. Zudem erweist sich die Kommunikation über konventionelle Druckerzeugnisse wie auch über digitale Kanäle als besonders effektiv, wenn Texte mit Bildern kombiniert werden, die Assoziationen und Emotionen erzeugen und so länger im Gedächtnis der Rezipienten verhaftet bleiben.[543] Neben der Visualisierung bildet schließlich auch die Personalisierung ein wichtiges publizistisches Mittel zur Erregung von Aufmerksamkeit. Vielfach weckt sie erst das Interesse an Problemen und begründet den Wunsch nach mehr Informationen.[544] Ist der Regierung an einer erfolgreichen Vermittlung ihrer politischen Inhalte gelegen, darf sie sich diesen Formen moderner Massenkommunikation nicht verschließen und sich mit herkömmlichen „amtlichen Verlautbarungen" begnügen.[545] Vielmehr muss sie sich um eine „kreative Verpackung" ihrer

---

540 Siehe hierzu auch die pointierte Einschätzung von *Hufen*, LKRZ 2007, S. 41 (44): „Information darf nach dem Urteil des BVerfG vor allem keinen Spaß machen."

541 Siehe etwa RhPfVerfGH, NVwZ 2007, S. 200 (201).

542 Vgl. statt vieler *Depenheuer*, Selbstdarstellung der Politik, S. 81 ff.; *Köhler/Schuster*, in: dies. (Hrsg.), Handbuch Regierungs-PR, S. 13 (26 f.).

543 *Rußmann*, in: Raupp/Kocks/Murphy (Hrsg.), Regierungskommunikation und staatliche Öffentlichkeitsarbeit, S. 167 (178); vgl. indessen *Vierhaus*, Umweltbewußtsein von oben, S. 495 ff., der wohl in Unkenntnis moderner Kommunikationsmechanismen fordert, dass die regierungsamtliche Öffentlichkeitsarbeit auf Lichtbilder und umfangreiche Graphiken verzichten müsse, um einen „Propagandaeffekt" zu verhindern.

544 BVerfGE 101, 361 (390); siehe hierzu eingehend auch *Jun*, in: Jäckel/Jun (Hrsg.), Wandel und Kontinuität der politischen Kommunikation, S. 17 (33 ff.).

545 Vgl. besonders prägnant auch *Depenheuer*, Selbstdarstellung der Politik, S. 88: „Auch staatliche Öffentlichkeitsarbeit muß sich in diesem kommunikativen Umfeld bewähren, auf der Klaviatur der Mediengesellschaft spielen [...]. Wer diese Konsequenz für die Formen amtlicher Öffentlichkeitsarbeit ablehnt und

Mitteilungen bemühen, um die Bürger angesichts des allgemeinen medialen Trends zur Boulevardisierung[546] noch zu erreichen.[547]

Die notwendige Anpassung der regierungsamtlichen Öffentlichkeitsarbeit an die veränderten medialen Ansprüche hat derweil zur Folge, dass in der Praxis keine präzise Grenzziehung zwischen reinen Informationen einerseits sowie werbenden oder unterhaltenden Beiträgen andererseits möglich ist. Erst recht lässt sich der Informationsgehalt nicht so klar gewichten, wie es die Rechtsprechung verlangt.[548] Überzeugender ist es insoweit, die „reklamehafte Aufmachung" und den „Unterhaltungscharakter" als politische Stilfrage zu verstehen,[549] nicht aber als juristisches Kriterium zur Ermittlung einer verbotenen Partei- oder Wahlwerbung. Letztlich darf sich die Regierung zur Darstellung ihrer Politik einer einprägsamen verbalen und visuellen Rhetorik bedienen. Dementsprechend verwehrt ihr das parteipolitische Neutralitätsgebot auch keinesfalls die Nutzung sozialer Netzwerke wie Instagram oder Twitter, um beispielsweise ihre In- und Auslandsreisen mit eingängigen Bildern von militärischen Empfängen, Festbanketten oder Konvoifahrten zu dokumentieren. Stets erforderlich ist indessen ein hinreichender inhaltlicher Bezug zur Regierungsarbeit. Damit sind insbesondere kommunikative Beiträge unzulässig, die ausschließlich Freizeitaktivitäten oder private Interessen der Kabinettsmitglieder thematisieren, ohne dass aus Sicht eines verständigen Bürgers ein Zusammenhang mit politischen Sachfragen besteht. Ein solches Informationshandeln dient nicht mehr dazu, die Bevölkerung mit der Regierungspolitik vertraut zu machen, sondern betreibt allein Sympathiewerbung für die hinter den Regierungsämtern stehenden Privatpersonen.[550]

---

ihre verfassungsrechtliche Zulässigkeit bestreitet, muß sich darüber im klaren sein, daß er den demokratischen Diskurs im Ergebnis auf die politische Elite beschränken, er die Masse des Volkes überhaupt nicht mehr mit politischen Problemen erreichen würde."

546 Vgl. dazu näher *Ballensiefen*, Bilder machen Sieger – Sieger machen Bilder, S. 171 f.; *Leidenberger*, Boulevardisierung von Fernsehnachrichten, S. 86 ff.

547 Dies anerkennend auch RhPfVerfGH, NVwZ 2007, S. 200 (201).

548 Kritisch gegenüber den vom Bundesverfassungsgericht entwickelten Kriterien auch *Meyer*, in: Isensee/Kirchhof (Hrsg.), HStR III, § 46 Rn. 24: „Statt einen gordischen Knoten zu zerschlagen, hat es ihn dabei eher eng geknüpft; für diffizile Unterscheidungen, wie sie das Gericht verlangt, geht in der Hitze des Wahlkampfs der Sinn notwendigerweise verloren."

549 So auch das Sondervotum *Rottmanns* in BVerfGE 44, 125 (192).

550 Tendenziell ähnlich *Müller-Franken*, AfP 2016, S. 301 (308).

d) Verbot von Ausgrenzungen

Will die Regierung im Kampf um öffentliche Aufmerksamkeit bestehen, darf sie bei der Bewertung oppositioneller politischer Positionen ebenso wenig auf eindringliche und zugespitzte Formulierungen verzichten wie bei der Darstellung ihrer bisherigen Maßnahmen und künftigen Vorhaben.[551] Gleichwohl versagt ihr das Neutralitätsgebot grundsätzlich Stellungnahmen, durch die bestimmte Parteien unmittelbar herabgesetzt oder in sonstiger Hinsicht ausgegrenzt werden.

aa) Keine unmittelbaren Diffamierungen

Für die Regierung folgt aus einem Erst-recht-Schluss, dass sie sich nicht auf eine Art und Weise äußern darf, die bereits Privaten untersagt ist.[552] Deren Recht auf freie Meinungsäußerung muss zurückstehen, wenn schutzwürdige Interessen eines anderen von höherem Rang durch die Betätigung der Meinungsfreiheit verletzt würden. Ob solche überwiegenden Interessen anderer vorliegen, ist wiederum aufgrund aller Umstände des Falles zu ermitteln.[553] Sofern es dabei um eine Auseinandersetzung in einer die Öffentlichkeit wesentlich berührenden Frage geht, greift eine Vermutung zu Gunsten der freien Rede ein.[554] Dies lässt sich damit begründen, dass bei öffentlichen Reden nicht allein Individualinteressen kollidieren, zwischen denen dann im Rahmen der gesetzlich getroffenen Konfliktlösung abzuwägen ist. Vielmehr tritt das überindividuelle Interesse an einer offenen Kommunikation hinzu, die für die freiheitliche Demokratie schlechthin konstituierend ist. Die Maßstäbe für die Zulässigkeit öffentlicher Äußerungen dürfen demnach nicht so restriktiv formuliert sein, dass sie einen „chilling effect" hervorrufen und zur Folge haben, dass aus Furcht vor Sanktionen Stellungnahmen unterbleiben, die den Meinungsbildungspro-

---

551 Mit Blick auf die regierungsamtliche Bewertung politischer Parteien ebenso *Barczak*, NVwZ 2015, S. 1014 (1018); SaarlVerfGH, Urt. v. 8.7.2014 – Lv 5/14 –, juris Rn. 42 ff.; a.A. *Eder*, „Rote Karte" gegen „Spinner"?, S. 179 f., der hier für „Aussagen in nüchterner Form" plädiert, diese Vorgabe für die Rechtspraxis aber nicht näher handhabbar macht.
552 So auch *Gröpl/Zembruski*, JA 2016, S. 268 (275).
553 BVerfGE 7, 198 (209 f.).
554 BVerfGE 7, 198 (212).

zess fördern.[555] Indessen begründet die Vermutungsregel keinesfalls einen absoluten Vorrang der Meinungsfreiheit, sondern lässt bei der Abwägung mit entgegenstehenden Rechtsgütern auch ein anderes Ergebnis zu. Namentlich überwiegt der Ehrenschutz, wenn sich eine Äußerung als Formalbeleidigung oder Schmähung erweist. Freilich ist dies nicht bereits bei jeder überzogenen oder gar ausfälligen Kritik der Fall. Stattdessen ist nach ständiger verfassungsgerichtlicher Rechtsprechung erforderlich, dass bei einer Äußerung „nicht mehr die Auseinandersetzung in der Sache, sondern die Diffamierung der Person im Vordergrund steht."[556]

Es stellt sich nun die Frage, ob sich die soeben skizzierten Grenzen der Meinungsfreiheit ohne weiteres in die regierungsamtliche Sphäre transferieren lassen oder ob für die Inanspruchnahme einer staatlichen Äußerungskompetenz ein strengerer Maßstab gelten muss. Zur Lösung dieses Problems ist der Effekt der erwähnten Zulässigkeitsvermutung näher in den Blick zu nehmen: Während sie bei öffentlichen Stellungnahmen von Grundrechtsträgern einem für die Demokratie schädlichen „chilling effect" vorbeugt, hätte ihre Übertragung auf amtliche Äußerungen gerade das Gegenteil zur Folge. So mancher Bürger könnte vor einer Teilnahme am politischen Diskurs zurückschrecken, falls er damit rechnen müsste, dass staatliche Organe auf die Preisgabe seiner Überzeugungen mit diskreditierenden Kommentaren reagierten. Eine solche Schmähkritik wöge besonders schwer, weil die staatlichen Akteure als Verfechter des Gemeinwohls eine herausgehobene Position in der öffentlichen Auseinandersetzung beanspruchen und gerade nicht mit den gesellschaftlichen Kräften „auf Augenhöhe" kommunizieren.[557] Je weiter man also die amtlichen Äußerungsbefugnisse gegenüber Parteien und sonstigen politischen Gruppen fasst, desto eher besteht die Möglichkeit, dass neue politische Strömungen versiegen, bevor sie sich gesellschaftlich etablieren können. Die Regierung muss sich vor diesem Hintergrund jeglicher Aussagen mit un-

---

555 Vgl. hierzu ausführlich *Grimm*, NJW 1995, S. 1697 (1701 ff.), der in seine instruktive Analyse auch die Rechtsprechung des Supreme Court der Vereinigten Staaten einbezieht.

556 BVerfGE 82, 272 (283 f.); 93, 266 (294); aus der Vielzahl kritischer Stimmen im Schrifttum, die für einen stärkeren Schutz der Ehre plädieren, vgl. namentlich *Kriele*, NJW 1994, S. 1897 ff.; *Mackeprang*, Ehrenschutz im Verfassungsstaat, S. 131 ff. und passim; *Schmitt Glaeser*, NJW 1996, S. 873 (874 ff.); *Starck*, Freiheit und Institutionen, S. 340 ff.

557 Siehe oben C. V. 2. c) cc).

mittelbar herabwürdigendem Charakter enthalten.[558] Im Interesse eines freien und offenen Diskurses können ihre Stellungnahmen anders als private Meinungskundgaben auch nicht von einer äußerungsfreundlichen Auslegung profitieren, die im Fall verschiedener Interpretationsmöglichkeiten die mildeste Deutungsvariante zugrunde legt.[559]

Mit Blick auf den zulässigen Grad an Polemik ist die regierungsamtliche Öffentlichkeitsarbeit nach alldem einem strengeren Zulässigkeitsmaßstab unterworfen als private Meinungsäußerungen.[560] Das heißt nicht, dass sich die Regierung scharfe Attacken der Opposition gefallen lassen muss und deren Positionen nicht kritisch bewerten darf.[561] Ihre Stellungnahmen verstoßen allerdings gegen das parteipolitische Neutralitätsgebot, wenn nach dem objektiven Empfängerhorizont nicht mehr die argumentative Bereicherung des öffentlichen Diskurses, sondern die bloße Herabsetzung eines Gegners im Fokus steht. Dies gilt namentlich für negative Werturteile, die einer hinreichenden sachlichen Begründung entbehren. Ebenso liegt eine unzulässige Diffamierung nahe, wenn die Regierung über einen längeren Zeitraum das Für und Wider des Verbots einer bestimmten Partei öffentlich diskutiert und so den schwerwiegenden Vorwurf der Verfassungswidrigkeit nährt, währenddessen jedoch keinen Verbotsantrag beim Bundesverfassungsgericht stellt.[562]

bb) Keine gezielten Appelle zu Lasten bestimmter Parteien

Das parteipolitische Neutralitätsgebot schließt nicht allein Stellungnahmen mit unmittelbar herabsetzendem Charakter aus. Vielmehr untersagt es der Regierung auch sonstige Äußerungen, die den geistigen Meinungskampf beeinflussen, indem sie politische Parteien gezielt ausgrenzen und bekämpfen. Unzulässig sind demnach regierungsamtliche Mahnungen,

---

558 Vgl. zu einem solchen Diffamierungsverbot auch BVerfGE 44, 125, (149 f.); 148, 11 (30 f.); BVerwGE 159, 327 (336).

559 Siehe zur meinungsfreundlichen Auslegung mehrdeutiger privater Aussagen insbesondere *Starck/Paulus*, in: v. Mangoldt/Klein/ Starck (Hrsg.), GG I, Art. 5 Rn. 311 m.w.N.

560 Wohl a.A. *Wieland*, in: Krüper (Hrsg.), FS Morlok, S. 533 (548 f.), der „Waffengleichheit" in der politischen Auseinandersetzung fordert.

561 Vgl. bereits oben C. III. 3.

562 Vgl. auch BVerfGE 133, 100 (108); 138, 102 (116), wonach staatliche Stellen die Debatte um ein Parteiverbot stets entscheidungsorientiert führen müssen; ähnlich *Eder*, „Rote Karte" gegen „Spinner"?, S. 179.

einer bestimmten Partei die Unterstützung zu versagen und sie insbesondere nicht zu wählen.[563] Gleiches gilt erst recht für Demonstrationsaufrufe gegen eine Partei oder deren Veranstaltungen.[564] Bei derartigen Appellen beschränkt sich die Regierung nicht mehr nur auf Informationen und kritische Wertungen, anhand derer sich die Bürger selbst ein Urteil bilden können. Stattdessen zielt sie unmittelbar auf eine Lenkung des gesellschaftlichen Meinungs- und Willensbildungsprozesses. Die nachteiligen Konsequenzen für die in Rede stehende Partei sind dabei intendiert und nicht bloß mittelbare Folge des amtlichen Handelns. Letztlich gibt die Regierung auf diese Weise ihre Neutralität auf und wird selbst Partei.

Umstritten ist indes, inwiefern die verfassungsrechtliche Entscheidung für eine wehrhafte Demokratie[565] Ausnahmen von den soeben erläuterten Grundsätzen erfordert. So wird teilweise vertreten, dass staatlichen Akteuren zum Schutz der freiheitlich-demokratischen Grundordnung mehr gestattet sei, als dies ansonsten der Fälle wäre.[566] Dem kann nur insoweit gefolgt werden, als die Regierung durchaus über extremistische Tendenzen einer Partei aufklären und diese auch öffentlich als „verfassungsfeindlich" bezeichnen darf, sofern die entsprechenden Tatsachenbehauptungen zutreffen und das Werturteil nachvollziehbar begründet ist.[567] Das Prinzip der wehrhaften Demokratie erteilt der Regierung darüber hinaus jedoch keine *carte blanche*, mit der sich pauschal schwerwiegende Eingriffe in subjektive Rechtspositionen von verfassungsfeindlichen, aber nicht verbotenen Parteien rechtfertigen lassen.[568] Vor allem modifiziert es die Befugnis zur Öffentlichkeitsarbeit nicht dergestalt, dass die Regierung mittels Boykottaufrufen aktiv am politischen Wettbewerb teilnehmen und als Kontra-

---

563 Vgl. zum Verbot negativer Wahlempfehlungen auch RhPfVerfGH, LKRZ 2014, S. 463 (464).

564 Hierzu überzeugend ThürVerfGH, ThürVBl. 2015, S. 295 (298 f.); s.a. *Barczak*, NVwZ 2015, S. 1014 (1019).

565 Siehe oben C. II. 1.

566 *Möstl*, in: Uhle (Hrsg.), Information und Einflussnahme, S. 49 (76 f.); ähnlich das Sondervotum des Richters *Bayer* in ThürVerfGH, ThürVBl. 2015, S. 295 (299 ff.).

567 Vgl. dementsprechend auch BVerfGE 133, 100 (108); 138, 102 (116), wonach es der Regierung verwehrt ist, „eine nicht verbotene politische Partei in der Öffentlichkeit nachhaltig verfassungswidriger Zielsetzung und Betätigung zu verdächtigen, wenn ein solches Vorgehen bei verständiger Würdigung der das Grundgesetz beherrschenden Gedanken nicht mehr verständlich ist und sich daher der Schluss aufdrängt, dass es auf sachfremden Erwägungen beruht."

568 Ähnlich ThürVerfGH, ThürVBl. 2016, S. 273 (278).

hentin bestimmter Parteien auftreten darf.[569] Ein solches Vorgehen könnte die innere Distanzierung mancher Bürger gegenüber dem demokratischen System nur fördern und ihre Neigung zur Stimmenthaltung oder gar zur Protestwahl stärken. Damit droht es schlimmstenfalls jene politische Radikalisierung zu begünstigen, die es eigentlich bekämpfen will.[570] Vor diesem Hintergrund darf die Regierung zwar allgemein zu bürgerlichem Engagement für die freiheitliche Demokratie auffordern und dabei auch auf gesellschaftliche Initiativen aufmerksam machen. Es muss dann aber gewährleistet sein, dass diese Appelle nicht unmittelbar auf eine bestimmte Partei oder deren Veranstaltungen zielen.[571]

e) Gebot äußerster Zurückhaltung in der Vorwahlzeit?

Nach nahezu einheitlicher Auffassung unterliegt die regierungsamtliche Öffentlichkeitsarbeit im unmittelbaren Vorfeld der Wahl einem Gebot äußerster Zurückhaltung. Dessen inhaltliche Reichweite ist in Literatur und Rechtsprechung freilich ebenso umstritten wie die Bestimmung des Stichtags, ab dem die Vorwahlzeit beginnen soll. Im Folgenden wird das derzeitige Meinungsspektrum zunächst im Überblick dargestellt und anschließend einer grundsätzlichen Kritik unterzogen.

aa) Derzeitige Standpunkte in Rechtsprechung und Schrifttum

Unterrichtet die Regierung im Rahmen ihrer Öffentlichkeitsarbeit die Bürger über ihre Leistungen und Erfolge, profitieren hiervon gewöhnlich die sie tragenden Parteien.[572] Auf diesen Effekt verwies das Bundesverfassungsgericht bereits in seinem Grundsatzurteil vom 3. März 1977. Es stufte ihn als verfassungsrechtlich unbedenklich ein, solange das regierungsamtliche Informationshandeln „nicht in unmittelbarer zeitlicher Beziehung zu einer bevorstehenden Wahl steht."[573] Je näher es aber an den Beginn der „heißen Phase des Wahlkampfes" heranrücke, desto weniger könnten sei-

---

569 ThürVerfGH, ThürVBl. 2015, S. 295 (299); zustimmend *Eder*, „Rote Karte" gegen „Spinner"?, S. 167 f.
570 *Hillgruber*, JZ 2016, S. 495 (497).
571 Ebenso ThürVerfGH, ThürVBl. 2015, S. 295 (299).
572 Siehe oben C. V. 2. c) cc).
573 BVerfGE 44, 125 (151 f.).

ne Auswirkungen auf das Wahlergebnis ausgeschlossen werden.[574] Die Aufgabe und Kompetenz der Regierung, die Bevölkerung über zurückliegende politische Tatbestände, Vorgänge und Leistungen zu informieren, trete dann zunehmend hinter das Gebot zurück, die Willensbildung des Volkes vor den Wahlen nach Möglichkeit von staatlicher Einflussnahme freizuhalten. Dementsprechend sei die Regierung in der Vorwahlzeit zu umfassender Zurückhaltung verpflichtet und müsse insbesondere auf jegliche mit Haushaltsmitteln betriebene Öffentlichkeitsarbeit in Form von Arbeits-, Leistungs- und Erfolgsberichten verzichten. Davon unberührt blieben nur „wettbewerbsneutrale" Veröffentlichungen, die aus akutem Anlass geboten seien. Das so skizzierte Gebot äußerster Zurückhaltung findet sich in der Folge auch in der landesverfassungsgerichtlichen Judikatur wieder,[575] die es freilich nicht mehr bloß bei einer kostenintensiven Selbstdarstellung der Regierung heranzieht. Vielmehr überträgt sie den Kerngedanken auch auf amtliche Stellungnahmen zu bestimmten Parteien, indem sie hier in der Vorzahlzeit einen besonders strengen Rechtmäßigkeitsmaßstab zugrunde legt.[576] Schließlich teilt auch das Schrifttum im Wesentlichen die Vorstellung, dass sich die parteipolitische Neutralitätspflicht der Regierung im Verhältnis zur zeitlichen Nähe des Wahltermins graduell verschärft.[577] Insoweit können regierungsamtliche Äußerungen, die zu anderer Zeit zulässig wären, im unmittelbaren Vorfeld der Wahl unzulässig sein. Von dieser gesteigerten Neutralitätsverpflichtung befreit ein Teil der Literatur indessen die regierungsamtliche Öffentlichkeitsarbeit im Internet, weil sie dem Bürger nicht aufgedrängt werde, sondern von diesem selbst aufgesucht werden müsse.[578] Vereinzelt werden unter Hinweis auf die größere Spontaneität auch mündliche Äußerungen von den rigiden

---

574 Vgl. hierzu und zum Folgenden BVerfGE 44, 125 (152 f.).

575 Siehe hierzu etwa RhPfVerfGH, NVwZ 2007, S. 200 (202); SaarlVerfGH, LKRZ 2010, S. 376 (378 f.).

576 RhPfVerfGH, LKRZ 2014, S. 463 (464); ThürVerfGH, ThürVBl. 2015, S. 295 (298).

577 Für die Vielzahl der Stimmen, die der verfassungsgerichtlichen Rechtsprechung folgen, vgl. stellvertretend *Barczak*, NVwZ 2015, S. 1014 (1019); *Gusy*, NVwZ 2015, S. 700 (703 f.); *Kliegel*, in: Scheffczyk/Wolter (Hrsg.), Linien der Rechtsprechung, S. 413 (436 f.); *Nellesen*, Äußerungsrechte staatlicher Funktionsträger, S. 234 f.; *Studenroth*, AöR 125 (2000), S. 257 (270 f.).

578 *Mandelartz/Grotelüschen*, NVwZ 2004, S. 647 (650); zustimmend *Hufen*, LKRZ 2007, S. 41 (47).

Grenzen der Vorwahlzeit ausgenommen.[579] Demgegenüber verstehen einige Stimmen im Schrifttum das Gebot äußerster Zurückhaltung tendenziell restriktiver als die Rechtsprechung. So wird etwa mit Blick auf die „heiße Wahlkampfphase" gefordert, die Öffentlichkeitsarbeit der Regierung bis auf Fälle des offenbaren Notstands strikt zu untersagen[580] und insbesondere amtliche Aktivitäten in sozialen Netzwerken gänzlich einzustellen.[581]

Ein genaues Datum, ab dem das Gebot äußerster Zurückhaltung gelten soll, wollte das Bundesverfassungsgericht in seinem Urteil von 1977 zunächst nicht nennen. Als „Orientierungspunkt" gab es bloß exemplarisch den Moment an, in dem der Bundespräsident nach § 16 BWahlG den Wahltag festsetzt.[582] Gewöhnlich geschieht dies mehrere Monate vor dem Wahltermin, sofern die Wahlperiode im Normalfall nach vier Jahren abläuft.[583] Die Bestimmung des Wahltags übernimmt nun wiederum ein Teil des Schrifttums als festen Stichtag, um den Beginn der Vorwahlzeit für die Bundestagswahl zu ermitteln.[584] Freilich lässt sich dieser Ansatz nicht auf Landtagswahlen übertragen, wenn nach dem jeweiligen Landesrecht[585] die Regierung den Wahltermin festlegt und so selbst über die zeitliche Dauer ihrer gesteigerten Neutralitätsverpflichtung disponieren kann. Hier wird dann überwiegend vertreten, die „heiße Phase" bei Landtagswahlen auf einen Zeitraum von drei Monaten vor dem Wahltag zu erstrecken.[586]

---

579 *Mandelartz*, DÖV 2009, S. 509 (511 f.); ähnlich *Dişçi*, Der Grundsatz politischer Neutralität, S. 228 f.; kritisch *Kliegel*, in: Scheffczyk/Wolter (Hrsg.), Linien der Rechtsprechung, S. 413 (425 Fn. 40), der auf die übliche Autorisierungspraxis bei Presseinterviews verweist und überdies zu Bedenken gibt, dass sich ein Amtswalter besonders bei negativen Werturteilen über bestimmte Parteien sehr wohl der Wirkung seiner Äußerungen bewusst sei.

580 *Meyer*, in: Isensee/Kirchhof (Hrsg.), HStR III, § 46 Rn. 24; ebenso *Roth*, in: Umbach/Clemens (Hrsg.), GG II, Art. 38 Rn. 53; *Sacksofsky*, in: Morlok/Schliesky/Wiefelspütz (Hrsg.), Parlamentsrecht, § 6 Rn. 49.

581 *Friehe*, in: Uhle (Hrsg.), Information und Einflussnahme, S. 81 (108 f.).

582 BVerfGE 44, 125 (153); vgl. überdies BVerfGE 63, 230 (244).

583 *Hahlen*, in: Schreiber (Hrsg.), BWahlG, § 16 Rn. 2.

584 Vgl. namentlich die Interpretation bei *Barczak*, NVwZ 2015, S. 1014 (1019); s.a. bereits *Zuck*, ZRP 1977, S. 144 (147).

585 Siehe exemplarisch Art. 20 S. 1 LWahlG Bayern, § 19 S. 1 LWahlG BW, § 7 I LWahlG NW und § 25 II 1 LWahlG RP.

586 SaarlVerfGH, LKRZ 2010, S. 376 (379); zustimmend *Barczak*, NVwZ 2015, S. 1014 (1019); *Nellesen*, Äußerungsrechte staatlicher Funktionsträger, S. 234; a.A. *Mandelartz*, LKRZ 2010, S. 371 (373), dem zufolge eine Frist von fünf Monaten auf Bundes- und Landesebene zu beachten ist; ihm folgend *Dişçi*, Der Grundsatz politischer Neutralität, S. 224; vgl. darüber hinaus *Friehe*, in: Uhle (Hrsg.), Information und Einflussnahme, S. 81 (109), der die „heiße Wahl-

Schließlich sind sich Rechtsprechung und Schrifttum heute weitgehend einig, dass das Gebot äußerster Zurückhaltung nur auf der staatlichen Ebene Anwendung finde, auf der tatsächlich eine Wahl anstehe.[587] Dementsprechend sei etwa die Bundesregierung im unmittelbaren Vorfeld von Landtags- oder Kommunalwahlen nicht an verschärfte Neutralitätspflichten gebunden. Andernfalls blieben angesichts des Umstands, dass in der Bundesrepublik fast permanent auf irgendeiner staatlichen Ebene Wahlkampf herrsche, nur wenige „wahlfreie Zeitkorridore" übrig, in denen eine Regierung ausführlich über ihre bisherigen politischen Maßnahmen und künftigen Vorhaben informieren und sich oppositioneller Kritik erwehren könnte.[588] Es bestände insofern die Gefahr einer „unverhältnismäßigen, weil dauerhaften Beschränkung" regierungsamtlicher Öffentlichkeitsarbeit.[589]

bb) Grundsätzliche Kritik

Versteht man das soeben skizzierte Gebot äußerster Zurückhaltung nicht einfach als nahezu vollständiges Verbot regierungsamtlicher Öffentlichkeitsarbeit in der Vorwahlzeit, stellt sich die Frage nach seiner praktischen Handhabung. So ist problematisch, inwieweit die vorliegend erörterten Ausprägungen des parteipolitischen Neutralitätsgebots überhaupt einer Verschärfung zugänglich sind. Das Wahrheitsgebot[590] sowie das Identifikationsverbot[591] sind jedenfalls nicht in gesteigerter Form vorstellbar. Etwas anderes könnte für das Verbot von Diffamierungen und gezielten Ausgrenzungen[592] gelten. Hier wäre eine Pflicht der Regierung denkbar, ab Beginn der Vorwahlzeit auf pointierte Kritik an parteipolitischen Programmen gänzlich zu verzichten. Eine solche verschärfte Anforderung an die Rechtmäßigkeit regierungsamtlicher Öffentlichkeitsarbeit erscheint allerdings

---

kampfhase" für die amtliche Öffentlichkeitsarbeit im Internet einheitlich auf sechs Wochen bemisst und sich bei diesem Richtwert an der Sondernutzung öffentlichen Straßenraums für Wahlplakate orientiert.

587 Vgl. vor allem RhPfVerfGH, NVwZ 2007, S. 200 (202); *Friehe*, in: Uhle (Hrsg.), Information und Einflussnahme, S. 81 (109 f.); *Hufen*, LKRZ 2007, S. 41 (46 f.); eher kritisch zu dieser Restriktion *Kerssenbrock*, NordÖR 2008, S. 58 (60 f.).
588 *Hufen*, LKRZ 2007, S. 41 (46).
589 RhPfVerfGH, NVwZ 2007, S. 200 (202).
590 Vgl. oben C. V. 3. a).
591 Vgl. oben C. V. 3. b).
592 Vgl. oben C. V. 3. d).

insofern zweifelhaft, als die politische Meinungs- und Willensbildung des Volkes einen permanenten Prozess darstellt, an dem die Parteien fortlaufend beteiligt sind.[593] Ihre Auseinandersetzung mag zwar in zeitlicher Nähe zu Wahlen ihren Höhepunkt finden, kennt darüber hinaus aber keine Ruhepausen. Vielmehr ringen die Parteien auch außerhalb der Vorwahlzeit um die Unterstützung und Zustimmung der Bürger, wobei sich teils heftige gesellschaftliche Debatten entzünden. Nimmt nun die Regierung an diesem alltäglichen öffentlichen Diskurs teil und attackiert oppositionelle Parteien, können ihre Stellungnahmen nachwirken und noch geraume Zeit später die Wahlentscheidung des Volkes beeinflussen. Insoweit rechnet die pluralistische Parteiendemokratie mit einem „langen" und guten Gedächtnis der mündigen Bürger, deren politische Aufmerksamkeit nicht erst ein paar Monate vor der Wahl erwacht.[594] Mit diesem Modell ist ein gesonderter Prüfungsmaßstab für die Vorwahlzeit unvereinbar, zumal er auch die Gefahr in sich birgt, dass die Regierung ihre Kritik an oppositionellen Programmen auf die Zeit vor der „heißen Wahlkampfphase" verlagert und dann umso massiver gegen politische Gegner vorgeht.

Selbst wenn man unterstellt, dass die regierungsamtliche Öffentlichkeitsarbeit während der Vorwahlzeit in gesteigertem Maße den parteipolitischen Wettbewerb beeinflusst, ist dieser Effekt nicht stark genug, um erhebliche Beschränkungen oder gar ein weitgehendes Verbot der Regierungskommunikation für mehrere Monate zu rechtfertigen. Ganz im Gegenteil gilt es zu bedenken, dass die Bürger zum Ende einer Legislaturperiode ein herausgehobenes Interesse an politischen Inhalten haben. So können sie ihre Wahlentscheidung nur sinnvoll treffen, wenn sie sich zuvor über die vielfältigen Partei- und Wahlprogramme informiert und sich zugleich ein Bild darüber verschafft haben, wie erfolgreich die Regierungskonzepte in der Vergangenheit funktioniert haben. Daher ist die Regierung gerade im Vorfeld der Wahl angehalten, ihr Programm sowie bisherige Umsetzungsmaßnahmen offenzulegen und zu begründen. Demgegenüber hätte ein umfangreiches Informationsverbot zur Folge, dass den oppositionellen Kräften, die der Bevölkerung Fehlentscheidungen und Irrtümer der Regierung aufzeigen möchten, der „Rohstoff der Kritik vorenthalten" würde.[595] Ihr erklärtes Ziel, möglichst rasch einen Machtwechsel herbeizuführen, kann die Opposition gemeinhin nur in konfliktreichen

---

593 Vgl. ausführlich oben B. III. 1. b).
594 *Häberle*, JZ 1977, S. 361 (367).
595 *Faber*, Innere Geistesfreiheit und suggestive Beeinflussung, S. 88.

politischen Auseinandersetzungen erreichen,[596] wofür wiederum eine permanente und pointierte Öffentlichkeitsarbeit der Regierung eine wesentliche Grundlage bildet.[597]

VI. Zusammenfassung

Staatliche Akteure sind auf vielfältige Weise am politischen Diskurs beteiligt. So unterrichten sie die Bevölkerung nicht nur über ihre vergangenen, gegenwärtigen sowie zukünftigen Tätigkeiten und Ziele, sondern klären sie auch über gesellschaftlich bedeutsame Ereignisse auf, womit in aller Regel mehr oder weniger direkte Appelle einhergehen. Die derart umschriebene Öffentlichkeitsarbeit ist zwar aus freiheitlich-demokratischer wie auch aus rechts- und sozialstaatlicher Sicht durchaus geboten, muss aber wie jedes staatliche Handeln die Zuständigkeitsordnung wahren. Dabei kann sich die Bundesregierung auf ihre allgemeine Kompetenz zur Staatsleitung stützen. Einer besonderen gesetzlichen Ermächtigungsgrundlage bedarf sie darüber hinaus nicht. Die Äußerungsbefugnisse der einzelnen Bundesminister sind freilich auf ihren jeweiligen Geschäftsbereich beschränkt, während dem Bundeskanzler aufgrund seiner Richtlinienkompetenz eine ressortübergreifende Befugnis zur Öffentlichkeitsarbeit zusteht. Unter Beachtung dieser innerorganschaftlichen Aufgabenverteilung dürfen sich die Mitglieder der Bundesregierung als solche zu allen bundespolitischen Maßnahmen und Vorhaben äußern. Eine öffentliche Auseinandersetzung mit staatlichen Programmen, die allein traditionelle Hausgüter der Länder betreffen, bleibt ihnen hingegen mangels Verbandskompetenz grundsätzlich verwehrt. Ferner dürfen sie über gesellschaftliche Geschehnisse nur dann aufklären und dabei Empfehlungen und Warnungen aussprechen, wenn ihre gesamtstaatliche Verantwortung aktiviert ist. Das ist namentlich der Fall, wenn politische Vorgänge erörtert werden, die wegen ihres Auslandsbezugs oder ihrer länderübergreifenden Bedeutung einen überregionalen Charakter aufweisen. Ein solches Gepräge fehlte zwar bei Kommentaren zu kommunalen Wählervereinigungen oder bloß lokal agierenden Interessengruppen, wäre jedoch bei der Diskussion von parteipolitischen Programmen und Konzepten zu Bundesangelegenheiten vorhanden. Bei Stellungnahmen zu reinen Landesparteien oder einzelnen

---

596 Zum politischen Streit als „Lebensluft der Opposition" vgl. *Schneider*, in: ders./Zeh (Hrsg.), Parlamentsrecht und Parlamentspraxis, § 38 Rn. 34.
597 Ebenso *F. Schürmann*, Öffentlichkeitsarbeit der Bundesregierung, S. 388.

Landesverbänden ließe sich die gesamtstaatliche Verantwortung zumindest insofern begründen, als diese Organisationen über eine von ihnen getragene Landesregierung im Bundesrat an der gesamtstaatlichen Gesetzgebung mitwirken könnten.

Innerhalb ihres Zuständigkeitsbereichs dürfen sich die Regierungsmitglieder nicht beliebig zu parteipolitischen Fragen äußern. Vielmehr ist ihnen versagt, sich zu Gunsten oder zu Lasten einer bestimmten Partei in den politischen Wettbewerb einzumischen. Dieses Neutralitätsgebot speist sich aus verschiedenen verfassungsrechtlichen Quellen. In objektiv-rechtlicher Hinsicht zählt hierzu die im Republikprinzip verankerte Gemeinwohlbindung staatlicher Organe: Als Institution der „res publica" muss die Regierung ein Mindestmaß an Distanz und Unabhängigkeit gegenüber den gesellschaftlichen Vereinigungen und namentlich den politischen Parteien wahren, da sie nur so in der Lage ist, Interessenkonflikte zu lösen und Entscheidungen zum Wohle aller zu treffen. Darüber hinaus stützt sich das Gebot parteipolitischer Neutralität auf den Grundsatz der Wahlfreiheit aus Art. 38 I 1 GG. Demgemäß muss der Akt der Stimmabgabe frei von amtlicher Beeinflussung bleiben, damit sich die politische Willensbildung vom Volk zum Staat und nicht umgekehrt vom Staat zum Volk vollzieht. Freilich erstreckt sich der Schutz des Art. 38 I 1 GG nur auf den Wahlakt und das kommunikative Vorfeld der Wahl. Lässt sich indes ein unmittelbarer funktionaler Zusammenhang mit einer Wahl nicht begründen, greift das Demokratieprinzip aus Art. 20 I, II GG ein. Es garantiert die Offenheit des gesellschaftlichen Willensbildungsprozesses, der zwar über keine eigene und vom Wahlakt unabhängige Legitimationswirkung verfügt, jedoch unabdingbare Voraussetzung für die demokratische Legitimationsfähigkeit der Volkswahl ist. Des Weiteren lässt sich das Neutralitätsgebot aus der Chancengleichheit der Parteien gewinnen, die ihren subjektiv-rechtlichen Kern in Art. 3 I i.V.m. Art. 21 I GG findet und sich im Kontext von Wahlen zugleich aus dem Grundsatz der Wahlgleichheit gem. Art. 38 I 1 GG herleitet. Hiernach darf die Regierung die vorgefundene Wettbewerbslage nicht beeinflussen, indem sie bestehende Unterschiede zwischen den Parteien nivelliert oder vergrößert. Eine derartige Einflussnahme ist nicht nur bei einer kostenintensiven Selbstdarstellung denkbar, sondern auch im Falle kostenneutraler mündlicher Äußerungen. Zu guter Letzt begründen auch die Kommunikationsgrundrechte aus Art. 5 I 1 Hs. 1 und Art. 8 I GG eine Pflicht zu (partei-)politischer Neutralität. So darf die Regierung, deren Stellungnahmen dank ihrer vermuteten Objektivität und Richtigkeit ein besonderes Vertrauen in der Bevölkerung genießen, Meinungen nicht derart massiv kritisieren, dass eine abschreckende Wirkung auf das künftige Kommunikationsverhalten der Grundrechtsträger entsteht. Dabei ist freilich unerheblich, ob eine Position von einer Partei oder von nicht parteigebundenen Bürgern und Gruppen vertreten wird.

Im Rahmen der Staatsleitung darf die Regierung zwar auf parteipolitische Konzepte zurückgreifen und so eine gewisse „Parteilichkeit" offenbaren, jedoch ist sie infolge ihrer Neutralität dazu verpflichtet, sich auch aufgeschlossen gegenüber Impulsen und Themen aus anderen gesellschaftlichen Kanälen zu zeigen. Daher darf sie sich nicht mit bestimmten Parteien identifizieren und offen oder versteckt für deren Unterstützung werben. Ferner muss sie in ihren politischen Stellungnahmen Tatsachen stets zutreffend wiedergeben. Bestehen über den Wahrheitsgehalt Unsicherheiten, müssen die Bürger darauf aufmerksam gemacht werden. Ein darüber hinausgehendes Gebot strenger Sachlichkeit, das etwa einen Verzicht auf zugespitzte Formulierungen und unterhaltende Elemente verlangt, existiert demgegenüber nicht. Vielmehr muss sich die Regierung um eine einprägsame verbale und visuelle Rhetorik bemühen, sofern sie die Bürger im heutigen Medienzeitalter noch erreichen möchte. Damit ist eine scharfe Auseinandersetzung mit politischen Parteien durchaus zulässig, sofern diese nicht unmittelbar herabgesetzt oder in sonstiger Weise gezielt ausgegrenzt werden. Ohne Relevanz ist schließlich der Zeitpunkt, zu dem eine regierungsamtliche Äußerung erfolgt. So gilt das parteipolitische Neutralitätsgebot sowohl inner- als auch außerhalb der „heißen Phase" des Wahlkampfs, ohne dass sich die soeben skizzierten Anforderungen ändern.

D. Die politische Kommunikation außerhalb des Regierungsamtes

Im Regelfall sind die Mitglieder der Regierung zugleich Parteifunktionäre und Inhaber eines parlamentarischen Mandats. Inwiefern sie in diesen zusätzlichen Rollen am parteipolitischen Meinungskampf teilnehmen dürfen, soll im Folgenden näher untersucht werden. Hierzu wird eingangs ein Blick auf die grundrechtlich geschützte Kommunikationsfreiheit geworfen, auf die sich die Kabinettsmitglieder in ihrer Eigenschaft als Parteipolitiker ebenso wie alle anderen Bürger berufen können. Dabei gilt es daran zu erinnern, dass die Differenzierung von amtlichen und privaten Äußerungen zu keiner künstlichen Aufspaltung einer einheitlichen natürlichen Person führt, sondern allein Rollen und Kommunikationen betrifft.[598] In einem weiteren Schritt werden die politischen Stellungnahmen auf Grundlage des freien Mandats erörtert, indem insbesondere die Unterschiede zur regierungsamtlichen Öffentlichkeitsarbeit aufgezeigt werden. Schließlich gilt es Kriterien zu entwickeln, anhand derer sich die verschiedenen Kommunikationsrollen praktisch voneinander abgrenzen lassen.

I. Die grundrechtliche Kommunikationsfreiheit

Nimmt ein Regierungsmitglied in seiner parteipolitischen Sphäre am gesellschaftlichen Diskurs teil, ist es nicht mehr an Kompetenznormen gebunden, sondern genießt den Schutz der einschlägigen Kommunikationsgrundrechte. Während sich demnach ein Minister in seiner regierungsamtlichen Funktion allein zu Gegenständen seines Ressorts äußern darf, stehen ihm als Parteipolitiker sämtliche Themenfelder offen. Außerhalb seines Amtsbereichs darf ein Gesundheitsminister beispielsweise Position zu außen- und verteidigungspolitischen Fragen beziehen oder die Verfassungsfeindlichkeit einer Partei zur Diskussion stellen. Umstritten ist indes, ob ein Regierungsmitglied in seiner Grundrechtssphäre gänzlich von der Neutralitätspflicht entbunden ist. So wird vereinzelt vertreten, dass die

---

598 RhPfVerfGH, LKRZ 2014, S. 463 (465) mit Verweis auf *Grimm*, in: Bender/ Maihofer/Vogel (Hrsg.), HVerfR, § 14 Rn. 20.

fragliche Amtspflicht derart auf den privaten Bereich ausstrahle, dass das Regierungsmitglied seine Meinung nicht wie jeder andere Bürger kundtun dürfe. Zwar stehe es ihm als Grundrechtsträger weiterhin frei, sich mit einer Partei zu identifizieren und zu ihrer Unterstützung aufzurufen. Allerdings sei er angesichts der enormen faktischen Wirkung seiner Äußerungen insoweit zu Neutralität verpflichtet, als bewusste Ausgrenzungen bestimmter Parteien sowie harte Angriffe auf die Opposition unterbleiben müssten.[599] Eine solche Auffassung erinnert in ihrer Grundlegung an die Mäßigungs- und Zurückhaltungspflichten gem. § 33 II BeamtStG und § 60 II BBG, die als allgemeine Gesetze i.S.d. Art. 5 II GG die Meinungsäußerungsfreiheit des Beamten einschränken. Dieser darf sich als Bürger und Grundrechtsträger durchaus parteipolitisch betätigen, hat dabei aber seine Rolle als Amtswalter nicht aus den Augen zu verlieren. Insoweit muss er stets besonnen, sachlich und unvoreingenommen auftreten,[600] womit dem politischen Stil und besonders der Wahl der Worte Grenzen gesetzt sind.[601] Freilich lässt sich der Leitgedanke dieses Mäßigungsgebots nicht ohne weiteres auf die Grundrechtssphäre der Regierungsmitglieder übertragen. So sollen die beamtenrechtlichen Regelungen der § 33 II BeamtStG und § 60 II BBG gewährleisten, dass die politische Neutralität der Amtsführung und das Vertrauen der Öffentlichkeit hierauf nicht gefährdet oder nur in Zweifel gezogen werden.[602] Die Neutralität der Beamtenschaft ist wiederum als Verpflichtung zu politischer Loyalität gegenüber der Regierung zu verstehen, deren Vorgaben umzusetzen sind, ohne dass Raum für eine abweichende eigene Gemeinwohlkonkretisierung besteht.[603] Hierbei werden parteipolitische Einflüsse durch formelle Gesetze, Rechtsverordnungen, Richtlinien sowie Einzelweisungen der demokratisch legitimierten Verwaltungsspitze „gefiltert".[604] Hingegen verfügen die Regierungsmitglieder bei ihren Amtsgeschäften teils über erhebliche politische Gestaltungsspielräume, die sie mit Hilfe von Parteiprogrammen und -konzepten ausfüllen. Ihre Amtsführung ist folglich unmittelbar parteipolitisch geprägt,[605] wodurch sie sich deutlich von der Beamtenschaft unterscheiden. Wenn den Regierungsmitgliedern aber schon innerhalb ihres Amtes ein

---

599 *Eder,* „Rote Karte" gegen „Spinner"?, S. 148 f.
600 *Kämmerling,* ZBR 2017, S. 289 (295); *Schmidt,* Beamtenrecht, Rn. 323.
601 BVerwG, Beschl. v. 16.7.2012 – 2 B 16.12 –, juris Rn. 11.
602 BVerwGE 84, 292 (294).
603 Vgl. oben B. II. 3. a).
604 So deutlich *Fehling,* Verwaltung zwischen Unparteilichkeit und Gestaltungsaufgabe, S. 247.
605 Vgl. oben B. III. 2. c) bb).

größerer Spielraum zugebilligt wird, muss dies auch außerhalb ihres Amtsbereichs und namentlich bei politischen Meinungsäußerungen der Fall sein. Dafür spricht im Übrigen, dass eine Beschränkung der Meinungsfreiheit in Form eines Mäßigungs- oder gar Neutralitätsgebots den politischen Wettbewerb zu Gunsten der Opposition beeinflusste.[606] Deren Spitzenpolitiker dürften etwa ihre Gegner mittels einer scharfen Rhetorik attackieren und die Bürger vor jeglicher Unterstützung der Regierungsparteien warnen, ohne dass es den Kabinettsmitgliedern erlaubt wäre, als Parteivertreter in gleicher Weise gegen Kontrahenten vorzugehen. Demnach wären die Regierungsparteien auf dem Feld politischer Auseinandersetzungen insofern benachteiligt, als sie nicht in vollem Umfang auf das Engagement ihrer mit Regierungsämtern betrauten Führungskader zählen könnten.[607] Eine solche Beeinträchtigung des Rechts auf Chancengleichheit ließe sich auch nicht mit einem bloßen Verweis darauf rechtfertigen, dass die Regierungsparteien gewöhnlich vom Amtsbonus „ihrer" Kabinettsmitglieder profitieren und so über einen faktischen Vorteil gegenüber oppositionellen Kräften verfügen. Es bleibt damit im Ergebnis festzuhalten, dass die Regierungsmitglieder in ihrer Rolle als Bürger umfassend von ihrem Recht auf freie Meinungsäußerung Gebrauch machen dürfen.[608] Insbesondere ist es ihnen überlassen, mit Hilfe öffentlicher Auftritte, Interviews oder Postings für die Wahl der „eigenen" Partei zu werben oder sich gegen die Wahl einer konkurrierenden Partei zu engagieren. Letzteres schließt Boykott- oder Demonstrationsaufrufe ebenso wie sonstige scharfe Attacken ein, solange das Gebot der Friedlichkeit[609] gewahrt ist und keine persönlichkeitsverletzende Schmähkritik[610] vorliegt.

II. Die Rolle als Abgeordneter

Die Frage, inwieweit das Regierungsmitglied in seiner Rolle als Abgeordneter am parteipolitischen Meinungskampf teilnehmen darf, hat in der

---

606 *Studenroth*, AöR 125 (2000), S. 257 (269 f.).
607 Vgl. insbesondere BVerfGE 138, 102 (117); 148, 11 (32); s.a. *Milker*, JA 2017, S. 647 (651); *Nellesen*, Äußerungsrechte staatlicher Funktionsträger, S. 76.
608 Klarstellend dazu RhPfVerfGH, LKRZ 2014, S. 463 (464 f.).
609 Ausführlich hierzu *Schmitt Glaeser*, Private Gewalt im politischen Meinungskampf, S. 224 ff.
610 Vgl. zum Verhältnis von Meinungsfreiheit und Ehrenschutz bereits oben C. V. 3. d) aa); siehe außerdem *Jestaedt*, in: Merten/Papier (Hrsg.), HGR IV, § 102 Rn. 84; *Seifert*, Die politischen Parteien, S. 421 ff.

Rechtswissenschaft bislang wenig Beachtung gefunden. Um dieser Thematik im Folgenden auf den Grund zu gehen, wird zunächst ein Blick auf die verfassungsrechtliche Zulässigkeit einer gleichzeitigen Mitgliedschaft im Bundestag und in der Bundesregierung geworfen. Sodann wird die „Scharnierfunktion" des Abgeordneten zwischen Staat und Gesellschaft näher erörtert, die eine Anwendung der herkömmlichen amtsrechtlichen Grundsätze so schwierig macht. Schließlich wird die Kommunikation auf Grundlage des freien Mandats untersucht, wobei es zu klären gilt, ob und inwiefern entweder eine inhaltliche Annäherung an die grundrechtlich gewährleistete Meinungsfreiheit besteht oder ein parteipolitisches Neutralitätsgebot Geltung beansprucht.

1. Die Vereinbarkeit von Regierungsamt und Abgeordnetenmandat

Die Möglichkeit, Regierungsamt und Abgeordnetenmandat gleichzeitig wahrzunehmen, ist in keiner grundgesetzlichen Norm explizit geregelt.[611] Gleichwohl entspricht es seit 70 Jahren der Staatspraxis, dass die Bundesregierung „Fleisch vom Fleische des Parlaments"[612] ist, da ihre Mitglieder gemeinhin aus den Reihen des Bundestags stammen und ihr Abgeordnetenmandat weiter innehaben und ausüben.[613] Indes ist die sog. Ministerkompatibilität[614] politisch wie verfassungsrechtlich nicht unumstritten. Dagegen wird zunächst eingewandt, dass das zum Fulltime-Job gewordene Mandat[615] ebenso wie das Regierungsamt mit einer sehr hohen Arbeitsbelastung einhergehe, die eine gleichzeitige Wahrnehmung beider Funktio-

---

611 Ebenso fehlt eine entsprechende Regelung in fast allen Landesverfassungen. Einzig Art. 108 I LVerf Bremen sowie Art. 39 I LVerf Hamburg ordnen im Sinne einer strengen Gewaltenteilung die Inkompatibilität von Senatsamt und Bürgerschaftsmandat ausdrücklich an.

612 *Meyer*, VVDStRL 33 (1975), S. 69 (86).

613 Beispielsweise haben aktuell zehn von sechzehn Mitgliedern der Bundesregierung ein Bundestagsmandat inne. Zur parlamentarischen Tradition vgl. auch *Epping*, in: v. Mangoldt/Klein/Starck (Hrsg.), GG II, Art. 66 Rn. 22 m.w.N.

614 Zur terminologischen Ungenauigkeit vgl. *Dittmann*, ZRP 1978, S. 52 Fn. 10, der darauf aufmerksam macht, dass der Begriff den umschriebenen Sachverhalt insoweit verkürzt, als von ihm auch die Kompatibilität von Kanzleramt und Abgeordnetenmandant erfasst wird.

615 Vgl. BVerfGE 40, 296 (313), wonach das Mandat den „ganzen Menschen" und damit „mehr als nur eine ehrenamtliche Nebentätigkeit" verlangt.

nen ausschließe.[616] Das Regierungsmitglied beschränke sich demnach bei seiner Bundestagstätigkeit auf die Stimmabgabe im Plenum, während es in den Ausschüssen, wo die eigentliche Sacharbeit des Parlaments stattfinde, nicht mitwirke.[617] Unabhängig von dieser faktischen Inkompatibilität verweist ein Teil des Schrifttums mit Nachdruck darauf, dass die Verbindung von Regierungsamt und Abgeordnetenmandat gravierend vom Grundsatz der Gewaltenteilung abweicht.[618] Dabei wird auf die Rechtsprechung des Bundesverfassungsgerichts rekurriert, das zwar Gewaltenverschränkungen und -balancierungen für verfassungsrechtlich zulässig erachtet,[619] zugleich aber die parlamentarische Kontrolle der Regierung als Charakteristikum des grundgesetzlichen Gewaltenteilungsprinzips qualifiziert habe.[620] Folglich sei die Unvereinbarkeit von Regierungsamt und Abgeordnetenmandat unausweichlich, da niemand gleichzeitig Kontrollierender und Kontrollierter sein könne.[621]

Ungeachtet derartiger Einwände geht die h.M.[622] zutreffend von der verfassungsrechtlichen Zulässigkeit der Ministerkompatibilität aus. Zwar mag es verfassungspolitisch durchaus fragwürdig erscheinen, ob neben dem Regierungsamt noch ausreichend Zeit für die Abgeordnetenarbeit in Plenar- und Ausschusssitzungen, in der Fraktion sowie im Wahlkreis verbleibt.

---

616 *Epping*, in: v. Mangoldt/Klein/Starck (Hrsg.), GG II, Art. 66 Rn. 24; *Meyer*, in: Schneider/Zeh (Hrsg.), Parlamentsrecht und Parlamentspraxis, § 4 Rn. 32; *Pestalozza*, NVwZ 1987, S. 744 (745); vgl. auch die kernig formulierte Einschätzung bei *v. Münch*, NJW 1998, S. 34 (35): „Kein Gesäß ist so breit, daß jemand gleichzeitig auf der Regierungsbank und auf einem Abgeordnetenstuhl sitzen kann."

617 *Epping*, DÖV 1999, S. 529 (537).

618 *Epping*, DÖV 1999, S. 529 (534 f.); *Meyer*, in: Schneider/Zeh (Hrsg.), Parlamentsrecht und Parlamentspraxis, § 4 Rn. 33; *v. Münch*, NJW 1998, S. 34 (35); *Pestalozza*, NVwZ 1987, S. 744 (745).

619 BVerfGE 34, 52 (59).

620 BVerfGE 67, 100 (130).

621 *Epping*, DÖV 1999, S. 529 (534); ebenso bereits *Meyer*, in: Schneider/Zeh (Hrsg.), Parlamentsrecht und Parlamentspraxis, § 4 Rn. 33; *v. Münch*, NJW 1998, S. 34 (35).

622 Vgl. insbesondere HessStGH, NJW 1977, S. 2065 (2068); *Hermes*, in: Dreier (Hrsg.), GG II, Art. 66 Rn. 18; *Oldiges/Brinktrine*, in: Sachs (Hrsg.), GG, Art. 66 Rn. 25 ff.; s.a. *Badura*, in: Murswiek/Storost/Wolff (Hrsg.), FS Quaritsch, S. 295 (303 f.); *Herzog*, in: Maunz/Dürig (Begr.), GG, Art. 66 Rn. 33 ff.; *Pieper*, in: Epping/Hillgruber (Hrsg.), GG, Art. 66 Rn. 7; *Pieroth*, in: Jarass/Pieroth (Hrsg.), GG, Art. 38 Rn. 45; *Schneider*, in: Bender/Maihofer/Vogel (Hrsg.), HVerfR, § 13 Rn. 15; *Tsatsos*, in: Schneider/Zeh (Hrsg.), Parlamentsrecht und Parlamentspraxis, § 23 Rn. 6; *Wiefelspütz*, in: Morlok/Schliesky/Wiefelspütz (Hrsg.), Parlamentsrecht, § 12 Rn. 10.

Aus juristischer Sicht gilt es allerdings an die in Art. 38 I 2 GG verankerte Freiheit des Abgeordneten zu erinnern, entsprechende Aktivitäten „nach eigenem Ermessen bis über die Grenze der Vernachlässigung seiner Aufgabe hinaus einzuschränken"[623]. Mit Blick auf den Gewaltenteilungsgrundsatz ist darüber hinaus des parteiendemokratischen Charakters des heutigen Regierungssystems zu gedenken,[624] in dem die Frontlinien nicht mehr zwischen Exekutive und Legislative, sondern zwischen der Regierung und den sie tragenden Parlamentsfraktionen einerseits und den Oppositionsfraktionen andererseits verlaufen.[625] Ein solches System erfordert gewöhnlich einen engen Kontakt der Regierung zur Parlamentsmehrheit, der am ehesten durch eine mitgliedschaftliche Verwurzelung der Regierungsmitglieder in ihrer Fraktion ermöglicht wird.[626] Diesem Fakt trägt schließlich auch Art. 53a I 2 Hs. 2 GG Rechnung, dem zufolge die vom Bundestag gestellten Mitglieder des Gemeinsamen Ausschusses nicht der Bundesregierung angehören dürfen. Insoweit geht das Grundgesetz spätestens seit der Einführung der sog. Notstandsverfassung selbst davon aus, dass Mitglieder der Bundesregierung zugleich Bundestagsabgeordnete sein dürfen.[627]

2. Das Abgeordnetenmandat als öffentliches Amt?

Legt man eine weite Definition des öffentlichen Amtes zugrunde und geht von der durch Rechtsvorschriften begründeten Zuständigkeit eines Menschen für die Besorgung staatlicher Angelegenheiten aus,[628] so lässt sich der Abgeordnete ohne weiteres als Amtswalter qualifizieren: Er verfügt über einen durch Art. 38 ff. GG determinierten Aufgabenkreis, der durch seine Einordnung in das Parlament als staatliches Kollegialorgan näher be-

---

623 BVerfGE 40, 296 (312).
624 Vgl. in diese Richtung vor allem *Oldiges/Brinktrine*, in: Sachs (Hrsg.), GG, Art. 66 Rn. 25b; siehe ebenfalls *Badura*, in: Murswiek/Storost/Wolff (Hrsg.), FS Quaritsch, S. 295 (304); *Hermes*, in: Dreier (Hrsg.), GG II, Art. 66 Rn. 18.
625 Zum „neuen Dualismus" siehe bereits oben B. III. 2. c) bb).
626 Ähnlich HessStGH, NJW 1977, S. 2065 (2068); *Oldiges/Brinktrine*, in: Sachs (Hrsg.), GG, Art. 66 Rn. 25b.
627 Zu diesem argumentum e contrario vgl. namentlich *Herzog*, in: Maunz/Dürig (Begr.), GG, Art. 66 Rn. 35; s.a. *Badura*, in: Murswiek/Storost/Wolff (Hrsg.), FS Quaritsch, S. 295 (304); *Hermes*, in: Dreier (Hrsg.), GG II, Art. 66 Rn. 18; *Oldiges/ Brinktrine*, in: Sachs (Hrsg.), GG, Art. 66 Rn. 25b; *Pieroth*, in: Jarass/Pieroth (Hrsg.), GG, Art. 38 Rn. 45.
628 Vgl. oben B. II. 1.

stimmt wird.[629] Dessen ungeachtet führt seine noch genauer zu untersuchende Rolle als „Bindeglied zwischen Staat und Gesellschaft"[630] dazu, dass sich der Abgeordnete im Hinblick auf die rechtliche Stellung deutlich von politischen Akteuren unterscheidet, die herkömmlicherweise als Amtswalter bezeichnet werden.

Zentrale Aussagen über die Rechtsstellung des Abgeordneten lassen sich aus Art. 38 I 2 GG gewinnen. Die auch als „magna charta des Abgeordnetenverhältnisses" apostrophierte Vorschrift[631] legt unter anderem fest, dass die Abgeordneten frei von Aufträgen und Weisungen handeln und allein ihrem Gewissen unterworfen sind. Das Grundgesetz folgt damit der Tradition des freien Mandats, das die Parlamentarier von Instruktionen der Vertretenen unabhängig und die parlamentarische Versammlung kompromiss- und entscheidungsfähiger machen soll.[632] Mag der Abgeordnete auch nach wohl einhelliger Auffassung dem Gemeinwohl verpflichtet sein,[633] so ist sein Handlungsmaßstab doch aufgrund der Gewissensbindung in starkem Maße subjektiviert.[634] Der Mandatsträger kann daher – unter Beachtung eines Kerns an materiellen Gemeinwohlwerten[635] – frei darüber entscheiden, wie er seiner Verantwortung gegenüber dem Wähler

---

629 Vgl. insbesondere *Steiger*, Organisatorische Grundlagen des parlamentarischen Regierungssystems, S. 69 f.; *Stein*, Die Verantwortlichkeit politischer Akteure, S. 392 f.; siehe darüber hinaus *Ingold*, JöR 64 (2016), S. 43 (57); *H. H. Klein*, in: Maunz/Dürig (Begr.), GG, Art. 48 Rn. 29 f.; *Walter*, Amtsverbrechen, S. 139.

630 Sondervotum der Richter *Hassemer, di Fabio, Mellinghoff* und *Landau* in BVerfGE 118, 277 (340); ähnlich *Gausing*, Das Abgeordnetenmandat zwischen Staat und Gesellschaft, S. 163 ff. („Scharnierfunktion"); *Morlok*, in: Dreier (Hrsg.), GG II, Art. 38 Rn. 143 („Transformationsfunktion"); *Schröder*, Grundlagen und Anwendungsbereich des Parlamentsrechts, S. 300 („Vermittler"); vgl. zudem BVerfGE 118, 277 (328): „Das freie Mandat ist zwar ein in der Gesellschaft verwurzeltes, aber innerhalb der Staatsorganisation wahrgenommenes Amt".

631 *Achterberg*, Parlamentsrecht, S. 219.

632 Vgl. statt vieler *Magiera*, in: Sachs (Hrsg.), GG, Art. 38 Rn. 46.

633 Vgl. besonders *Grote*, Der Verfassungsorganstreit, S. 158 f.; *H. H. Klein*, in: Isensee/Kirchhof (Hrsg.), HStR III, § 51 Rn. 1; s.a. *Cornils*, Jura 2009, S. 289 (295); *Hartmann*, AöR 134 (2009), S. 1 (7 f.); *Henke*, Das Recht der politischen Parteien, S. 122; *Roth*, in: Umbach/Clemens (Hrsg.), GG II, Art. 38 Rn. 12.

634 *Demmler*, Der Abgeordnete im Parlament der Fraktionen, S. 51; *Schröder*, Grundlagen und Anwendungsbereich des Parlamentsrechts, S. 297.

635 Siehe oben B. I. 3. c).

nachkommt und dem Wohl aller am besten dient.[636] Hierdurch hebt er sich deutlich vom Prototypen des Amtswalters – dem Beamten – ab, der weisungsgebunden in ein hierarchisches System eingegliedert ist.

Die umfassende Freiheit bei der inhaltlichen Mandatswahrnehmung sichert die Stellung der Abgeordneten als selbständige politische Akteure und befähigt sie zur Erfüllung ihrer Repräsentationsfunktion.[637] Dabei gilt es zu beachten, dass nicht der einzelne Parlamentarier, sondern nur die Gesamtheit der Parlamentsmitglieder das Volk repräsentiert[638] und die von ihm ausgehende staatliche Gewalt ausübt.[639] Hier offenbart sich ein wesentlicher Unterschied zu sonstigen Akteuren innerhalb des Staatsgefüges, denn anders als diese verfügt ein Abgeordneter hauptsächlich nur über Verfahrens- und Mitwirkungsbefugnisse.[640] Eigene Sachzuständigkeiten, die zu einer Entscheidung führen und typischerweise mit einem Amt verbunden sind, stehen ihm hingegen grundsätzlich nicht zu.[641] Verfassungstheoretisch resultiert daraus das Modell einer Gemeinwohlverantwortung zur gesamten Hand.[642] So leisten die Abgeordneten jeweils mittelbar ihren Beitrag zur Formulierung des Gemeinwohls, indem sie im Parlament ihre eigenen politischen Standpunkte vertreten und hierbei die gesellschaftliche Interessenvielfalt widerspiegeln. Indessen vermag erst das Zusammenwirken aller Parlamentsmitglieder die eventuell auf Partikularinteressen gerichtete Prägung der Einzelauffassungen nach und nach zu nivellieren,

---

636   Zur Freiheit der Mandatsausübung siehe namentlich BVerfGE 118, 277 (326); *Rensen*, in: Emmenegger/Wiedmann (Hrsg.), Linien der Rechtsprechung, S. 493 (502 ff.); *Schröder*, Grundlagen und Anwendungsbereich des Parlamentsrechts, S. 295 f.

637   Siehe hierzu auch *H. H. Klein*, in: Morlok/Poguntke/Sokolov (Hrsg.), Parteienstaat – Parteiendemokratie, S. 59 (65 f.).

638   Vgl. zur ganz herrschenden Vorstellung einer Kollektivrepräsentation insbesondere BVerfGE 44, 308 (315 f.); 56, 396 (405); 80, 188 (217 f.); 84, 304 (321); 118, 277 (324); *H. H. Klein*, in: Maunz/Dürig (Begr.), GG, Art. 38 Rn. 192; *Magiera*, in: Sachs (Hrsg.), GG, Art. 38 Rn. 4, 45; *Schliesky*, in: Morlok/Schliesky/Wiefelspütz (Hrsg.), Parlamentsrecht, § 5 Rn. 29.

639   *Badura*, in: Schneider/Zeh (Hrsg.), Parlamentsrecht und Parlamentspraxis, § 15 Rn. 6; *Pieroth*, in: Jarass/Pieroth (Hrsg.), GG, Art. 38 Rn. 41.

640   Siehe hierzu im Überblick *H. H. Klein*, in: Isensee/Kirchhof (Hrsg.), HStR III, § 51 Rn. 32 ff.; *Magiera*, in: Sachs (Hrsg.), GG, Art. 38 Rn. 58 ff.

641   Dies luzide analysierend *Schröder*, Grundlagen und Anwendungsbereich des Parlamentsrechts, S. 289 f.; ähnlich *Steiger*, Organisatorische Grundlagen des parlamentarischen Regierungssystems, S. 70, der die Mitwirkungsbefugnisse als „organinterne Wahrnehmungszuständigkeiten ohne unmittelbar selbständige Außenwirkung" bezeichnet.

642   Ähnlich *Depenheuer*, Selbstdarstellung der Politik, S. 98 f.

wodurch letztlich ein für das Gesamtvolk tragfähiger staatlicher Wille entsteht.[643]

Die ihnen von Art. 38 I 2 GG zugedachte Repräsentationsaufgabe erfüllen die Abgeordneten nicht allein dadurch, dass sie die vielfältigen politischen Ansichten der Bürger sammeln und strukturieren und anschließend versuchen, sie in staatliche Entscheidungen umzusetzen.[644] Vielmehr sind sie auch bestrebt, die Bevölkerung von den Vorteilen der parlamentarischen Beschlüsse zu überzeugen oder bessere Alternativen aufzuzeigen und für sie zu werben.[645] Insoweit sorgen sich die Volksvertreter um die Vermittlung von Informationsströmen in doppelter Richtung[646] und haben in ähnlicher Weise wie die politischen Parteien eine Scharnierfunktion zwischen Staat und Gesellschaft inne.[647] Diese Funktion kommt insbesondere darin zum Ausdruck, dass es beim Abgeordneten – im Gegensatz zum Beamten wie auch zum Regierungsmitglied – kaum möglich ist, die Rolle als „Amtswalter" von derjenigen als politisch agierender „Privatperson" zu trennen. Dementsprechend bezieht sich der Gewährleistungsgehalt des Art. 38 I 2 GG auf das gesamte politische Handeln des Mandatsträgers und nicht bloß auf dessen Tätigkeit im binnenparlamentarischen Raum.[648] Angesichts derartiger Eigenarten des Abgeordnetenverhältnisses verwundert es letzten Endes nicht, wenn Teile des Schrifttums das Mandat als Amt sui generis einordnen, um so die Ausnahmestellung des Parlamentariers innerhalb der Staatsorganisation zu unterstreichen.[649]

3. Die Kommunikation auf Grundlage des freien Mandats

Nachdem das freie Mandat des Abgeordneten im Allgemeinen erörtert worden ist, richtet sich der Fokus nun speziell auf seine politischen Äuße-

---

643 *Gausing*, Das Abgeordnetenmandat zwischen Staat und Gesellschaft, S. 167 f.
644 BVerfGE 134, 141 (173); *Morlok*, in: Dreier (Hrsg.), GG II, Art. 38 Rn. 143.
645 BVerfGE 134, 141 (173); *Depenheuer*, Selbstdarstellung der Politik, S. 69.
646 So prägnant *Benda*, ZParl 1978, S. 510 (513); zustimmend BVerfGE 134, 141 (173); ähnlich bereits *Steiger*, Organisatorische Grundlagen des parlamentarischen Regierungssystems, S. 194 ff.
647 Vgl. auch BVerfGE 134, 141 (173); *Morlok*, in: Dreier (Hrsg.), GG II, Art. 38 Rn. 143.
648 BVerfGE 134, 141 (174); ebenso *Ingold*, JöR 64 (2016), S. 43 (76 ff.).
649 *Gausing*, Das Abgeordnetenmandat zwischen Staat und Gesellschaft, S. 68; *Heck*, Mandat und Transparenz, S. 78; ähnlich *Hesse*, in: Herzog u.a. (Hrsg.), EvStL I, Sp. 12 (15); *Leisner*, AöR 93 (1968), S. 161 (167).

rungsbefugnisse. Zwar mag in der Rechtswissenschaft Einigkeit darüber herrschen, dass die Kommunikation des Parlamentariers keinesfalls wie die regierungsamtliche Öffentlichkeitsarbeit einem Gebot parteipolitischer Neutralität unterliegt.[650] Der Klärung bedarf allerdings die Frage, ob und inwieweit sich die zur Meinungsfreiheit entwickelten Zulässigkeitsmaßstäbe auf öffentliche Äußerungen übertragen lassen, die der Abgeordnete in Ausübung seines Mandats sowohl inner- als auch außerhalb des Parlaments tätigt.

a) Äußerungen im innerparlamentarischen Bereich

Die staatsrechtliche Befugnis, im Bundestag das Wort zu ergreifen, wird gewöhnlich als „Rederecht" bezeichnet.[651] Sie ist nur einem abschließend im Grundgesetz bestimmten Personenkreis zugewiesen,[652] zu dem vornehmlich die Mitglieder des Bundestages zählen. Im Folgenden soll deren Rederecht ausführlich untersucht werden, wobei nach einer kurzen Darstellung der verfassungsrechtlichen Grundlagen die Frage im Vordergrund steht, auf welche Art und Weise sich die Volksvertreter am parteipolitischen Meinungskampf beteiligen dürfen. Hiernach gilt es, die Zulässigkeit regierungsamtlicher Äußerungen im binnenparlamentarischen Raum zu erörtern. So kann etwa ein Abgeordneter, der zugleich dem Kabinett angehört, auf der Regierungsbank Platz nehmen und angesichts des dadurch vollzogenen Rollenwechsels ein exekutives Rederecht für sich beanspruchen. Ob und inwieweit die entsprechenden Stellungnahmen dann an den Maßstäben zu messen sind, die für die regierungsamtliche Öffentlichkeitsarbeit außerhalb des Parlaments gelten, ist in Rechtsprechung und Schrifttum noch weitgehend ungeklärt geblieben und bedarf hier einer näheren Auseinandersetzung.

---

650 Stellvertretend für die zahlreichen Stimmen im Schrifttum, die meist ohne nähere Begründung eine Neutralitätspflicht für Abgeordnete ablehnen, vgl. *Gersdorf*, AfP 2016, S. 293 (298 Fn. 67); *H. H. Klein*, in: Brenner/Huber/Möstl (Hrsg.), FS Badura, S. 263 (277 f.); *Nellesen*, Äußerungsrechte staatlicher Funktionsträger, S. 64; *Stein*, Die Verantwortlichkeit politischer Akteure, S. 644.

651 Vgl. etwa *Abmeier*, Die parlamentarischen Befugnisse des Abgeordneten, S. 43; *Schröder*, in: Schneider/Zeh (Hrsg.), Parlamentsrecht und Parlamentspraxis, § 53 Rn. 14.

652 *Bücker*, in: Busch (Hrsg.), FS Schellknecht, S. 39 (40 f.).

aa) Das parlamentarische Rederecht des Abgeordneten

Das parlamentarische Rederecht des Abgeordneten folgt weder aus der Meinungsfreiheit nach Art. 5 I 1 Hs. 1 GG noch aus der allgemeinen Handlungsfreiheit gem. Art. 2 I GG, sondern gehört zum verfassungsrechtlichen Status aus Art. 38 I 2 GG.[653] Es besteht sowohl im Plenum als auch in den Ausschüssen.[654] Neben dem Abstimmungsrecht stellt es das zentrale Instrument dar, mit dessen Hilfe der Abgeordnete seine politischen Vorstellungen in den parlamentarischen Willensbildungsprozess einzubringen vermag.[655] Dies verdeutlichen eine ursprünglich angedachte Formulierung des Art. 38 I 2 GG[656] sowie der Wortlaut des Art. 46 I GG, denn beide führen Abstimmung und Rede gleichberechtigt nebeneinander auf. Freilich ist das Rederecht nicht schrankenlos gewährleistet. Vielmehr wird es durch die Regelungen begrenzt, die der Bundestag kraft seiner Geschäftsordnungsautonomie gem. Art. 40 I 2 GG aufstellt.[657] Diese Schranken finden ihre verfassungsrechtliche Grenze wiederum „am Wesen und an der grundsätzlichen Aufgabe des Parlaments, Forum für Rede und Gegenrede zu sein."[658] Letztlich bedarf es eines schonenden Ausgleichs zwischen dem Rederecht des einzelnen Abgeordneten einerseits und der Funktionsfähig-

---

653 BVerfGE 60, 374 (379 f.); *Badura*, in: Schneider/Zeh (Hrsg.), Parlamentsrecht und Parlamentspraxis, § 15 Rn. 39; *H. H. Klein*, in: Isensee/Kirchhof (Hrsg.), HStR III, § 51 Rn. 32; *Magiera*, in: Sachs (Hrsg.), GG, Art. 38 Rn. 63.

654 *Besch*, in: Schneider/Zeh (Hrsg.), Parlamentsrecht und Parlamentspraxis, § 33 Rn. 5; *Butzer*, in: Epping/Hillgruber (Hrsg.), GG, Art. 38 Rn. 111.

655 *H. H. Klein*, in: Isensee/Kirchhof (Hrsg.), HStR III, § 51 Rn. 32; ähnlich *Karcher/Korn*, DÖV 2012, S. 725 (728).

656 Der Hauptausschuss des Parlamentarischen Rats orientierte sich zunächst an Art. 121 S. 3 der badischen Verfassung und akzeptierte in erster Lesung folgende Formulierung: „Jeder Abgeordnete folgt bei Reden, Handlungen, Abstimmungen und Wahlen seiner Überzeugung und seinem Gewissen." Nur weil er die Aufzählung später als sprachlich unschön empfand und aus seiner Sicht das Recht des Abgeordneten auf freie Entscheidung nicht ausreichend zum Ausdruck kam, griff er auf Vorschlag des Allgemeinen Redaktionsausschusses in zweiter Lesung die Fassung des Art. 46 des Herrenchiemseer Entwurfs auf, die letztlich mit kleineren Änderungen als Art. 38 I 2 in das Grundgesetz aufgenommen wurde. Vgl. zu den Beratungen des Parlamentarischen Rats eingehend *Hamm-Brücher*, in: Schneider/Zeh (Hrsg.), Parlamentsrecht und Parlamentspraxis, § 22 Rn. 20.

657 *Besch*, in: Schneider/Zeh (Hrsg.), Parlamentsrecht und Parlamentspraxis, § 33 Rn. 7, 9; *Borowy*, ZParl 2012, S. 635 (640); *Müller*, in: v. Mangoldt/Klein/Starck (Hrsg.), GG II, Art. 38 Rn. 82.

658 BVerfGE 10, 4 (13).

keit des Parlaments sowie den Mitwirkungsrechten der übrigen Abgeordneten andererseits.[659] Als zulässige Beschränkung des Rederechts ist dabei insbesondere § 27 I GO-BT anerkannt, wonach ein Abgeordneter nur im Plenum sprechen darf, sofern ihm der Präsident zuvor das Wort erteilt hat. Ohne diese Regelung wäre eine geordnete Debatte in einem größeren Kollegium kaum möglich.[660] Ebenso zulässig sind des Weiteren die Festsetzung einer Tagesordnung gem. § 20 GO-BT[661] sowie die Vereinbarung von Redezeiten nach § 35 I GO-BT[662] und deren Aufteilung auf die Fraktionen nach dem Verhältnis ihrer Stärke[663]. Gleiches gilt für das parlamentarische Disziplinar- und Ordnungsrecht, das in §§ 35 III, 36 ff., 119 II GO-BT Maßnahmen zur Gewährleistung der Redeordnung[664] und zum Schutz der Sitzungsordnung[665] bereithält. Es handelt sich hierbei um ein notwendiges innerparlamentarisches Korrektiv zum besonderen Schutz der parlamentarischen Redefreiheit durch die Indemnität aus Art 46 I GG.[666]

---

659 SächsVerfGH, NVwZ-RR 2011, S. 129 (130); siehe zudem *Karcher/Korn*, DÖV 2012, S. 725 (727).

660 *Abmeier*, Die parlamentarischen Befugnisse des Abgeordneten, S. 144.

661 Hierzu näher *Abmeier*, Die parlamentarischen Befugnisse des Abgeordneten, S. 147.

662 Zur grundsätzlichen Unbedenklichkeit einer Festlegung der Gesamtredezeit vgl. *Demmler*, Der Abgeordnete im Parlament der Fraktionen, S. 475 f.; zur Zulässigkeit von individuellen Redezeitbeschränkungen siehe weiterhin *Abmeier*, Die parlamentarischen Befugnisse des Abgeordneten, S. 147 ff.

663 BVerfGE 10, 4 (16 f.); s.a. *Demmler*, Der Abgeordnete im Parlament der Fraktionen, S. 478 ff.; *Zeh*, in: Schneider/Zeh (Hrsg.), Parlamentsrecht und Parlamentspraxis, § 32 Rn. 46 f.

664 Hierzu zählen der Wortentzug nach Überschreitung der Redezeit (§ 35 III GO-BT), der Sachruf beim Abschweifen vom Verhandlungsgegenstand (§ 36 I 1 GO-BT) sowie die Entziehung des Wortes für die gesamte Aussprache zum selben Thema, sofern ein dreimaliger Sachruf zuvor nicht gefruchtet hat (§ 36 II GO-BT).

665 Die Sitzungsordnung bezeichnet einen ruhigen, der Würde des Parlaments angemessenen und in diesem Sinne geordneten und störungsfreien Ablauf der Plenarsitzung. Für ihre Einhaltung stehen – abgestuft nach der Intensität der Störung – die gewohnheitsrechtlich anerkannte Rüge, der Ordnungsruf (§ 36 I 2 GO-BT), der Wortentzug nach dreimaligem Ordnungsruf (§ 36 II GO-BT), die Festsetzung eines Ordnungsgeldes (§ 37 GO-BT) sowie der Sitzungsausschluss (§ 38 GO-BT) zur Verfügung. Vgl. dazu näher *Achterberg*, Parlamentsrecht, S. 653 ff.; *Bücker*, in: Schneider/Zeh (Hrsg.), Parlamentsrecht und Parlamentspraxis, § 34 Rn. 15 f., 21 ff.; *Jacobs*, DÖV 2016, S. 563 (569 f.).

666 Vgl. insbesondere *Bücker*, in: Schneider/Zeh (Hrsg.), Parlamentsrecht und Parlamentspraxis, § 34 Rn. 11; MVVerfG, NordÖR 2009, S. 205 (207); siehe ebenso *Borowy*, ZParl 2012, S. 635 (640); ThürVerfGH, NVwZ 2019, S. 546 (548).

bb) Keine Verpflichtung zu parteipolitischer Neutralität

Die parlamentarische Rede ist der Ausgangsstoff für die Plenardebatte. Für deren grundsätzliche Deutung stehen sich seit langem zwei Vorstellungen gegenüber, die beide an die Ergebnisse politisch-demokratischer Prozesse anknüpfen.[667] Dabei begreift der erste Ansatz die öffentliche Diskussion im Plenum als Instrument zur politischen Entscheidungsfindung. Der Zweck der Debatte besteht insofern darin, die jeweilige Gegenseite mittels Argumenten von der eigenen Position zu überzeugen oder sie zumindest zu einem Kompromiss zu bewegen. Hingegen löst das zweite Denkmodell die Plenardebatte von der eigentlichen Entscheidungsfindung und weist ihr stattdessen eine Legitimations- und Transparenzfunktion zu. So soll die interessierte Öffentlichkeit die Möglichkeit erhalten, die wesentlichen Argumentationslinien des bereits abgeschlossenen Entscheidungsprozesses nachzuvollziehen und das eigene Verhalten bei einer Wahl oder einer anderweitigen Teilnahme am politischen Willensbildungsprozess entsprechend einzurichten. Ungeachtet ihrer Unterschiede teilen beide Konzepte letztlich die Vorstellung, dass die Plenardebatte auf einen kontroversen Meinungsaustausch hinausläuft, der in der dramaturgisch festen Abfolge von Rede und Gegenrede geführt wird. Die Mehrheitsfraktionen sind dabei aufgefordert, über ihre Vorhaben zu informieren und ihre Beweggründe möglichst prägnant darzulegen. Der parlamentarischen Opposition bietet die Plenardebatte wiederum ein Forum, um die Pläne der Regierung und der sie tragenden Parlamentsmehrheit kritisch zu hinterfragen und Alternativen aufzeigen.[668] Als Darstellungsmittel widerstreitender Positionen lebt die Debatte in diesem Zusammenhang von Stilmitteln wie Überspitzung, Polarisierung, Vereinfachung oder Polemik.[669] Zwar ist die Würde des „Hohen Hauses" als Bestandteil der parlamentarischen Ordnung durchaus von Bedeutung,[670] allerdings erfordert ihr Schutz kein Ge-

---

667 Vgl. hierzu ausführlich *Zeh*, in: Schneider/Zeh (Hrsg.), Parlamentsrecht und Parlamentspraxis, § 32 Rn. 16 ff.; s.a. *T. Schürmann*, in: Morlok/Schliesky/Wiefelspütz (Hrsg.), Parlamentsrecht, § 20 Rn. 7 ff.

668 *Benz*, Der moderne Staat, S. 201; *T. Schürmann*, in: Morlok/Schliesky/Wiefelspütz (Hrsg.), Parlamentsrecht, § 20 Rn. 9.

669 SächsVerfGH, NVwZ-RR 2011, S. 129 (131); SächsVerfGH, NVwZ-RR 2012, S. 89 (90); ebenso BbgVerfG, Beschl. v. 20.10.2017 – VfGBbg 46/16 –, juris Rn. 66; ähnlich MVVerfG, Urt. v. 23.1.2014 – LVerfG 4/13 –, juris Rn. 52; zu Ratsdebatten s.a. OVG Münster, KommJur 2017, S. 465 (466).

670 Zur Integrität und politischen Vertrauenswürdigkeit der Volksvertretung als schützenswerte Grundlagen parlamentarischer Arbeit vgl. näher *T. Schürmann*,

bot strenger Sachlichkeit.[671] Eine bloß harte und schonungslose Kritik am politischen Gegner stellt daher ebenso wenig wie eine Übertreibung oder Verharmlosung tatsächlicher Vorfälle eine Ordnungsverletzung dar.[672] Vielmehr lassen sich grundsätzlich die zur Meinungsfreiheit entwickelten Maßstäbe heranziehen, um zu beurteilen, ob ein Abgeordneter im Einzelfall mit einem Redebeitrag einen Ordnungsverstoß begangen hat.[673] So ist die Grenze des Zulässigen jedenfalls bei der Verbreitung unwahrer Tatsachen überschritten, denn objektiv unrichtige Informationen sind der verfassungsrechtlich vorausgesetzten Aufgabe zutreffender Meinungsbildung in der Demokratie abträglich.[674] Werturteile verletzen die Ordnung des Hauses wiederum erst dann, wenn nicht mehr die inhaltliche Auseinandersetzung, sondern die bloße Diffamierung einer Person oder Personengruppe im Vordergrund steht.[675] Hierbei lässt sich das Gebot einer äußerungsfreundlichen Auslegung, das bereits im Rahmen der Meinungsfreiheit Anwendung findet,[676] auf das parlamentarische Rederecht übertragen. Eröffnet also ein Redebeitrag mehrere Deutungsmöglichkeiten, darf nicht von vornherein diejenige Auslegung zugrunde gelegt werden, die eine Ordnungsmaßnahme rechtfertigt.[677] Letzten Endes gilt es eine lebhafte Parlamentsdebatte zu gewährleisten, so dass im Zweifelsfall konkurrieren-

---

in: Morlok/Schliesky/Wiefelspütz (Hrsg.), Parlamentsrecht, § 20 Rn. 59; *Wiese*, AöR 101 (1976), S. 548 (561).

671 MVVerfG, Urt. v. 23.1.2014 – LVerfG 4/13 –, juris Rn. 52; vgl. in diese Richtung auch *Zeh*, in: Schneider/Zeh (Hrsg.), Parlamentsrecht und Parlamentspraxis, § 32 Rn. 11, dem zufolge in den Plenardebatten divergierende Interessen und Machtansprüche aufeinander gerichtet und gebündelt werden, so dass hier die politische Temperatur unweigerlich etwas höher als anderswo ist.

672 HmbVerfG, NordÖR 2018, S. 198 (203).

673 So ausdrücklich HmbVerfG, NordÖR 2018, S. 198 (203).

674 HmbVerfG, NordÖR 2018, S. 198 (203); a.A. wohl SächsVerfGH, NVwZ-RR 2011, S. 129 (131), wonach das Ordnungsrecht des Präsidenten gerade nicht der Sicherstellung der Richtigkeit oder historischen Korrektheit bestimmter inhaltlicher Positionen dient.

675 SächsVerfGH, NVwZ-RR 2011, S. 129 (131); SächsVerfGH, NVwZ-RR 2012, S. 89 (90); zustimmend etwa BgVerfG, Beschl. v. 20.10.2017 – VfGBbg 46/16 –, juris Rn. 67; HmbVerfG, NordÖR 2018, S. 198 (203); *T. Schürmann*, in: Morlok/Schliesky/Wiefelspütz (Hrsg.), Parlamentsrecht, § 20 Rn. 61; ähnlich MVVerfG, Urt. v. 23.1.2014 – LVerfG 4/13 –, juris Rn. 53; zur Übertragung des Grundsatzes auf die kommunale Ebene vgl. zudem OVG Münster, KommJur 2017, S. 465 (467).

676 Vgl. oben C. V. 3. d) aa).

677 SächsVerfGH, NVwZ-RR 2011, S. 129 (131); SächsVerfGH, NVwZ-RR 2012, S. 89 (90); ebenso das Sondervotum des Richters *Brinkmann* zu MVVerfG, Urt. v. 23.1.2014 – LVerfG 4/13 –, juris Rn. 75; s.a. BgVerfG, Beschl. v. 20.10.2017 –

de Rechtsgüter hinter dem Rederecht des Abgeordneten zurückstehen müssen.

Die bisherigen Ergebnisse sehen sich verfassungstheoretisch insoweit bestätigt, als dem Modell einer parlamentarischen Konkurrenzdemokratie die Vorstellung zugrunde liegt, dass das staatlich zu generierende Gemeinwohl gerade aus dem Kampf rivalisierender politischer Strömungen hervorgeht.[678] Es handelt sich letztlich um das Resultat eines politischen Kräftemessens, das maßgeblich im Parlament ausgetragen wird. Hier sind die Abgeordneten aufgefordert, ihre *eigenen* Standpunkte, Ziele und Lösungsalternativen herauszuarbeiten und zu präsentieren, um so in der Auseinandersetzung mit anderen Parlamentariern wie auch mit der Regierung einen Beitrag zu gemeinwohldienlichen Entscheidungen zu leisten.[679] Dabei dürfen sie sich nicht nur einer polemischen bis scharfen Rhetorik bedienen, sondern sich selbstverständlich auch zu ihrer Partei bekennen und für deren Agenda werben.[680] Unweigerlich geht damit eine möglichst klare Abgrenzung zu den Positionen gegnerischer Parteien einher. Die Plenardebatte wird insoweit zum Forum eines stark parteipolitisch geprägten Meinungsaustauschs, in dessen Verlauf sich die divergierenden Ansichten letztlich gegenseitig „neutralisieren".[681] Ganz in diesem Sinne ist ein Neutralitätsgebot für die parlamentarische Arbeit der Abgeordneten weder notwendig noch gewünscht. Ihm läge die Vorstellung zugrunde, dass das Gemeinwohl objektiv bestimmbar und jenseits der Parteipolitik auffindbar sei. In der freiheitlichen Demokratie grundgesetzlicher Prägung ist allerdings das Gegenteil der Fall, denn das Gemeinwohl wird hier erst durch die (partei-)politische Auseinandersetzung inner- und außerhalb des Parlaments hervorgebracht.[682] Dabei ist die Parteinahme der Abgeordneten auch insofern unschädlich, als nicht bereits die einzelne parlamentarische

---

VfGBbg 46/16 –, juris Rn. 64; HmbVerfG, NordÖR 2018, S. 198 (204); *T. Schürmann*, in: Morlok/Schliesky/Wiefelspütz (Hrsg.), Parlamentsrecht, § 20 Rn. 61; zu Beiträgen in Ratsdebatten vgl. ferner OVG Münster, KommJur 2017, S. 465 (467).

678 Zum prozeduralen Gemeinwohlverständnis und zum stets zu beachtenden Kern an materiellen Gemeinwohlwerten vgl. ausführlich B. I. 3. c).

679 *Gausing*, Das Abgeordnetenmandat zwischen Staat und Gesellschaft, S. 173 in Anlehnung an RhPfVerfGH, NVwZ 2003, S. 75 (79).

680 Ähnlich *H. H. Klein*, in: Brenner/Huber/Möstl (Hrsg.), FS Badura, S. 263 (278).

681 *Gausing*, Das Abgeordnetenmandat zwischen Staat und Gesellschaft, S. 174; in diese Richtung auch *Depenheuer*, Selbstdarstellung der Politik, S. 68.

682 *Depenheuer*, Selbstdarstellung der Politik, S. 67 f.

Äußerung, sondern erst das Zusammenwirken aller Parlamentsmitglieder in Form eines Beschlusses der Volksvertretung zugerechnet wird.[683]

cc) Wechsel auf die Regierungsbank

Die soeben dargelegten Maßstäbe sind für Äußerungen im innerparlamentarischen Bereich nur dann heranzuziehen, wenn ein Abgeordneter das Wort in Ausübung seines Mandats ergreift. Ist er zugleich Mitglied der Bundesregierung, unterliegt er als solches einem anderen Rechtskreis. So kann er sich auf Art. 43 II 2 GG berufen, wonach er jederzeit im Plenum und in den Ausschüssen des Bundestages gehört werden muss. Diese Befugnis setzt zwangsläufig das in Art. 43 II 1 GG verankerte Zutritts- und Anwesenheitsrecht der Regierungsvertreter voraus[684] und bezweckt, den Informationsfluss zwischen den Staatsorganen sowie deren Kooperation bei der Entscheidungsfindung zu fördern.[685] Gegenüber dem Rederecht des Abgeordneten handelt es sich insofern um ein privilegiertes Rederecht, als das Kabinettsmitglied während der Sitzungen nicht an die Rednerliste gebunden ist[686] und grundsätzlich zeitlich unbeschränkt sprechen darf[687]. Gleichfalls besteht keine inhaltliche Festlegung auf den jeweiligen parlamentarischen Beratungsgegenstand. Demnach darf sich ein Regierungsmitglied als solches auch zu Themen außerhalb der Tagesordnung äu-

---

683 Siehe oben D. II. 2.
684 So insbesondere *Schliesky*, in: v. Mangoldt/Klein/Starck (Hrsg.), GG II, Art. 43 Rn. 56; *Schröder*, in: Schneider/Zeh (Hrsg.), Parlamentsrecht und Parlamentspraxis, § 53 Rn. 1; s.a. *Linke*, in: Friauf/Höfling (Hrsg.), Berliner Kommentar, Art. 43 Rn. 144.
685 Vgl. namentlich *Linke*, in: Friauf/Höfling (Hrsg.), Berliner Kommentar, Art. 43 Rn. 119; *Lorz/Richterich*, in: Morlok/Schliesky/Wiefelspütz (Hrsg.), Parlamentsrecht, § 35 Rn. 22; *Queng*, JuS 1998, S. 610 (612).
686 Freilich führt die Wortmeldung eines Regierungsmitglieds nur zur Änderung der Rednerfolge und nicht zur Unterbrechung der Ausführungen eines nichtprivilegierten Redners. Vgl. dazu näher *Besch*, in: Schneider/Zeh (Hrsg.), Parlamentsrecht und Parlamentspraxis, § 33 Rn. 21; *Fauser*, Die Stellung der Regierungsmitglieder und ihrer Vertreter im Parlament, S. 31 f.
687 BVerfGE 10, 4 (17); *Queng*, JuS 1998, S. 610 (612); *Schliesky*, in: v. Mangoldt/Klein/Starck (Hrsg.), GG II, Art. 43 Rn. 63; zum Streit, ob Regierungsreden auf das Zeitkontingent der Mehrheitsfraktionen anzurechnen sind oder zu einer entsprechenden Verlängerung der oppositionellen Redezeit führen müssen, vgl. vor allem *Lorz/Richterich*, in: Morlok/Schliesky/Wiefelspütz (Hrsg.), Parlamentsrecht, § 35 Rn. 26; *Schröder*, in: Kahl/Waldhoff/Walter (Hrsg.), Bonner Kommentar, Art. 43 Rn. 106 ff.

ßern.[688] Hingegen schließt das Privileg aus Art. 43 II 2 GG nicht das Recht zu Zwischenfragen oder Zwischenrufen ein.[689] Von derartigen Äußerungsmöglichkeiten kann ein Mitglied der Bundesregierung, das zugleich dem Parlament angehört, aber in seiner etwaigen Eigenschaft als Abgeordneter Gebrauch machen. Den Rollenwechsel muss es dabei durch einen Ortswechsel zum Abgeordnetenplatz oder an ein Saalmikrofon sichtbar vollziehen.[690] Verweilt es wiederum auf der Regierungsbank, gibt es deutlich zu erkennen, dass es als Kabinettsmitglied auftreten und entsprechende Befugnisse aus Art. 43 II GG in Anspruch nehmen will.[691] Eine solche räumliche Rollenunterscheidung ist nicht nur im Kontext des Rederechts geläufig, sondern offenbart sich darüber hinaus in weiteren parlamentarischen Gepflogenheiten. So ist es üblich, dass die Mitglieder des Bundeskabinetts auf der Regierungsbank Platz nehmen, um Fragen der Parlamentarier an die Bundesregierung gem. §§ 105, 106 II GO-BT zu beantworten.[692] Indes suchen sie einen Platz im Halbkreis der Abgeordnetensitze auf, wenn sie als Abgeordnete ihr im freien Mandat verankertes Stimmrecht wahrnehmen wollen.[693]

Ungeachtet seiner Privilegierung wird das exekutive Rederecht nicht grenzenlos gewährleistet. Vielmehr herrscht Einigkeit darüber, dass jedenfalls das allgemeine Missbrauchsverbot eine äußerste Schranke bildet.[694] Ein Missbrauch liegt etwa in zeitlicher Hinsicht vor, wenn die Regierungsreden eine solche Häufigkeit und Dauer aufweisen, dass der Bundestag an

---

688 BVerfGE 10, 4 (17); *Besch*, in: Schneider/Zeh (Hrsg.), Parlamentsrecht und Parlamentspraxis, § 33 Rn. 17; *Lipphardt*, Die kontingentierte Debatte, S. 73; *Schliesky*, in: v. Mangoldt/Klein/Starck (Hrsg.), GG II, Art. 43 Rn. 65.

689 *H. H. Klein*, in: Maunz/Dürig (Begr.), GG, Art. 43 Rn. 146; *Magiera*, in: Sachs (Hrsg.), GG, Art. 43 Rn. 12; *Schröder*, in: Schneider/Zeh (Hrsg.), Parlamentsrecht und Parlamentspraxis, § 53 Rn. 16.

690 Vgl. zur ganz h.M. namentlich *H. H. Klein*, in: Maunz/Dürig (Begr.), GG, Art. 43 Rn. 146; *T. Schürmann*, in: Morlok/Schliesky/Wiefelspütz (Hrsg.), Parlamentsrecht, § 20 Rn. 25; s.a. bereits *Achterberg*, Parlamentsrecht, S. 660; *Fauser*, Die Stellung der Regierungsmitglieder und ihrer Vertreter im Parlament, S. 27.

691 Kritisch dazu *Versteyl*, in: v. Münch/Kunig (Hrsg.), GG I, Art. 43 Rn. 39, der den Platz, von dem aus das Rednerpult betreten wird, für ein schwaches Unterscheidungskriterium hält und stattdessen vorschlägt, dass der Betreffende von sich aus erklären müsse, in welcher Eigenschaft er zu sprechen gedenke.

692 *Schönberger*, Der Staat 56 (2017), S. 441 (461) m.w.N.

693 *Fauser*, Die Stellung der Regierungsmitglieder und ihrer Vertreter im Parlament, S. 83; *Schönberger*, Der Staat 56 (2017), S. 441 (460).

694 Vgl. statt vieler BVerfGE 10, 4 (18); *Lorz*, Interorganrespekt im Verfassungsrecht, S. 268; *Schliesky*, in: v. Mangoldt/Klein/Starck (Hrsg.), GG II, Art. 43 Rn. 64.

der Wahrnehmung seiner Aufgaben gehindert wird und die Abgeordneten der Opposition keine Gelegenheit erhalten, ihre Standpunkte im Plenum darzulegen.[695] Zudem werden unter inhaltlichen Gesichtspunkten beleidigende Äußerungen[696] und Stellungnahmen ohne jeglichen Bezug zur Bundespolitik[697] als missbräuchlich erachtet.

Fraglich ist derweil, ob über diese Missbrauchsgrenzen hinaus noch weitere Schranken des exekutiven Rederechts bestehen. So könnten die Bundesminister nur berechtigt sein, sich im Parlament zu Angelegenheiten zu äußern, die ihren eigenen Geschäftsbereich betreffen. Zwar ist eine derartige Einschränkung dem Wortlaut des Art. 43 II 2 GG nicht zu entnehmen, jedoch lässt sie sich insoweit begründen, als dem Zweck der Norm, d.h. der Förderung des Informationsflusses und der Kooperation zwischen den Staatsorganen, nur sinnvoll gedient ist, wenn sich der sachlich zuständige Minister zu Wort meldet. Tatsächlich liegt es im Interesse des Parlaments, dass die Regierungspolitik allein von demjenigen Kabinettsmitglied erläutert wird, das aufgrund der Ressortverteilung gem. Art. 65 S. 2 GG kompetent ist und damit für seine Regierung sprechen darf.[698] Ganz in diesem Sinn bestimmt auch § 28 I GOBReg, dass nur die sachlich zuständigen Bundesminister Regierungsvorlagen vor dem Bundestag vertreten dürfen. Fällt nun ein Thema in den Geschäftsbereich mehrerer Minister, sind diese jeweils zuständig und damit redeberechtigt i.S.d. Art. 43 II 2 GG. Der Bundeskanzler ist wiederum dank seiner Richtlinienkompetenz das einzige Regierungsmitglied, dessen Rederecht sich auf alle bundespolitischen Themen erstreckt.

Schließlich bedarf es der Klärung, inwieweit sich das bereits behandelte Gebot parteipolitischer Neutralität auch auf die Regierungsreden im Parlament erstreckt. Als Lösung bietet sich zunächst eine Orientierung an der verfassungsgerichtlichen Rechtsprechung an, die Antworten der Bundesre-

---

695 BVerfGE 10, 4 (18); *Lorz/Richterich*, in: Morlok/Schliesky/Wiefelspütz (Hrsg.), Parlamentsrecht, § 35 Rn. 30; *Schröder*, in: Schneider/Zeh (Hrsg.), Parlamentsrecht und Parlamentspraxis, § 53 Rn. 21.

696 *Dicke*, in: Umbach/Clemens (Hrsg.), GG II, Art. 43 Rn. 36; *Morlok*, in: Dreier (Hrsg.), GG II, Art. 43 Rn. 24; *Röper*, ZParl 1991, S. 189 (195).

697 *Linke*, in: Friauf/Höfling (Hrsg.), Berliner Kommentar, Art. 43 Rn. 150.

698 Vgl. dagegen *H. H. Klein*, in: Maunz/Dürig (Begr.), GG, Art. 43 Rn. 154, der den Ministern ein ressortübergreifendes Rederecht deshalb zubilligt, weil sie für die Politik der Regierung insgesamt Verantwortung tragen; ihm folgend *T. Schürmann*, in: Morlok/Schliesky/Wiefelspütz (Hrsg.), Parlamentsrecht, § 20 Rn. 22; skeptisch gegenüber einer Bindung an Ressortgrenzen wohl auch *Schröder*, in: Schneider/Zeh (Hrsg.), Parlamentsrecht und Parlamentspraxis, § 53 Rn. 19.

gierung auf Kleine Anfragen sowie auf Fragen in der parlamentarischen Fragestunde als parlamentsinternen Vorgang qualifiziert, dem keine rechtliche Außenwirkung zukommt.[699] Ein solcher Ansatz hätte zur Folge, dass herabsetzende Plenarreden der Bundesregierung nicht in subjektive Rechte eingreifen könnten, weil ihnen die hierfür erforderliche Rechtserheblichkeit fehlte. Wollte sich etwa eine Partei gegen derartige Äußerungen mit Hilfe eines Organstreitverfahrens zur Wehr setzen, so wäre ihre Klage mangels Antragsbefugnis i.S.d. § 64 I BVerfGG unzulässig. Freilich erscheint die Vorstellung, dass Stellungnahmen im Plenum des Bundestages keine rechtliche Außenwirkung erzeugen, angesichts der Sitzungsöffentlichkeit nach Art. 42 I 1 GG fragwürdig. Sieht man das Parlament als „Forum der Nation" an,[700] richten sich die Äußerungen im Plenarsaal nicht nur an die dort anwesenden Abgeordneten und Amtswalter, sondern auch an die Bürger außerhalb des Parlaments. Diese verfügen grundsätzlich über die Möglichkeit, die Plenardebatten dank einer Liveübertragung im Internet sowie im Hörfunk und Fernsehen zu verfolgen.[701] Damit ist eine Beeinflussung des gesellschaftlichen Willensbildungsprozesses nicht bloß bei öffentlichen Stellungnahmen der Kabinettsmitglieder im außerparlamentarischen Bereich denkbar. Vielmehr kommt sie auch bei regierungsamtlichen Äußerungen im parlamentarischen Plenum in Betracht. Wäre die Regierung hier lediglich an die bereits dargelegten Missbrauchsgrenzen gebunden, könnte sie etwa mittels „zum Fenster hinaus" gehaltener Reden für ihre Wiederwahl werben oder zum Boykott von Veranstaltungen politischer Gegner aufrufen. Um zu verhindern, dass das sonst geltende parteipolitische Neutralitätsgebot derart umgangen und ausgehöhlt wird, müssen ihm letztendlich auch die Regierungsstatements in den Ple-

---

699 BVerfGE 13, 123 (125); 57, 1 (5); siehe auf Landesebene jüngst auch BlnVerfGH, Urt. v. 4.7.2018 – VerfGH 79/17 – juris Rn. 78; vgl. demgegenüber die berühmte Osho-Entscheidung des Bundesverfassungsgerichts (BVerfGE 105, 279), das hier die Außenwirkung der fraglichen Maßnahmen nicht näher erörterte und eine Grundrechtsbeeinträchtigung annahm, obwohl es namentlich um Antworten der Bundesregierung auf parlamentarische Anfragen ging.
700 Vgl. zu dieser Charakterisierung vor allem *Böckenförde*, AöR 103 (1978), S. 1 (9); *H. H. Klein*, in: Isensee/Kirchhof (Hrsg.), HStR III, § 50 Rn. 11; siehe zudem *Arndt*, in: Schneider/Zeh (Hrsg.), Parlamentsrecht und Parlamentspraxis, § 21 Rn. 9, der das Plenum des Parlaments als „Tribüne der Nation" beschreibt.
701 Vgl. etwa den Überblick über die Empfangsmöglichkeiten unter https://www.bundestag.de/parlament/plenum/tagesordnungen/uebertragungtv-244866 (zuletzt abgerufen am 30.9.2019).

nardebatten unterliegen.[702] In dieser Hinsicht hebt sich das exekutive Rederecht deutlich vom Rederecht des Abgeordneten aus Art. 38 I 2 GG ab.

Überschreiten die Regierungsmitglieder die Grenzen ihres Rederechts aus Art. 43 II 2 GG, kommen Ordnungsmaßnahmen des amtierenden Präsidenten in Betracht. Zwar ist umstritten, ob ein solches Einschreiten seine Rechtsgrundlage im Hausrecht gem. Art. 40 II 1 GG[703], in der Geschäftsordnungsautonomie des Bundestags nach Art. 40 I 2 GG[704] oder im Verfassungsgewohnheitsrecht[705] findet. Außer Zweifel steht heute aber, dass Ordnungsmittel gegenüber den privilegierten Redeberechtigten grundsätzlich zulässig sind, sofern die Verhältnismäßigkeit gewahrt ist. Demzufolge darf der amtierende Präsident einen Regierungsvertreter bei einer missbräuchlichen Inanspruchnahme des exekutiven Rederechts ermahnen[706] und ihm als ultima ratio auch das Wort entziehen.[707] Unzulässig ist allerdings ein Ausschluss von der Sitzung, da er das Zutritts- und Rederecht vollkommen aufhebt.[708] Er darf nur angeordnet werden, wenn ein Kabinettsmitglied als Abgeordneter in der parlamentarischen Sitzung auftritt

---

702 Im Ergebnis ähnlich *Magiera*, in: Sachs (Hrsg.), GG, Art. 43 Rn. 15, dem zufolge die Regierung im Parlament zu parteipolitischer Zurückhaltung verpflichtet ist und ihr Rederecht nicht dazu nutzen darf, um für eine Fraktion oder Partei zu sprechen; siehe in diese Richtung auch *Besch*, in: Schneider/Zeh (Hrsg.), Parlamentsrecht und Parlamentspraxis, § 33 Rn. 18; *Lorz/Richterich*, in: Morlok/Schliesky/Wiefelspütz (Hrsg.), Parlamentsrecht, § 35 Rn. 30; *Schliesky*, in: v. Mangoldt/Klein/Starck (Hrsg.), GG II, Art. 43 Rn. 68.

703 So insbesondere *Achterberg*, Parlamentsrecht, S. 659 f.; *Versteyl*, NJW 1983, S. 379 (380); s.a. *Blum*, in: Morlok/Schliesky/Wiefelspütz (Hrsg.), Parlamentsrecht, § 21 Rn. 28; *Schröder*, in: Kahl/Waldhoff/Walter (Hrsg.), Bonner Kommentar, Art. 43 Rn. 111.

704 *H. H. Klein*, in: Maunz/Dürig (Begr.), GG, Art. 43 Rn. 165; *Pieroth*, in: Jarass/Pieroth, GG, Art. 43 Rn. 7; *T. Schürmann*, in: Morlok/Schliesky/Wiefelspütz (Hrsg.), Parlamentsrecht, § 20 Rn. 65.

705 *Besch*, in: Schneider/Zeh (Hrsg.), Parlamentsrecht und Parlamentspraxis, § 33 Rn. 21; *Bücker*, in: Schneider/Zeh (Hrsg.), Parlamentsrecht und Parlamentspraxis, § 34 Rn. 6.

706 In der parlamentarischen Praxis begnügt sich der Sitzungspräsident gewöhnlich mit informalen Ermahnungen, die er als hypothetische Ordnungsrufe formuliert. Vgl. dazu *T. Schürmann*, in: Morlok/Schliesky/Wiefelspütz (Hrsg.), Parlamentsrecht, § 20 Rn. 66; *Zeh*, in: Isensee/Kirchhof (Hrsg.), HStR III, § 53 Rn. 37.

707 Zur grundsätzlichen Zulässigkeit eines Wortentzugs vgl. statt vieler *Pieroth*, in: Jarass/Pieroth, GG, Art. 43 Rn. 7; *Queng*, JuS 1998, S. 610 (614).

708 *Bücker*, in: Schneider/Zeh (Hrsg.), Parlamentsrecht und Parlamentspraxis, § 34 Rn. 50; *Schröder*, in: Kahl/Waldhoff/Walter (Hrsg.), Bonner Kommentar, Art. 43 Rn. 112; *Wermser*, Der Bundestagspräsident, S. 69; vgl. demgegenüber *H. H. Klein*, in: Maunz/Dürig (Begr.), GG, Art. 43 Rn. 167, der einen Sitzungsaus-

und somit der vollen präsidialen Disziplinargewalt unterworfen ist. Freilich hätte diese Ordnungsmaßnahme dann lediglich zur Folge, dass der betroffene Politiker nicht mehr in seiner Funktion als Parlamentarier an der Sitzung des Bundestages teilnehmen darf. Es stünde ihm also unter Berufung auf Art. 43 II GG weiter frei, auf der Regierungsbank Platz zu nehmen und von hier aus das Wort zu ergreifen.[709]

b) Außerparlamentarische Äußerungen

Aufgrund seiner Scharnierfunktion zwischen Staat und Gesellschaft[710] ist der Abgeordnete zur fortlaufenden Kommunikation mit der Wählerschaft aufgefordert.[711] Er soll sich gerade nicht auf seine Mitwirkung an der staatlichen Willensbildung, d.h. auf seine Arbeit im Parlament, beschränken, sondern sich auch am gesellschaftlichen Willensbildungsprozess beteiligen. Dies geschieht dadurch, dass er sein parlamentarisches Handeln der Öffentlichkeit näher erläutert, seine eigenen politischen Standpunkte von den Lösungen anderer Abgeordneter abgrenzt und letzten Endes um Unterstützung für seine Entscheidungen wirbt.[712] Hierbei genießt er weitreichende politische Freiheit bei der Festlegung, in welcher Form und Intensität seine inhaltlichen Positionen öffentlich gemacht werden sollen. Seine vielfältigen Aktionsfelder erstrecken sich beispielsweise von der Wahlkreisarbeit und der Pflege einer eigenen Homepage über Presse- und Fernsehinterviews bis hin zur Teilnahme an politischen Talkshows und Podiums-

---

schluss in Fällen äußersten und evidenten Missbrauchs für zulässig hält; in diese Richtung auch *Queng*, JuS 1998, S. 610 (614); *Röper*, ZParl 1991, S. 189 (195); *T. Schürmann*, in: Morlok/Schliesky/Wiefelspütz (Hrsg.), Parlamentsrecht, § 20 Rn. 66.

709 *Fauser*, Die Stellung der Regierungsmitglieder und ihrer Vertreter im Parlament, S. 98.

710 Siehe oben D. II. 2.

711 *Gausing*, Das Abgeordnetenmandat zwischen Staat und Gesellschaft, S. 84, 210; siehe ebenso *Härth*, Die Rede- und Abstimmungsfreiheit der Parlamentsabgeordneten, S. 142 f.; *H. H. Klein*, in: Brenner/Huber/Möstl (Hrsg.), FS Badura, S. 263 (278).

712 Zur Notwendigkeit der Öffentlichkeitsarbeit eines Abgeordneten vgl. die prägnante Analyse bei *Depenheuer*, Selbstdarstellung der Politik, S. 69 f.: „Wer in der Demokratie kommunikativ nicht präsent ist, vermag auch politisch nichts zu erreichen; wer öffentlich schweigt, ist demokratisch schon tot."

diskussionen.[713] Insoweit erscheint es nur konsequent, dass der Gewähr-leistungsgehalt des Art. 38 I 2 GG auf das gesamte politische Handeln des Abgeordneten bezogen wird.[714] Erfasst sind damit auch alle außerparla-mentarischen Äußerungen, die der Volksvertreter in Ausübung seines Mandats tätigt. Eine parteipolitische Neutralität kann dabei ebenso wenig erwartet werden wie bei Stellungnahmen im parlamentarischen Be-reich.[715] Die Öffentlichkeitsarbeit des Abgeordneten muss demzufolge nicht auf „einseitige" Positionierungen zu Gunsten oder zu Lasten be-stimmter Parteien verzichten und profitiert anders als das regierungsamtli-che Informationshandeln vom Gebot einer äußerungsfreundlichen Ausle-gung. In dieser Hinsicht nähert sie sich wesentlich der politischen Kom-munikation eines Parteifunktionärs an, der sich als Privatperson auf das Grundrecht der Meinungsfreiheit aus Art. 5 I 1 Hs. 1 GG berufen kann. Letztlich unterliegen beide Kommunikationsformen im Ergebnis den glei-chen Grenzen, wodurch ihre Unterscheidung im politischen Meinungs-kampf praktisch entbehrlich wird. Ganz in diesem Sinne hält auch das Bundesverfassungsgericht fest, dass sich die Sphären des Abgeordneten „als Mandatsträger", „als Parteimitglied" und als politisch handelnder „Privat-person" nicht strikt trennen ließen.[716]

III. Kriterien zur Abgrenzung von regierungsamtlicher und sonstiger politischer Kommunikation

Die bisherigen Ausführungen haben gezeigt, dass ein Kabinettsmitglied in verschiedenen Rollen am öffentlichen Meinungskampf teilnehmen kann. So ist es an Zuständigkeitsgrenzen und an das Gebot parteipolitischer Neutralität nur gebunden, wenn es sich in seiner Eigenschaft als Regie-rungsvertreter äußert. Hingegen genießt es in seiner Rolle als Parteipoliti-ker wie auch in seiner etwaigen Funktion als Abgeordneter weitgehende kommunikative Freiheit. Der Klärung bedarf nunmehr die Frage, auf wel-che Weise sich diese verfassungsrechtlich gebotene Unterscheidung im außerparlamentarischen Raum praktisch vollziehen lässt. Den Ausgangs-

---

713 Vgl. zu den Beispielen namentlich *Depenheuer*, Selbstdarstellung der Politik, S. 73; *Gausing*, Das Abgeordnetenmandat zwischen Staat und Gesellschaft, S. 84.
714 Vgl. oben D. II. 2.
715 *Gausing*, Das Abgeordnetenmandat zwischen Staat und Gesellschaft, S. 175; *H. H. Klein*, in: Brenner/Huber/Möstl (Hrsg.), FS Badura, S. 263 (278).
716 BVerfGE 134, 141 (174).

punkt bildet hier die Überlegung, dass die regierungsamtliche Öffentlichkeitsarbeit stets mit der Nutzung von Möglichkeiten einhergeht, die allein den Regierungsmitgliedern zur Verfügung stehen. Maßgeblich ist also, ob für eine Äußerung gerade die Autorität des Regierungsamtes oder die damit verbundenen Ressourcen in Anspruch genommen werden.[717] Darauf aufbauend sollen im Folgenden konkretisierende inhaltliche und formale Kriterien aufgezeigt werden, deren Anwendung eine leicht handhabbare Abgrenzung der regierungsamtlichen Äußerungssphäre von sonstiger politischer Kommunikation ermöglicht und somit Rechtssicherheit schafft.

1. Ausdrückliche Bezugnahme auf das Regierungsamt

Zunächst lassen sich regierungsamtliche und sonstige politische Stellungnahmen teils nach ihrem Inhalt voneinander unterscheiden. So unterlegt ein Kabinettsmitglied eine Aussage mit Amtsautorität und agiert damit in seiner Eigenschaft als Regierungsvertreter, wenn es entweder explizit auf sein Regierungsamt Bezug nimmt (z.B. mit der Formel „Als Minister ist es meine Aufgabe …")[718] oder Informationen publik macht, deren Kenntnis zuvor allein den Inhabern exekutiver Spitzenämter vorbehalten war[719]. Fraglich ist indes, ob bereits die bloße Verwendung der Amtsbezeichnung Rückschlüsse auf den regierungsamtlichen Charakter einer Äußerung erlaubt. Einen Anhaltspunkt bilden hier § 86 II 2 BBG und seine landesgesetzlichen Parallelvorschriften, die den Beamten gestatten, ihre Amtsbezeichnung auch außerhalb des Dienstes zu führen.[720] Für die Mitglieder der Bundesregierung fehlt zwar eine entsprechende gesetzliche Regelung. Wenn aber schon Beamte ihr öffentliches Amt auch in außerdienstlichen Zusammenhängen nicht zu verleugnen brauchen, müssen Kabinettsmitglieder bei ihrer privaten parteipolitischen Betätigung erst recht nicht auf

---

717 Vgl. besonders *Gröpl/Zembruski*, JA 2016, S. 268 (272); *Möstl*, in: Uhle (Hrsg.), Information und Einflussnahme, S. 49 (62 f.); ThürVerfGH, ThürVBl. 2016, S. 273 (276).

718 BVerfGE 138, 102 (118 f.); *Barczak*, NVwZ 2015, S. 1014 (1016); *Milker*, JA 2017, S. 647 (651); s.a. *Nellesen*, Äußerungsrechte staatlicher Funktionsträger, S. 82, 98; *Oebbecke*, NVwZ 2007, S. 30 (31).

719 Ähnlich *Möstl*, in: Uhle (Hrsg.), Information und Einflussnahme, S. 49 (63); *Studenroth*, AöR 125 (2000), S. 257 (275).

720 Zur Reichweite dieser Berechtigung in der politischen Auseinandersetzung vgl. besonders BVerwG, NJW 1988, S. 1747 (1748).

die schlichte Erwähnung ihres Amtes verzichten.[721] Das Verwenden der Amtsbezeichnung reicht demzufolge nicht aus, um eine Äußerung der staatlichen Sphäre zuzuordnen.[722] Ebenso wenig lässt sich der staatliche Charakter einer Stellungnahme allein damit begründen, dass ein Minister in der Öffentlichkeit über Themen aus seinem Geschäftsbereich spricht.[723] Andernfalls wären der Anwendungsbereich der Meinungsfreiheit und im Falle einer Parlamentsmitgliedschaft auch derjenige der Mandatsfreiheit nur noch bei der Diskussion von Fragen eröffnet, für die der Politiker keine Ressortverantwortung trägt. Allein hier stände es ihm frei, sich mit seiner Partei zu identifizieren und offen für deren Unterstützung zu werben. Dies verschöbe den politischen Wettbewerb letztlich spürbar zu Lasten der Regierungsparteien, deren prominente Vertreter nicht in gleichem Maße wie die Politiker der Opposition am öffentlichen Meinungskampf teilnehmen dürften.[724]

2. Nutzung spezifisch regierungsamtlicher Kommunikationswege

Ein formales Kriterium zur Einordnung einer Äußerung als regierungsamtliche Öffentlichkeitsarbeit bildet die Nutzung regierungsspezifischer Kommunikationskanäle. Dies betrifft zunächst Stellungnahmen auf den offiziellen Internetseiten der Regierung und ihrer Ministerien.[725] In gleicher Weise erfasst sind Beiträge in sozialen Netzwerken wie Facebook oder Twitter, sofern die jeweiligen Profile als offizielle Regierungskanäle ausgewiesen sind und ausschließlich von der Regierung und ihren Mitarbeitern

---

721 Im Ergebnis ebenso, aber ohne nähere Begründung BVerfGE 138, 102 (120), dem zufolge „staatliche Funktionsträger ihre Amtsbezeichnung auch in außerdienstlichen Zusammenhängen führen dürfen."

722 Vgl. statt vieler RhPfVerfGH, LKRZ 2014, S. 463 (464); *Studenroth*, AöR 125 (2000), S. 257 (274).

723 Tendenziell anders BVerfGE 138, 102 (118 f.), das ein regierungsamtliches Handeln im Regelfall annimmt, wenn die Äußerung eines Ministers „ausschließlich Maßnahmen oder Vorhaben des von ihm geführten Ministeriums zum Gegenstand hat."

724 Ähnlich *Möstl*, in: Uhle (Hrsg.), Information und Einflussnahme, S. 49 (63); vgl. in diese Richtung ebenso *Friehe*, in: Uhle (Hrsg.), Information und Einflussnahme, S. 81 (107); *Studenroth*, AöR 125 (2000), S. 257 (274 f.).

725 BVerfGE 148, 11 (34); *Dişçi*, Der Grundsatz politischer Neutralität, S. 213 f.; *Harding*, NJW 2019, S. 1910 (1912).

genutzt werden können.[726] Trägt ein Account wiederum eine Parteibezeichnung oder wurden private Kontaktdaten auf der Plattform hinterlegt, unterfällt ein hier geposteter Beitrag gewöhnlich der privaten Sphäre.[727] Eine Ausnahme ist allein für den Fall denkbar, dass der Absender seine Stellung als Kabinettsmitglied besonders hervorhebt oder regierungsinterne Informationen veröffentlicht, die der Allgemeinheit bislang nicht zugänglich waren. Im Übrigen sind Äußerungen als staatliches Handeln zu werten, wenn sie unter Einsatz von der Regierung zugewiesenen Haushaltsmitteln an die Öffentlichkeit gelangen.[728] Entsprechende Beispiele sind Broschüren, Plakate, Pressemitteilungen oder Zeitungsanzeigen, die im Regelfall ihren Urheber auch deutlich erkennen lassen.

3. Äußere Umstände

Der regierungsamtliche Charakter einer Stellungnahme kann letztlich auch aus den äußeren Umständen resultieren.[729] Entscheidend ist hierbei die Perspektive eines „verständigen Bürgers"[730]. So liegt ein entsprechender Amtsbezug insbesondere bei der Verwendung staatlicher Hoheitszeichen wie z.B. eines Wappens oder einer Dienstflagge vor, da diese ausnahmslos von Behörden geführt werden dürfen.[731] Gleiches gilt im Zweifel, wenn ein Mitglied der Bundesregierung Räumlichkeiten des Kanzleramtes, eines Bundesministeriums oder einer nachgeordneten Behörde für Gespräche mit Medienvertretern nutzt oder auf einer Veranstaltung auftritt, die von der Bundesregierung ausschließlich oder teilweise verantwortet wird.[732] Hier kann der Sprecher aber ausdrücklich darauf hinweisen, dass er sich nicht in seiner Funktion als Regierungsmitglied, sondern nur

---

726 ThürVerfGH, ThürVBl. 2016, S. 273 (276); siehe aus jüngster Zeit auch BlnVerfGH, LKV 2019, S. 120 (122).

727 *Milker*, JA 2017, S. 647 (651); zur organisatorischen Trennung entsprechender Redaktionen vgl. darüber hinaus *Friehe*, in: Uhle (Hrsg.), Information und Einflussnahme, S. 81 (105 ff.).

728 BVerfGE 138, 102 (119); *Studenroth*, AöR 125 (2000), S. 257 (273).

729 Vgl. namentlich *Barczak*, NVwZ 2015, S. 1014 (1016); *Fuchs*, VBlBW 2015, S. 401 (405); *Gröpl/Zembruski*, JA 2016, S. 268 (272).

730 ThürVerfGH, ThürVBl. 2015, S. 295 (297); s.a. *Eder*, „Rote Karte" gegen „Spinner"?, S. 144 f. m.w.N. zur Rechtsprechung.

731 Zur Nutzung von Staatssymbolen vgl. näher *Scholz*, in: Maunz/Dürig (Begr.), GG, Art. 22 Rn. 50.

732 Vgl. insbesondere BVerfGE 138, 102 (119); *Barczak*, NVwZ 2015, S. 1014 (1016); *Fuchs*, VBlBW 2015, S. 401 (405).

in seiner Eigenschaft als Abgeordneter oder Parteipolitiker äußern möchte. Eine solche Erklärung bliebe indes als *protestatio facto contraria* unbeachtlich, wenn zugleich staatliche Hoheitszeichen deutlich in Erscheinung träten und somit in formaler Hinsicht der Eindruck eines regierungsamtlichen Handelns entstünde.[733]

Gibt ein Kabinettsmitglied Interviews außerhalb von Diensträumen oder nimmt es an Talkshows, Podiumsdiskussionen und sonstigen öffentlichen Veranstaltungen teil, deren Organisation allein in der Verantwortung von gesellschaftlichen Akteuren liegt, handelt es sich nach den bisher erörterten formalen Kriterien nicht um staatliche Öffentlichkeitsarbeit. Diese Einordnung lässt sich insoweit kritisieren, als die Regierungsvertreter im Vergleich zu anderen Diskursteilnehmern gewöhnlich eine erhöhte mediale Aufmerksamkeit erfahren.[734] Ein solcher Amtsbonus gehört aber „zu den Gegebenheiten des politischen Wettbewerbs, die im Prozess einer freiheitlichen Demokratie hinzunehmen sind."[735] Er ermöglicht daher keine Rückschlüsse auf den regierungsamtlichen Charakter einer Äußerung.[736] Ebenso unbeachtlich ist der Umstand, dass ein Politiker mit seiner Amtsbezeichnung angesprochen oder als Regierungsmitglied vorgestellt wird. So hat ein Amtswalter keinen Einfluss auf seine Anrede und muss sich auch nicht gegen eine Titulierung mit der Amtsbezeichnung verwahren, wenn er als Privatperson agieren möchte.[737] Entgegen einer vereinzelt im Schrifttum vertretenen Auffassung[738] ist für die Bestimmung der Sprecherrolle schließlich ohne Bedeutung, dass ein behördlicher Dienstwagen für einen Veranstaltungsbesuch in Anspruch genommen wird. Hierfür spricht einerseits der Wortlaut des § 14 I DKfzR, dem zufolge Regierungsmitglieder Dienstkraftfahrzeuge uneingeschränkt nutzen dürfen.[739] Andererseits gilt es in praktischer Hinsicht zu berücksichtigen, dass vielen Spitzenpolitikern bereits aus Sicherheitsgründen gar kein anderes Verkehrsmittel als ein sondergeschütztes Dienstkraftfahrzeug zur Verfügung steht, um zu beruflichen wie auch zu privaten Terminen zu gelangen.

---

733 Im Ansatz ähnlich *Kliegel*, in: Scheffczyk/Wolter (Hrsg.), Linien der Rechtsprechung, S. 413 (434).

734 Vgl. in diese Richtung *Eder*, „Rote Karte" gegen „Spinner"?, S. 146 f.

735 BVerfGE 138, 102 (120).

736 So auch *Nellesen*, Äußerungsrechte staatlicher Funktionsträger, S. 96.

737 ThürVerfGH, ThürVBl. 2016, S. 273 (276).

738 *Fuchs*, VBlBW 2015, S. 401 (405).

739 Ebenso argumentierend *Barczak*, NVwZ 2015, S. 1014 (1016); *Eder*, „Rote Karte" gegen „Spinner"?, S. 146; *Kliegel*, in: Scheffczyk/Wolter (Hrsg.), Linien der Rechtsprechung, S. 413 (435 Fn. 91).

IV. Zusammenfassung

Es hat sich gezeigt, dass ein Regierungsmitglied in seiner Rolle als Parteipolitiker ebenso wie jeder andere Bürger am öffentlichen Diskurs und insbesondere am Wahlkampf teilnehmen darf. Seine grundrechtlich verbürgte Kommunikationsfreiheit wird hier weder durch ein Neutralitätsgebot noch durch ein abgeschwächtes Mäßigungsgebot eingeschränkt. Äußerungen in einer etwaigen Funktion als Abgeordneter werden wiederum nicht durch Grundrechte, sondern durch die Mandatsfreiheit aus Art. 38 I 2 GG erfasst. Deren Gewährleistungsgehalt bezieht sich auf sämtliche politische Aktivitäten sowohl inner- als auch außerhalb des Parlaments. In beiden Bereichen ist der Abgeordnete insofern keiner Neutralitätspflicht unterworfen, als das staatlich zu generierende Gemeinwohl gerade aus dem Kampf rivalisierender politischer Strömungen resultiert. Der einzelne Parlamentarier soll also seine *eigenen* Ansichten in den politischen Diskurs einbringen und sie möglichst klar von anderen Positionen abgrenzen. Selbstverständlich darf er sich in diesem Zusammenhang zu seiner Partei bekennen und für deren Konzepte werben. Ebenso zulässig sind polemische bis scharfe Angriffe auf gegnerische Fraktionen oder Parteien, solange nicht die bloße Diffamierung einer Person oder Personengruppe im Vordergrund steht. Im Interesse einer lebendigen Debatte lässt sich hierbei das Gebot einer äußerungsfreundlichen Auslegung heranziehen, das bereits im Rahmen der Meinungsfreiheit Anwendung findet. Demzufolge müssen im Zweifel konkurrierende Rechtsgüter hinter dem Äußerungsrecht des Abgeordneten zurückstehen. Es ergibt sich so ein deutlicher Unterschied zu regierungsamtlichen Verlautbarungen, die nicht von einer entsprechenden Zweifelsregelung profitieren. Zudem wird offensichtlich, dass die Äußerungssphären des Abgeordneten und des Parteipolitikers praktisch den gleichen Grenzen unterliegen. Dies macht die Differenzierung beider Kommunikationsrollen zumindest für die vorliegende Untersuchung entbehrlich.

Ob eine innerparlamentarische Stellungnahme in der Funktion als Regierungsmitglied oder als Abgeordneter erfolgt, richtet sich allein nach dem Sitzplatz, von dem aus das Wort ergriffen wird. Im außerparlamentarischen Bereich bedarf es hingegen einer näheren Betrachtung, um die jeweilige Kommunikationsrolle zu bestimmen. Im Allgemeinen ist hier eine politische Äußerung der regierungsamtlichen Sphäre zuzuordnen, wenn Möglichkeiten genutzt werden, die nur einem Regierungsmitglied zur Verfügung stehen. Die Autorität des Regierungsamtes oder die damit verbundenen Ressourcen müssen demnach in spezifischer Weise in Anspruch genommen werden. Dies ist zunächst der Fall, wenn ein Politiker ausdrücklich auf sein Regierungsamt Bezug nimmt. Gleiches gilt bei der Nutzung spezifisch regierungsamtlicher Kommunikationswege wie einer offiziellen Homepage. Schließlich kann sich der regierungsamtliche Charakter einer Stellungnahme auch aus den äußeren Umständen ergeben, wobei die Sicht eines verständigen Beobachters entscheidend ist. Mithin steht ein staatliches Auftreten in Rede, wenn Hoheitszeichen geführt oder Regierungsräume genutzt werden. Im Zweifel ist zudem der Besuch von Veranstaltungen erfasst, die von der Regierung zumindest mitverantwortet werden. Nimmt ein Kabinettsmitglied jedoch anderweitig am öffentlichen Diskurs teil, ist stets von einem Handeln als Parteipolitiker oder als Abgeordneter auszugehen, um den Anwendungsbereich der Meinungsfreiheit bzw. der Mandatsfreiheit nicht übermäßig einzuschränken.

E. Schlussbetrachtung

Die vorliegende Untersuchung widmete sich der facettenreichen Teilnahme der Regierungsmitglieder am parteipolitischen Diskurs. An ihrem Schluss steht die Erkenntnis, dass die Zulässigkeit entsprechender Stellungnahmen maßgeblich von der jeweiligen Äußerungssphäre abhängt. In seiner Eigenschaft als Privatperson und Parteifunktionär kann sich ein Politiker etwa auf Kommunikationsgrundrechte berufen und genießt damit im öffentlichen Meinungskampf weitgehende Freiheit: Er darf sich nicht nur zu sämtlichen politischen Themen äußern, sondern auch unmittelbar Position zu Gunsten oder zu Lasten bestimmter Parteien ergreifen. Allein bewusst unwahre Tatsachenbehauptungen und Diffamierungen sind ihm hier versagt. Diese Grenzen gelten grundsätzlich auch dann, wenn sich ein Kabinettsmitglied in seiner etwaigen Rolle als Abgeordneter am öffentlichen Diskurs beteiligt. Handelt es demgegenüber in regierungsamtlicher Funktion, sind seine Wirkungsmöglichkeiten eingeschränkter. So muss es als Amtswalter die grundrechtliche Freiheit achten, kann sie aber nicht selbst für sich in Anspruch nehmen. Stattdessen ist es an die staatliche Kompetenzordnung gebunden und unterliegt dem Gebot parteipolitischer Neutralität, das sich aus einer Zusammenschau verschiedener subjektiv- und objektiv-rechtlicher Vorschriften des Grundgesetzes herleiten lässt. Ihm zufolge darf sich ein Regierungsvertreter mit keiner Partei identifizieren, indem er beispielsweise eine Wahlempfehlung abgibt. Ebenso wenig darf er oppositionelle Parteien unmittelbar herabsetzen oder in sonstiger Weise gezielt ausgrenzen. Etwas anderes gilt auch nicht für die Auseinandersetzung mit extremistischen oder verfassungsfeindlichen Parteien. Als Regierungsmitglied darf ein Politiker die Bevölkerung also bloß allgemein zu bürgerlichem Engagement für die freiheitliche Demokratie auffordern und auf gesellschaftliche Initiativen hinweisen, die sich gegen Geschichtsrevisionismus, Intoleranz und Xenophobie wenden. Boykottaufrufe sowie sonstige Appelle zu Lasten namentlich genannter Parteien bleiben ihm wiederum verwehrt.

Obgleich das parteipolitische Neutralitätsgebot die regierungsamtliche Teilnahme am öffentlichen Diskurs durchaus einschränkt, verwandeln sich die Mitglieder des Bundeskabinetts hierdurch nicht in apolitische Beamtenminister. Vielmehr dürfen sie sich für die Regierungsagenda, die gewöhnlich auf den programmatischen Vorstellungen der Mehrheitsparteien fußt, einsetzen und sie gegenüber oppositionellen Angriffen in Schutz nehmen. Ebenso zulässig ist eine öffentliche Kritik an alternativen politischen Konzepten. Hierbei sind die Kabinettsmitglieder nicht zu einer sachlich-nüchternen Kommunikation verpflichtet, sondern dürfen sich einer einprägsamen verbalen und visuellen Rhetorik bedienen, um die Bevölkerung im heutigen Medienzeitalter noch zu erreichen. Zwar verfügt ihr Informationshandeln aufgrund der engen Verzahnung von Partei- und Regierungspolitik bisweilen über einen werbenden Effekt zu Gunsten der Mehrheitsparteien. Dies ist in der grundgesetzlichen Parteiendemokratie aber unumgänglich und solange unbedenklich, wie die eingangs genannten Grenzen gewahrt sind. Ohne rechtliche Bedeutung ist schließlich der Äußerungszeitpunkt, denn das vorliegend erörterte Gebot partei-politischer Neutralität gilt gleichermaßen inner- wie außerhalb der „heißen Phase" des Wahlkampfs.

Entgegen einiger kritischer Stimmen führt die hier dargelegte Differenzierung verschiedener politischer Äußerungssphären keinesfalls zu einer künstlichen und impraktikablen Aufspaltung einer einheitlichen Person. Sie verlangt von den Regierungsmitgliedern lediglich, dass sie sich in der Öffentlichkeit stets bewusst machen, in welcher Eigenschaft sie gerade agieren. Dabei lässt sich die Sprecherrolle anhand formaler und inhaltlicher Kriterien unschwer bestimmen, ohne dass Rechtsunsicherheiten für die Beteiligten entstehen.

Literaturverzeichnis

Abmeier, Klaus: Die parlamentarischen Befugnisse des Abgeordneten des Deutschen Bundestages nach dem Grundgesetz, Berlin 1984.

Achterberg, Norbert: Parlamentsrecht, Tübingen 1984.

Alexy, Robert: Theorie der juristischen Argumentation. Die Theorie des rationalen Diskurses als Theorie der juristischen Begründung, Frankfurt am Main 1983.

Angermann, Erich: Das Auseinandertreten von „Staat" und „Gesellschaft" im Denken des 18. Jahrhunderts, in: Ernst-Wolfgang Böckenförde (Hrsg.), Staat und Gesellschaft, Darmstadt 1976, S. 109-130.

Anschütz, Gerhard: Die Verfassung des Deutschen Reichs vom 11. August 1919. Ein Kommentar für Wissenschaft und Praxis, Neudruck der 14. Aufl., Aalen 1987.

Armbrecht, Stefanie: Politische Parteien im europäischen Verfassungsverbund. Neue Impulse durch die VO (EG) Nr. 2004/2003, Baden-Baden 2008.

Arndt, Claus: Fraktion und Abgeordneter, in: Hans-Peter Schneider / Wolfgang Zeh (Hrsg.), Parlamentsrecht und Parlamentspraxis in der Bundesrepublik Deutschland, Berlin / New York 1989, § 21.

Arnim, Hans Herbert v.: Der strenge und der formale Gleichheitssatz, DÖV 1984, S. 85-92.

Arnim, Hans Herbert v.: Wählen wir unsere Abgeordneten unmittelbar?, JZ 2002, S. 578-588.

Arnim, Hans Herbert v.: Gemeinwohl im modernen Verfassungsstaat am Beispiel der Bundesrepublik Deutschland, in: ders. / Karl Peter Sommermann (Hrsg.), Gemeinwohlgefährdung und Gemeinwohlsicherung, Berlin 2004, S. 63-88.

Arsenschek, Robert: Der Kampf um die Wahlfreiheit im Kaiserreich. Zur parlamentarischen Wahlprüfung und politischen Realität der Reichstagswahlen 1871-1914, Düsseldorf 2003.

Aulehner, Josef: Grundrechte und Gesetzgebung, Tübingen 2011.

Badura, Peter: Über Wahlen. Rudolf Smend zum 90. Geburtstag, AöR 97 (1972), S. 1-11.

Badura, Peter: Art. Regierung, in: Roman Herzog / Hermann Kunst / Klaus Schlaich / Wilhelm Schneemelcher (Hrsg.), Evangelisches Staatslexikon, Bd. II, 3. Aufl., Stuttgart 1987, Sp. 2951-2958.

Badura, Peter: Die Stellung des Abgeordneten nach dem Grundgesetz und den Abgeordnetengesetzen in Bund und Ländern, in: Hans-Peter Schneider / Wolfgang Zeh (Hrsg.), Parlamentsrecht und Parlamentspraxis in der Bundesrepublik Deutschland, Berlin / New York 1989, § 15.

Badura, Peter: Das politische Amt des Ministers, in: Dietrich Murswiek / Ulrich Storost / Heinrich A. Wolff (Hrsg.), Staat – Souveränität – Verfassung. Festschrift für Helmut Quaritsch zum 70. Geburtstag, Berlin 2000, S. 295-305.

Badura, Peter: Wirtschaftsverfassung und Wirtschaftsverwaltung, 4. Aufl., Tübingen 2011.

Badura, Peter: Staatsrecht. Systematische Erläuterung des Grundgesetzes, 7. Aufl., München 2018.

Ballensiefen, Moritz: Bilder machen Sieger – Sieger machen Bilder. Die Funktion von Pressefotos im Bundestagswahlkampf 2005, Wiesbaden 2009.

Bamberger, Matthias: Nachamtliche Tätigkeitsbeschränkungen für politische Amtsträger. Eine verfassungsrechtliche, rechtspolitische und rechtssoziologische Untersuchung zu den Möglichkeiten und Grenzen einer Regulierung von politischen Beamten, Regierungsmitgliedern und parlamentarischen Staatssekretären, Berlin 2014.

Barczak, Tristan: Die parteipolitische Äußerungsbefugnis von Amtsträgern. Eine Gratwanderung zwischen Neutralitätsgebot und politischem Wettbewerb, NVwZ 2015, S. 1014-1020.

Battis, Ulrich: Hergebrachte Grundsätze versus Ökonomismus: Das deutsche Beamtenrecht in der Modernisierungsfalle?, DÖV 2001, S. 309-317.

Battis, Ulrich: Art. Amt, staatlich (J), in: Werner Heun / Martin Honecker / Martin Morlok / Joachim Wieland (Hrsg.), Evangelisches Staatslexikon, Neuausgabe, Stuttgart 2006, Sp. 46-49.

Battis, Ulrich: Amtsangemessene Alimentation in Berlin?, LKV 2013, S. 397-401.

Battis, Ulrich (Hrsg.): Bundesbeamtengesetz. Kommentar, 5. Aufl., München 2017.

Battis, Ulrich / *Grigoleit*, Klaus Joachim: Neue Herausforderungen für das Versammlungsrecht?, NVwZ 2001, S. 121-129.

Benda, Ernst: Zukunftsfragen der parlamentarischen Demokratie, ZParl 1978, S. 510-521.

Benz, Arthur: Der moderne Staat. Grundlagen der politischen Analyse, 2. Aufl., München 2008.

Berghäuser, Klaus: Eine Frage der Wahrheit?, NVwZ 2003, S. 1085-1087.

Bergsdorf, Wolfgang: Innenpolitische Kommunikation, in: Otfried Jarren / Ulrich Sarcinelli / Ulrich Saxer (Hrsg.), Politische Kommunikation in der demokratischen Gesellschaft. Ein Handbuch mit Lexikonteil, Opladen / Wiesbaden 1998, S. 531-540.

Bertelsmann Stiftung (Hrsg.), Schwindendes Vertrauen in Politik und Parteien. Eine Gefahr für den gesellschaftlichen Zusammenhalt?, 2019, online verfügbar unter https:// www.bertelsmann-stiftung.de/fileadmin/files/Projekte/Gesellschaftlicher _Zusammenhalt/ST-LW_Studie_Schwindendes_Vertrauen_in_Politik_und_Par teien_2019.pdf (zuletzt abgerufen am 30.9.2019).

Besch, Johann Christoph: Rederecht und Redeordnung, in: Hans-Peter Schneider / Wolfgang Zeh (Hrsg.), Parlamentsrecht und Parlamentspraxis in der Bundesrepublik Deutschland, Berlin / New York 1989, § 33.

Bethge, Herbert: Zur „Meinungsfreiheit" der Bundesregierung, NJW 1985, S. 721.

Bethge, Herbert: Zur verfassungsrechtlichen Legitimation informalen Staatshandelns der Bundesregierung, Jura 2003, S. 327-333.

Blanke, Thomas / *Sterzel*, Dieter: Inhalt und Schranken der Demonstrationsfreiheit des Grundgesetzes, Vorgänge 1983, S. 67-84.

Blum, Peter: Leitungsorgane, in: Martin Morlok / Utz Schliesky / Dieter Wiefels-pütz (Hrsg.), Parlamentsrecht, Baden-Baden 2016, § 21.

Böckenförde, Ernst-Wolfgang: Das Grundrecht der Gewissensfreiheit, VVDStRL 28 (1970), S. 33-88.

Böckenförde, Ernst Wolfgang: Parlamentarische Untersuchungsausschüsse und kommunale Selbstverwaltung, AöR 103 (1978), S. 1-42.

Böckenförde, Ernst-Wolfgang: Lorenz von Stein als Theoretiker der Bewegung von Staat und Gesellschaft zum Sozialstaat, in: ders. (Hrsg.), Recht, Staat, Freiheit. Studien zur Rechtsphilosophie, Staatstheorie und Verfassungsgeschichte, Frankfurt am Main 1991, S. 170-208.

Böckenförde, Ernst-Wolfgang: Die Bedeutung der Unterscheidung von Staat und Gesellschaft im demokratischen Sozialstaat der Gegenwart, in: ders. (Hrsg.), Recht, Staat, Freiheit. Studien zur Rechtsphilosophie, Staatstheorie und Verfassungsgeschichte, Frankfurt am Main 1991, S. 209-243.

Böckenförde, Ernst-Wolfgang: Die Organisationsgewalt im Bereich der Regierung. Eine Untersuchung zum Staatsrecht der Bundesrepublik Deutschland, 2. Aufl., Berlin 1998.

Böckenförde, Ernst-Wolfgang: Demokratie als Verfassungsprinzip, in: Josef Isensee / Paul Kirchhof (Hrsg.), Handbuch des Staatsrechts der Bundesrepublik Deutschland, Bd. II, 3. Aufl., Heidelberg 2004, § 24.

Borowy, Oliver: Parlamentarisches Ordnungsgeld und Sitzungsausschluss: Verfassungsrechtliche Aspekte, ZParl 2012, S. 635-657.

Brunner, Otto: Die Freiheitsrechte in der altständischen Gesellschaft, in: Ernst-Wolfgang Böckenförde (Hrsg.), Staat und Gesellschaft, Darmstadt 1976, S. 20-36.

Bryde, Brun-Otto: Verfassungsentwicklung. Stabilität und Dynamik im Verfassungsrecht der Bundesrepublik Deutschland, Baden-Baden 1982.

Buchheim, Hans: Probleme der Juridifizierung der Verfassung, in: Detlef Merten / Rudolf Morsey (Hrsg.), 30 Jahre Grundgesetz. Vorträge und Diskussionsbeiträge der 47. Staatswissenschaftlichen Fortbildungstagung 1979 der Hochschule für Verwaltungswissenschaften Speyer, Berlin 1979, S. 19-34.

Bücker, Joseph: Der Abgeordnete hat das Wort. Gedanken zum Rederecht im Deutschen Bundestag, in: Eckart Busch (Hrsg.), Parlamentarische Demokratie. Bewährung und Verteidigung. Festschrift für Helmut Schellknecht zum 65. Geburtstag, Heidelberg 1984, S. 39-54.

Bücker, Joseph: Das parlamentarische Ordnungsrecht, in: Hans-Peter Schneider / Wolfgang Zeh (Hrsg.), Parlamentsrecht und Parlamentspraxis in der Bundesrepublik Deutschland, Berlin / New York 1989, § 34.

Bülck, Hartwig: Sprache und öffentlicher Dienst – Ein Beitrag zu ihrer Geschichte, in: Klaus König / Hans-Werner Laubinger / Frido Wagener (Hrsg.), Öffentlicher Dienst. Festschrift für Carl Hermann Ule zum 70. Geburtstag am 26. Februar 1977, Köln 1977, S. 1-31.

Burgi, Martin: Funktionale Privatisierung und Verwaltungshilfe. Staatsaufgaben-dogmatik – Phänomenologie – Verfassungsrecht, Tübingen 1999.

Busse, Volker: Der Kernbereich exekutiver Eigenverantwortung im Spannungsfeld der Gewalten, DÖV 1989, S. 45-54.

Butzer, Hermann: Frei von der Leber weg? Die Äußerungsbefugnisse des Bundes-präsidenten und von Mitgliedern der Bundesregierung gegenüber extremisti-schen Parteien, in: Winfried Kluth (Hrsg.), „Das wird man ja wohl noch sagen dürfen." Staatliche Organe und die Pflicht zur Neutralität, Halle an der Saale 2015, S. 37-49.

Calliess, Christian: Rechtsstaat und Umweltstaat. Zugleich ein Beitrag zur Grund-rechtsdogmatik im Rahmen mehrpoliger Verfassung, Tübingen 2001.

Campenhausen, Axel Freiherr von / *de Wall*, Heinrich: Staatskirchenrecht. Eine sys-tematische Darstellung des Religionsverfassungsrechts in Deutschland und Eu-ropa, 4. Aufl., München 2006.

Cicero, Marcus Tullius: De re publica, hrsg. und übersetzt v. Karl Büchner, Stuttgart 1979.

Classen, Claus Dieter: Die Drittwirkung der Grundrechte in der Rechtsprechung des Bundesverfassungsgerichts, AöR 122 (1997), S. 65-107.

Cornils, Matthias: Leitbilder des Abgeordneten – Das Mandat als Lebensberuf oder Zeitengagement?, Jura 2009, S. 289-297.

Cremer, Wolfram: Freiheitsgrundrechte. Funktionen und Strukturen, Tübingen 2003.

Dederer, Hans-Georg: Korporative Staatsgewalt. Integration privat organisierter In-teressen in die Ausübung von Staatsfunktionen. Zugleich eine Rekonstruktion der Legitimationsdogmatik, Tübingen 2004.

Degenhart, Christoph: Staatspresse in der Informationsgesellschaft. Verfassungs-rechtliche und wettbewerbsrechtliche Schranken für die Publizitätstätigkeit der öffentlichen Hand, AfP 2009, S. 207-215.

Degenhart, Christoph: Der Staat im freiheitlichen Kommunikationsprozess: Funk-tionsträgerschaft, Funktionsschutz und Funktionsbegrenzung, AfP 2010, S. 324-331.

Degenhart, Christoph: Staatsrecht I. Staatsorganisationsrecht, 34. Aufl., Heidelberg 2018.

Demmler, Wolfgang: Der Abgeordnete im Parlament der Fraktionen, Berlin 1994.

Depenheuer, Otto: Selbstdarstellung der Politik. Studien zum Öffentlichkeits-anspruch der Demokratie, Paderborn u.a. 2002.

Depenheuer, Otto: Das öffentliche Amt, in: Josef Isensee / Paul Kirchhof (Hrsg.), Handbuch des Staatsrechts der Bundesrepublik Deutschland, Bd. III, 3. Aufl., Heidelberg 2005, § 36.

Detterbeck, Steffen: Innere Ordnung der Bundesregierung, in: Josef Isensee / Paul Kirchhof (Hrsg.), Handbuch des Staatsrechts der Bundesrepublik Deutschland, Bd. III, 3. Aufl., Heidelberg 2005, § 66.

Detterbeck, Steffen: Allgemeines Verwaltungsrecht, 17. Aufl., München 2019.

Di Fabio, Udo: Verwaltung und Verwaltungsrecht zwischen gesellschaftlicher Selbstregulierung und staatlicher Steuerung, VVDStRL 56 (1997), S. 235-286.

Dietrich, Richard: Über Probleme verfassungsgeschichtlicher Forschung in unserer Zeit, in: Ernst-Wolfgang Böckenförde (Hrsg.), Probleme des Konstitutionalismus im 19. Jahrhundert, Berlin 1975, S. 7-21.

Dişçi, Duygu: Der Grundsatz politischer Neutralität. Grenzen der Äußerungsbefugnis politischer Amtsträger, Berlin 2019.

Dittmann, Armin: Unvereinbarkeit von Regierungsamt und Abgeordnetenmandat – eine unliebsame Konsequenz des „Diätenurteils"?, ZRP 1978, S. 52-55.

Donges, Patrick / *Jarren*, Otfried: Politische Kommunikation in der Mediengesellschaft. Eine Einführung, 4. Aufl., Wiesbaden 2017.

Drefs, Felix: Die Öffentlichkeitsarbeit des Staates und die Akzeptanz seiner Entscheidungen, Baden-Baden 2019.

Dreier, Horst: Hierarchische Verwaltung im demokratischen Verfassungsstaat. Genese, aktuelle Bedeutung und funktionelle Grenzen eines Bauprinzips der Exekutive, Tübingen 1991.

Dreier, Horst (Hrsg.): Grundgesetz. Kommentar, Bd. II, 3. Aufl., Tübingen 2015.

Dreier, Ralf: Art. Amt, öffentlich-rechtlich, in: Görres-Gesellschaft (Hrsg.), Staatslexikon, Bd. I, 7. Aufl., Freiburg u.a. 1985, Sp. 128-132.

Droege, Michael: Art. Neutralität, in: Werner Heun / Martin Honecker / Martin Morlok / Joachim Wieland (Hrsg.), Evangelisches Staatslexikon, Neuausgabe, Stuttgart 2006, Sp. 1620-1624.

Dudenredaktion (Hrsg.): Das Herkunftswörterbuch. Etymologie der deutschen Sprache, 5. Aufl., Berlin 2014.

Eder, Christian: „Rote Karte" gegen „Spinner"? Bedeutung und Reichweite staatlicher Neutralitätspflichten in der politischen Auseinandersetzung, Berlin 2017.

Ehmke, Horst: „Staat" und „Gesellschaft" als verfassungsrechtliches Problem, in: Konrad Hesse / Siegfried Reicke / Ulrich Scheuner (Hrsg.), Staatsverfassung und Kirchenordnung. Festgabe für Rudolf Smend zum 80. Geburtstag am 15. Januar 1962, Tübingen 1962, S. 23-49.

Engel, Christoph: Öffentlichkeitsarbeit, in: Josef Isensee / Paul Kirchhof (Hrsg.), Handbuch des Staatsrechts der Bundesrepublik Deutschland, Bd. IV, 3. Aufl., Heidelberg 2006, § 80.

Epping, Volker: Die Trennung von Amt und Mandat. Die parlamentarische Grundposition von Bündnis 80/Die Grünen und die Regierungsbeteiligung: Schlägt die Wirklichkeit den Anspruch?, DÖV 1999, S. 529-540.

Epping, Volker / *Hillgruber*, Christian (Hrsg.): Grundgesetz. Kommentar, 2. Aufl., München 2013.

Faber, Heiko: Innere Geistesfreiheit und suggestive Beeinflussung, Berlin 1968.

Fauser, Bernd: Die Stellung der Regierungsmitglieder und ihrer Vertreter im Parlament. Eine verfassungsrechtliche Untersuchung über die Teilnahme von Regierungsvertretern an den Verhandlungen des Parlaments, Diss. Bonn 1973.

Fehling, Michael: Verwaltung zwischen Unparteilichkeit und Gestaltungsaufgabe, Tübingen 2001.

Ferreau, Frederik: Die Sanktionierung von Parteien und das Recht auf Chancengleichheit im politischen Wettbewerb. Eine verfassungsdogmatische und -theoretische Betrachtung angesichts der beabsichtigten Änderung des Art. 21 GG, DÖV 2017, S. 494-500.

Ferreau, Frederik: Grenzen staatlicher Beteiligung am politischen Diskurs, NVwZ 2017, S. 1259-1263.

Ferreau, Jörg Frederik: Öffentlich-rechtlicher Rundfunk und ökonomischer Wettbewerb. Analyse und Perspektiven rechtlicher Spielräume zur Entfaltung kommerzieller Tätigkeiten durch die Rundfunkanstalten, Tübingen 2017.

Fraenkel, Ernst: Historische Vorbelastungen des deutschen Parlamentarismus (1960), in: Alexander v. Brünneck (Hrsg.), Deutschland und die westlichen Demokratien, 9. Aufl., Baden-Baden 2011, S. 53-73.

Fraenkel, Ernst: Deutschland und die westlichen Demokratien (1960), in: Alexander v. Brünneck (Hrsg.), Deutschland und die westlichen Demokratien, 9. Aufl., Baden-Baden 2011, S. 74-90.

Frenzel, Eike Michael: Das öffentlich-rechtliche Amtsverhältnis und das Recht des öffentlichen Dienstes. Abschied vom Prinzipiellen, ZBR 2008, S. 243-253.

Friauf, Karl Heinrich / *Höfling*, Wolfram (Hrsg.): Berliner Kommentar zum Grundgesetz, Loseblatt, Berlin, Stand: Dezember 2018.

Friehe, Matthias: Facebook, Twitter und Regierung. Neue Medien und regierungsamtliche Kommunikation zwischen Öffentlichkeitsarbeit und Parteipolitik, in: Arnd Uhle (Hrsg.), Information und Einflussnahme. Gefährdungen der Offenheit des demokratischen Willensbildungsprozesses, Berlin 2018, S. 81-122.

Friesenhahn, Ernst: Parlament und Regierung im modernen Staat, VVDStRL 16 (1958), S. 9-73.

Frotscher, Werner: Regierung als Rechtsbegriff. Verfassungsrechtliche und staatstheoretische Grundlagen unter Berücksichtigung der englischen und französischen Verfassungsentwicklung, Berlin 1975.

Frotscher, Werner / *Pieroth*, Bodo: Verfassungsgeschichte, 17. Aufl., München 2018.

Fuchs, Michael: Regierungskommunikation und Verfassungsrecht, VBlBW 2015, S. 701-706.

Fuß, Ernst-Werner: Freiheit und Gleichheit des Parteiwirkens, JZ 1959, S. 392-396.

Gangl, Hans: Der deutsche Weg zum Verfassungsstaat im 19. Jahrhundert. Eine Problemskizze, in: Ernst-Wolfgang Böckenförde (Hrsg.), Probleme des Konstitutionalismus im 19. Jahrhundert, Berlin 1975, S. 23-58.

Gärditz, Klaus Ferdinand: Unbedingte Neutralität? Zur Zulässigkeit amtlicher Aufrufe zu Gegendemonstrationen durch kommunale Wahlbeamte, NWVBl. 2015, S. 165-171.

Gärditz, Klaus: Das Amtsprinzip und seine Sicherung bei Verfassungsorganen, JöR 64 (2016), S. 1-42.

Gausing, Bettina: Das Abgeordnetenmandat zwischen Staat und Gesellschaft. Zum Verhältnis der Grundrechte von Bundestagsabgeordneten zu Art. 38 Absatz 1 Satz 2 GG, Berlin 2018.

Gersdorf, Hubertus: Parlamentsfernsehen des Deutschen Bundestages, Berlin 2008.

Gersdorf, Hubertus: Staatliche Kommunikationstätigkeit. Voraussetzungen und Grenzen der Teilnahme des Staates an öffentlicher Kommunikation, AfP 2016, S. 293-301.

Giese, Friedrich: Die Verfassung des Deutschen Reiches. Taschenausgabe für Studium und Praxis, 8. Aufl., Berlin 1931.

Gramm, Christof: Aufklärung durch staatliche Publikumsinformation. Staatshandeln als Aufklärung?, Der Staat 30 (1991), S. 51-80.

Grigoleit, Klaus Joachim: Bundesverfassungsgericht und deutsche Frage. Eine dogmatische und historische Untersuchung zum judikativen Anteil an der Staatsleitung, Tübingen 2004.

Grigoleit, Klaus Joachim / *Siehr*, Angelika: Die Berufung der Bundesrichter: Quadratur des Kreises? Zur Frage der Vereinbarkeit von Bestenauslese und Wahlgrundsätzen, DÖV 2002, S. 455-462.

Grimm, Dieter: Recht und Staat der bürgerlichen Gesellschaft, Frankfurt am Main 1987.

Grimm, Dieter: Parlament und Parteien, in: Hans-Peter Schneider / Wolfgang Zeh (Hrsg.), Parlamentsrecht und Parlamentspraxis in der Bundesrepublik Deutschland, Berlin / New York 1989, § 6.

Grimm, Dieter: Staat und Gesellschaft, in: Thomas Ellwein / Joachim Jens Hesse (Hrsg.), Staatswissenschaften: Vergessene Disziplin oder neue Herausforderung?, Baden-Baden 1990, S. 13-27.

Grimm, Dieter: Politische Parteien, in: Ernst Bender / Werner Maihofer / Hans-Jochen Vogel (Hrsg.), Handbuch des Verfassungsrechts der Bundesrepublik Deutschland, 2. Aufl., Berlin 1994, § 14.

Grimm, Dieter: Verbände, in: Ernst Bender / Werner Maihofer / Hans-Jochen Vogel (Hrsg.), Handbuch des Verfassungsrechts der Bundesrepublik Deutschland, 2. Aufl., Berlin 1994, § 15.

Grimm, Dieter: Die Meinungsfreiheit in der Rechtsprechung des Bundesverfassungsgerichts, NJW 1995, S. 1697-1705.

Grimm, Dieter: Ursprung und Wandel der Verfassung, in: Josef Isensee / Paul Kirchhof (Hrsg.), Handbuch des Staatsrechts der Bundesrepublik Deutschland, Bd. I, 3. Aufl., Heidelberg 2003, § 1.

Groh, Kathrin: Demokratische Staatsrechtslehrer in der Weimarer Republik. Von der konstitutionellen Staatsrechtslehre zur Theorie des modernen demokratischen Verfassungsstaats, Tübingen 2010.

Gröpl, Christoph / *Zembruski*, Stephanie: Äußerungsbefugnisse oberster Staatsorgane und Amtsträger, JA 2016, S. 268-279.

Gröschner, Rolf: Öffentlichkeitsaufklärung als Behördenaufgabe, DVBl. 1990, S. 619-629.

Gröschner, Rolf: Die Republik, in: Josef Isensee / Paul Kirchhof (Hrsg.), Handbuch des Staatsrechts der Bundesrepublik Deutschland, Bd. II, 3. Aufl., Heidelberg 2004, § 23.

Grote, Rainer: Der Verfassungsorganstreit. Entwicklung, Grundlagen, Erscheinungsformen, Tübingen 2010.

Grzeszick, Bernd: Fraktionsautonomie als Teil des verfassungsrechtlichen Status der Bundestagsfraktionen, NVwZ 2017, S. 985-992.

Gusy, Christoph: Verwaltung durch Information. Empfehlungen und Warnungen als Mittel des Verwaltungshandelns, NJW 2000, S. 977-986.

Gusy, Christoph: Die Informationsbeziehungen zwischen Bürger und Staat, in: Wolfgang Hoffmann-Riem / Eberhard Schmidt-Aßmann / Andreas Voßkuhle (Hrsg.), Grundlagen des Verwaltungsrechts, Bd. II, 2. Aufl., München 2012, § 23.

Gusy, Christoph: Neutralität staatlicher Öffentlichkeitsarbeit – Voraussetzungen und Grenzen, NVwZ 2015, S. 700-704.

Gusy, Christoph: Parlamentarische oder „neutrale" Regierung? Eine Anfrage, KritV 2018, S. 210-235.

Haack, Stefan: Wahlpflicht und Demokratie, KritV 2011, S. 80-96.

Häberle, Peter: Unmittelbare Parteienfinanzierung unter dem Grundgesetz – BVerfGE 20, 56, JuS 1967, S. 64-74.

Häberle, Peter: Öffentliches Interesse als juristisches Problem. Eine Analyse von Gesetzgebung und Rechtsprechung, Bad Homburg 1970.

Häberle, Peter: Öffentlichkeitsarbeit der Regierung zwischen Parteien- und Bürgerdemokratie. Zum Urteil des BVerfG vom 2. März 1977, JZ 1977, S. 361-371.

Häberle, Peter: Die Gemeinwohlproblematik in rechtswissenschaftlicher Sicht, Rechtstheorie 14 (1983), S. 253-284.

Habermas, Jürgen: Erläuterungen zur Diskursethik, 2. Aufl., Frankfurt am Main 1992.

Hamm-Brücher, Hildegard: Abgeordneter und Fraktion, in: Hans-Peter Schneider / Wolfgang Zeh (Hrsg.), Parlamentsrecht und Parlamentspraxis in der Bundesrepublik Deutschland, Berlin / New York 1989, § 22.

Harding, Nicolas: Die Charakterisierung staatlicher Accounts in den sozialen Netzwerken, NJW 2019, S. 1910-1915.

Härth, Wolfgang: Die Rede- und Abstimmungsfreiheit der Parlamentsabgeordneten in der Bundesrepublik Deutschland, Berlin 1983.

Hartmann, Bernd J.: Eigeninteresse und Gemeinwohl bei Wahlen und Abstimmungen, AöR 134 (2009), S. 1-34.

Hatje, Armin: Demokratie als Wettbewerbsordnung, VVDStRL 69 (2010), S. 135-172.

Haungs, Peter: Die Bundesrepublik – Ein Parteienstaat? Kritische Anmerkungen zu einem wissenschaftlichen Mythos, ZParl 1973, S. 502-524.

Haverkate, Görg: Rechtsfragen des Leistungsstaats. Verhältnismäßigkeitsgebot und Freiheitsschutz im leistenden Staatshandeln, Tübingen 1983.

Heck, Stefan: Mandat und Transparenz. Anzeige und Veröffentlichung der Nebentätigkeiten von Bundestagsabgeordneten, Frankfurt am Main 2013.

Hecker, Jan: Die Parteienstaatslehre von Gerhard Leibholz in der wissenschaftlichen Diskussion, Der Staat 34 (1995), S. 287-311.

Heinig, Hans Michael: Der Sozialstaat im Dienst der Freiheit. Zur Formel vom „sozialen" Staat in Art. 20 Abs. 1 GG, Tübingen 2008.

Heinrich, Bernd: Der Amtsträgerbegriff im Strafrecht. Auslegungsrichtlinien unter besonderer Berücksichtigung des Rechtsguts der Amtsdelikte, Berlin 2001.

Heintzen, Markus: Hoheitliche Warnungen und Empfehlungen im Bundesstaat, NJW 1990, S. 1448-1451.

Heintzen, Markus: Staatliche Warnungen als Grundrechtsproblem, VerwArch 81 (1990), S. 532-556.

Heller, Hermann: Staatslehre, 6. Aufl., Tübingen 1983.

Henke, Wilhelm: Das Recht der politischen Parteien, 2. Aufl., Göttingen 1972.

Henke, Wilhelm: Zum Verfassungsprinzip der Republik, JZ 1981, S. 249-251.

Henke, Wilhelm: Die Parteien und der Ämterstaat, NVwZ 1985, S. 616-621.

Hennis, Wilhelm: Der Parteienstaat des Grundgesetzes. Eine gelungene Erfindung, in: ders. (Hrsg.), Auf dem Weg in den Parteienstaat. Aufsätze aus vier Jahrzehnten, Stuttgart 1998, S. 107-135.

Herzog, Roman: Pluralistische Gesellschaft und staatliche Gemeinwohlsorge, in: Hans Herbert v. Arnim / Karl Peter Sommermann (Hrsg.), Gemeinwohlgefährdung und Gemeinwohlsicherung, S. 21-32.

Hesse, Konrad: Die verfassungsrechtliche Stellung der politischen Parteien im modernen Staat, VVDStRL 17 (1959), S. 11-52.

Hesse, Konrad: Bemerkungen zur heutigen Problematik und Tragweite der Unterscheidung von Staat und Gesellschaft, DÖV 1975, S. 437-443.

Hesse, Konrad: Art. Abgeordneter, in: Roman Herzog / Hermann Kunst / Klaus Schlaich / Wilhelm Schneemelcher (Hrsg.), Evangelisches Staatslexikon, Bd. I, 3. Aufl., Stuttgart 1987, Sp. 12-18.

Hesse, Konrad: Grundzüge des Verfassungsrechts der Bundesrepublik Deutschland, Neudruck der 20. Aufl., Heidelberg 1999.

Heun, Werner: Staatshaushalt und Staatsleitung. Das Haushaltsrecht im parlamentarischen Regierungssystem des Grundgesetzes, Baden-Baden 1989.

Heun, Werner: Leben und Werk verfolgter Juristen – Gerhard Leibholz (1901-1982), in: Eva Schumann (Hrsg.), Kontinuitäten und Zäsuren. Rechtswissenschaft und Justiz im „Dritten Reich" und in der Nachkriegszeit, Göttingen 2008, S. 301-326.

Hilker, Judith: Grundrechte im deutschen Frühkonstitutionalismus, Berlin 2005.

Hill, Hermann: Staatskommunikation, JZ 1993, S. 330-336.

Hillgruber, Christian: Die Herrschaft der Mehrheit, AöR 127 (2002), S. 460-470.

Hillgruber, Christian: Grundrechtlicher Schutzbereich, Grundrechtsausgestaltung und Grundrechtseingriff, in: Josef Isensee / Paul Kirchhof (Hrsg.), Handbuch des Staatsrechts der Bundesrepublik Deutschland, Bd. IX, 3. Aufl., Heidelberg 2011, § 200.

Hillgruber, Christian: Parteienfreiheit, in: Detlef Merten / Hans-Jürgen Papier (Hrsg.), Handbuch der Grundrechte in Deutschland und Europa, Bd. V, Heidelberg 2013, § 118.

Hillgruber, Christian: Die Meinungsfreiheit als Grundrecht der Demokratie. Der Schutz des demokratischen Resonanzbodens in der Rechtsprechung des BVerfG, JZ 2016, S. 495-501.

Hilp, Ulrich: „Den bösen Schein vermeiden". Zu Ethos und Recht des Amtes in Kirche und Staat, Berlin 2004.

Hoffmann-Riem, Wolfgang: Versammlungsfreiheit, in: Detlef Merten / Hans-Jürgen Papier (Hrsg.), Handbuch der Grundrechte in Deutschland und Europa, Bd. IV, Heidelberg 2011, § 106.

Hofmann, Hasso / *Dreier*, Horst: Repräsentation, Mehrheitsprinzip und Minderheitenschutz, in: Hans-Peter Schneider / Wolfgang Zeh (Hrsg.), Parlamentsrecht und Parlamentspraxis in der Bundesrepublik Deutschland, Berlin / New York 1989, § 5.

Hollerbach, Alexander: Ideologie und Verfassung, in: Werner Maihofer (Hrsg.), Ideologie und Recht, Frankfurt am Main 1969, S. 37-61.

Holznagel, Bernd: Erosion demokratischer Öffentlichkeit, VVDStRL 68 (2009), S. 381-412.

Holznagel, Bernd: Phänomen „Fake News" – Was ist zu tun? Ausmaß und Durchschlagskraft von Desinformationskampagnen, MMR 2018, S. 18-22.

Holzner, Thomas: Konsens im Allgemeinen Verwaltungsrecht und in der Demokratietheorie. Untersuchungen zur Phänomenologie gruppenpluraler Konsensverwaltung unter besonderer Berücksichtigung des Sozialrechts als Referenzgebiet, Tübingen 2016.

Horn, Hans Detlef: Staat und Gesellschaft in der Verwaltung des Pluralismus. Zur Suche nach Organisationsprinzipien im Kampf ums Gemeinwohl, Die Verwaltung 26 (1993), S. 545-573.

Horn, Hans-Detlef: Gewaltenteilige Demokratie, demokratische Gewaltenteilung. Überlegungen zu einer Organisationsmaxime des Verfassungsstaates, AöR 127 (2002), S. 427-459.

Horn, Hans-Detlef: Verbände, in: Josef Isensee / Paul Kirchhof (Hrsg.), Handbuch des Staatsrechts der Bundesrepublik Deutschland, Bd. III, 3. Aufl., Heidelberg 2005, § 41.

Huber, Ernst Rudolf: Deutsche Verfassungsgeschichte seit 1789, Bd. III: Bismarck und das Reich, 3. Aufl., Stuttgart 1988.

Huber, Peter Michael: Parteien in der Demokratie, in: Peter Badura / Horst Dreier (Hrsg.), Festschrift 50 Jahre Bundesverfassungsgericht, Bd. II, Tübingen 2001, S. 609-626.

Huber, Peter Michael: Die Informationstätigkeit der öffentlichen Hand – ein grundrechtliches Sonderregime aus Karlsruhe?, JZ 2003, S. 290-297.

Huber, Peter Michael: Regierung und Opposition, in: Josef Isensee / Paul Kirchhof (Hrsg.), Handbuch des Staatsrechts der Bundesrepublik Deutschland, Bd. III, 3. Aufl., Heidelberg 2005, § 47.

Hufen, Friedhelm: Legitimität und Grenzen der Öffentlichkeitsarbeit von Landesregierungen. Der Streit um den „Tag der offenen Tür" in der rheinland-pfälzischen Staatskanzlei, LKRZ 2007, S. 41-47.

Huster, Stefan: Die ethische Neutralität des Staates. Eine liberale Interpretation der Verfassung, Tübingen 2002.

Ibler, Martin: Grundrechtseingriff und Gesetzesvorbehalt bei Warnungen durch Bundesorgane, in: Max-Emanuel Geis / Dieter Lorenz (Hrsg.), Staat, Kirche, Verwaltung. Festschrift für Hartmut Maurer zum 70. Geburtstag, München 2001, S. 145-161.

Ingold, Albert: Das Recht der Oppositionen. Verfassungsbegriff – Verfassungsdogmatik – Verfassungstheorie. Tübingen 2015.

Ingold, Albert: Das „Amt" der Abgeordneten. Zum Nutzen eines Relationsbegriffs im Spannungsfeld von Mandat und Person, JöR 64 (2016), S. 43-80.

Ingold, Albert: „Polizei 2.0": Grenzen der behördlichen Öffentlichkeitsarbeit in sozialen Netzwerken, VerwArch 108 (2017), S. 240-265.

Isensee, Josef: Der Dualismus von Staat und Gesellschaft, in: Ernst-Wolfgang Böckenförde (Hrsg.), Staat und Gesellschaft, Darmstadt 1976, S. 317-329.

Isensee, Josef: Republik – Sinnpotential eines Begriffs, JZ 1981, S. 1-8.

Isensee, Josef: Das Grundrecht auf Sicherheit. Zu den Schutzpflichten des freiheitlichen Verfassungsstaates, Berlin 1983.

Isensee, Josef: Öffentlicher Dienst, in: Ernst Bender / Werner Maihofer / Hans-Jochen Vogel (Hrsg.), Handbuch des Verfassungsrechts der Bundesrepublik Deutschland, 2. Aufl., Berlin 1994, § 32.

Isensee, Josef: Das Amt als Medium des Gemeinwohls in der freiheitlichen Demokratie, in: Gunnar Folke Schuppert / Friedhelm Neidhardt (Hrsg.), Gemeinwohl – Auf der Suche nach Substanz, Berlin 2002, S. 241-270.

Isensee, Josef: Transformation von Macht und Recht – das Amt, ZBR 2004, S. 3-12.

Isensee, Josef: Konkretisierung des Gemeinwohls in der freiheitlichen Demokratie, in: Hans Herbert v. Arnim / Karl Peter Sommermann (Hrsg.), Gemeinwohlgefährdung und Gemeinwohlsicherung, Berlin 2004, S. 95-117.

Isensee, Josef: Salus publica – suprema lex? Das Problem des Gemeinwohls in der freiheitlichen Demokratie, Paderborn 2006.

Isensee, Josef: Gemeinwohl im Verfassungsstaat, in: ders. / Paul Kirchhof (Hrsg.), Handbuch des Staatsrechts der Bundesrepublik Deutschland, Bd. IV, 3. Aufl., Heidelberg 2006, § 71.

Isensee, Josef: Idee und Gestalt des Föderalismus im Grundgesetz, in: ders. / Paul Kirchhof (Hrsg.), Handbuch des Staatsrechts der Bundesrepublik Deutschland, Bd. VI, 3. Aufl., Heidelberg 2008, § 126.

Isensee, Josef: Die bundesstaatliche Kompetenz, in: ders. / Paul Kirchhof (Hrsg.), Handbuch des Staatsrechts der Bundesrepublik Deutschland, Bd. VI, 3. Aufl., Heidelberg 2008, § 133.

Isensee, Josef: Das Grundrecht als Abwehrrecht und als staatliche Schutzpflicht, in: ders. / Paul Kirchhof (Hrsg.), Handbuch des Staatsrechts der Bundesrepublik Deutschland, Bd. IX, 3. Aufl., Heidelberg 2011, § 191.

Isensee, Josef: Gemeinwohl und öffentliches Amt. Vordemokratische Fundamente des Verfassungsstaates, Wiesbaden 2014.

Ismayr, Wolfgang: Der Deutsche Bundestag, 3. Aufl., Wiesbaden 2012.

Jacobs, Holger: Die Wahrung der parlamentarischen Ordnung. Ordnungsmaßnahmen des Parlamentspräsidenten im Deutschen Bundestag und in den Landtagen, DÖV 2016, S. 563-569.

Jacoby, Florian: Das private Amt, Tübingen 2007.

Jarass, Hans Dieter / *Pieroth*, Bodo: Grundgesetz für die Bundesrepublik Deutschland. Kommentar, 15. Aufl., München 2018.

Jekewitz, Jürgen: Politische Bedeutung, Rechtsstellung und Verfahren der Bundestagsfraktionen, in: Hans-Peter Schneider / Wolfgang Zeh (Hrsg.), Parlamentsrecht und Parlamentspraxis in der Bundesrepublik Deutschland, Berlin / New York 1989, § 37.

Jellinek, Georg: Allgemeine Staatslehre, 3. Aufl., Berlin 1929.

Jensen, Arne Marco: Rechtsprobleme regierungsamtlicher Öffentlichkeitsarbeit im Internet-Zeitalter, Hamburg 2006.

Jerschke, Hans-Ulrich: Öffentlichkeitspflicht der Exekutive und Informationsrecht der Presse, Berlin 1971.

Jestaedt, Matthias: Demokratieprinzip und Kondominialverwaltung, Berlin 1993.

Jestaedt, Matthias: Recht und Religion. Grenzen und Grenzüberschreitung, in: Andreas Nehring / Joachim Valentin (Hrsg.), Religious Turns – Turning Religions. Veränderte kulturelle Diskurse – Neue religiöse Wissensformen, Stuttgart 2008, S. 67-92.

Jestaedt, Matthias: Meinungsfreiheit, in: Detlef Merten / Hans-Jürgen Papier (Hrsg.), Handbuch der Grundrechte in Deutschland und Europa, Bd. IV, Heidelberg 2011, § 102.

Jülich, Heinz-Christian: Chancengleichheit der Parteien. Zur Grenze staatlichen Handelns gegenüber den politischen Parteien nach dem Grundgesetz, Berlin 1967.

Jun, Uwe: Typen und Funktionen von Parteien, in: Oskar Niedermayer (Hrsg.), Handbuch Parteienforschung, Wiesbaden 2013, S. 119-144.

Jun, Uwe: Medialisierung von politischen Parteien – strategische Notwendigkeiten und ihre Wirkungen, in: Michael Jäckel / Uwe Jun (Hrsg.), Wandel und Kontinuität der politischen Kommunikation, Opladen u.a. 2015, S. 17-44.

Jürgensen, Sven / *Garcia J.*, Juan: Pluralismus als Maxime des Versammlungsrechts, MIP 22 (2016), S. 70-83.

Kaack, Heino: Geschichte und Struktur des deutschen Parteiensystems, Opladen 1971.

Kahl, Wolfgang / *Waldhoff*, Christian / *Walter*, Christian (Hrsg.): Bonner Kommentar zum Grundgesetz, Loseblatt, Heidelberg, Stand: Februar 2019.

Kämmerling, Guido: Aspekte der Meinungsfreiheit – auch von Beamten, ZBR 2017, S. 289-297.

Karcher, Victoria / *Korn*, Juhani M. V.: Ist Schweigen tatsächlich Gold? Zur Regelung des Rederechts „abweichender" Abgeordneter in der Geschäftsordnung des Bundestages, DÖV 2012, S. 725-732.

Karehnke, Helmut: Richtlinienkompetenz des Bundeskanzlers, Ressortprinzip und Kabinettsgrundsatz – Entspricht Art. 65 des Grundgesetzes noch heutigen Erfordernissen?, DVBl. 1974, S. 101-113.

Karpen, Ulrich: Die Unterscheidung von Staat und Gesellschaft als Bedingung der rechtsstaatlichen Freiheit, JA 1986, S. 299-310.

Kempen, Otto Ernst: Grundgesetz, amtliche Öffentlichkeitsarbeit und politische Willensbildung. Ein Aspekt des Legitimationsproblems in Verfassungsrecht, Verfassungspraxis und Verfassungstheorie, Berlin 1975.

Kenntner, Markus: Sinn und Zweck der Garantie des hergebrachten Berufsbeamtentums, DVBl. 2007, S. 1321-1328.

Kerber, Walter / *Schwan*, Alexander / *Hollerbach*, Alexander: Art. Gemeinwohl, in: Görres-Gesellschaft (Hrsg.), Staatslexikon, Bd. II, 7. Aufl., Freiburg u.a. 1986, Sp. 857-863.

Kerssenbrock, Trutz Graf: Das Gebot „äußerster Zurückhaltung in Wahlkämpfen" für Bundes- und Landesregierungen, NordÖR 2008, S. 58-61.

Kersten, Jens: Realakte und Praxen, in: Peter Friedrich Bultmann / Klaus Joachim Grigoleit / Christoph Gusy / Jens Kersten / Christian-W. Otto / Christina Preschel (Hrsg.), Allgemeines Verwaltungsrecht. Institute, Kontexte, System. Festschrift für Ulrich Battis zum 70. Geburtstag, München 2014, S. 239-256.

Kevenhörster, Paul: Politikwissenschaft, Bd. I, 3. Aufl., Wiesbaden 2008.

Kielmansegg, Sebastian Graf v.: Grundrechte im Näheverhältnis. Eine Untersuchung zur Dogmatik des Sonderstatusverhältnisses, Tübingen 2012.

Kingreen, Thorsten: Das Sozialstaatsprinzip im europäischen Verfassungsverbund. Gemeinschaftsrechtliche Einflüsse auf das deutsche Recht der gesetzlichen Krankenversicherung, Tübingen 2003.

Kingreen, Thorsten / *Poscher*, Ralf: Grundrechte. Staatsrecht II, 34. Aufl., Heidelberg 2018.

Kirchhof, Ferdinand: Rechtspflicht zur Zusatzveröffentlichung kommunaler Normen, DÖV 1982, S. 397-403.

Kirchhof, Paul: Nach vierzig Jahren – Gegenwartsfragen an das Grundgesetz, JZ 1989, S. 453-465.

Kirchhof, Paul: Der Staat als Organisationsform politischer Herrschaft und rechtlicher Bindung. Kontinuität und Erneuerung des deutschen Verfassungsstaates in Freiheitlichkeit, Weltoffenheit und demokratischer Solidarität, DVBl. 1999, S. 637-657.

Kirchhof, Paul: Das Parlament als Mitte der Demokratie, in: Michael Brenner / Peter Michael Huber / Markus Möstl (Hrsg.), Der Staat des Grundgesetzes – Kontinuität und Wandel. Festschrift für Peter Badura zum siebzigsten Geburtstag, Tübingen 2004, S. 237-262.

Kirchhof, Paul: Der Bürger in Zugehörigkeit und Verantwortung, in: Josef Isensee / Paul Kirchhof (Hrsg.), Handbuch des Staatsrechts der Bundesrepublik Deutschland, Bd. XII, 3. Aufl., Heidelberg 2014, § 283.

Kirste, Stephan: Die Realisierung von Gemeinwohl durch verselbständigte Verwaltungseinheiten, in: Winfried Brugger / Stephan Kirste / Michael Anderheiden (Hrsg.), Gemeinwohl in Deutschland, Europa und der Welt, Baden-Baden 2002, S. 327-390.

Kißlinger, Andreas: Das Recht auf politische Chancengleichheit, Baden-Baden 1998.

Klein, Eckart: Grundrechtliche Schutzpflicht des Staates, NJW 1989, S. 1633-1640.

Klein, Eckart: Der republikanische Gedanke in Deutschland, DÖV 2009, S. 741-747.

Klein, Hans Hugo: Zur Öffentlichkeitsarbeit von Parlamentsfraktionen, in: Michael Brenner / Peter Michael Huber / Markus Möstl (Hrsg.), Der Staat des Grundgesetzes – Kontinuität und Wandel. Festschrift für Peter Badura zum siebzigsten Geburtstag, Tübingen 2004, S. 263-287.

Klein, Hans Hugo: Stellung und Aufgaben des Bundestages, in: Josef Isensee / Paul Kirchhof (Hrsg.), Handbuch des Staatsrechts der Bundesrepublik Deutschland, Bd. III, 3. Aufl., Heidelberg 2005, § 50.

Klein, Hans Hugo: Status des Abgeordneten, in: Josef Isensee / Paul Kirchhof (Hrsg.), Handbuch des Staatsrechts der Bundesrepublik Deutschland, Bd. III, 3. Aufl., Heidelberg 2005, § 51.

Klein, Hans Hugo: Bundesverfassungsgericht und Parteiengesetz, in: Jörn Ipsen (Hrsg.), 40 Jahre Parteiengesetz. Symposium im Deutschen Bundestag, Göttingen 2009, S. 19-34.

Klein, Hans Hugo: Die Möglichkeit des freien Mandats, in: Martin Morlok / Thomas Poguntke / Ewgenij Sokolov (Hrsg.), Parteienstaat – Parteiendemokratie, Baden-Baden 2018, S. 59-67.

Klement, Jan Henrik: Der Vorbehalt des Gesetzes für das Unvorhersehbare. Argumente gegen zu viel Rücksicht auf den Gesetzgeber, DÖV 2005, S. 507-515.

Klement, Jan Henrik: Verantwortung. Funktion und Legitimation eines Begriffs im Öffentlichen Recht, Tübingen 2006.

Kliegel, Thomas: Äußerungsbefugnisse von Amtsträgern gegenüber politischen Parteien, in: Fabian Scheffczyk / Kathleen Wolter (Hrsg.), Linien der Rechtsprechung des Bundesverfassungsgerichts. Erörtert von den wissenschaftlichen Mitarbeiterinnen und Mitarbeitern, Bd. IV, Berlin / Boston 2017, S. 413-438.

Kloepfer, Michael: Informationsrecht, München 2002.

Kloepfer, Michael: Öffentliche Meinung, Massenmedien, in: Josef Isensee / Paul Kirchhof (Hrsg.), Handbuch des Staatsrechts der Bundesrepublik Deutschland, Bd. III, 3. Aufl., Heidelberg 2005, § 42.

Kloepfer, Michael: Versammlungsfreiheit, in: Josef Isensee / Paul Kirchhof (Hrsg.), Handbuch des Staatsrechts der Bundesrepublik Deutschland, Bd. VII, 3. Aufl., Heidelberg 2009, § 164.

Knebel, Sophie Victoria / *Schoss*, Robin Christopher: Umfang und Legitimationsprobleme staatlichen Informationshandelns im Internet, DÖV 2016, S. 105-112.

Köhler, Miriam Melanie / *Schuster*, Christian Heiko: Regierungs-PR im Feld der politischen Kommunikation. Funktion und Bedeutung von regierungsamtlicher Presse- und Öffentlichkeitsarbeit, in: dies. (Hrsg.), Handbuch Regierungs-PR. Öffentlichkeitarbeit von Bundesregierungen und deren Beratern, Wiesbaden 2006, S. 13-32.

Korioth, Stefan: Rudolf Smend (1882-1975), in: Stefan Grundmann / Michael Kloepfer / Christoph G. Paulus / Rainer Schröder / Gerhard Werle (Hrsg.), Festschrift 200 Jahre Juristische Fakultät der Humboldt-Universität zu Berlin. Geschichte, Gegenwart und Zukunft, Berlin u.a. 2010, S. 583-604.

Korioth, Stefan: Freiheit der Kirchen und Religionsgemeinschaften, in: Detlef Merten / Hans-Jürgen Papier (Hrsg.), Handbuch der Grundrechte in Deutschland und Europa, Bd. IV, Heidelberg 2011, § 97.

Köttgen, Arnold: Das anvertraute öffentliche Amt, in: Konrad Hesse / Siegfried Reicke / Ulrich Scheuner (Hrsg.), Staatsverfassung und Kirchenordnung. Festgabe für Rudolf Smend zum 80. Geburtstag am 15. Januar 1962, Tübingen 1962, S. 119-149.

Kriele, Martin: Ehrenschutz und Meinungsfreiheit, NJW 1994, S. 1897-1905.

Krockow, Christian Graf v.: Staat, Gesellschaft, Freiheitswahrung, in: Ernst-Wolfgang Böckenförde (Hrsg.), Staat und Gesellschaft, Darmstadt 1976, S. 432-483.

Kröger, Klaus: Grundrechtsentwicklung in Deutschland – von ihren Anfängen bis zur Gegenwart, Tübingen 1998.

Krüger, Herbert: Allgemeine Staatslehre, 2. Aufl., Stuttgart 1966.

Krüper, Julian: Anmerkung zu BVerfG, Urt. v. 16.12.2014 – 2 BvE 2/14, JA 2015, S. 414-417.

Kuch, David: Politische Neutralität in der Parteiendemokratie, AöR 142 (2017), S. 491-527.

Kühne, Jörg-Detlef: Volksvertretungen im monarchischen Konstitutionalismus (1814-1918), in: Hans-Peter Schneider / Wolfgang Zeh (Hrsg.), Parlamentsrecht und Parlamentspraxis in der Bundesrepublik Deutschland, Berlin / New York 1989, § 2.

Kunig, Philip: Das Rechtsstaatsprinzip. Überlegungen zu seiner Bedeutung für das Verfassungsrecht der Bundesrepublik Deutschland, Tübingen 1986.

Kunig, Philip: Parteien, in: Josef Isensee / Paul Kirchhof (Hrsg.), Handbuch des Staatsrechts der Bundesrepublik Deutschland, Bd. III, 3. Aufl., Heidelberg 2005, § 40.

Laband, Paul: Staatsrecht, in: Paul Hinneberg (Hrsg.), Die Kultur der Gegenwart. Ihre Entwicklung und ihre Ziele, Teil II, Abteilung VIII, Berlin / Leipzig 1906, S. 293-335.

Laband, Paul: Deutsches Reichsstaatsrecht, 7. Aufl., Tübingen 1919.

Labrenz, Christoph: Die Wahlpflicht – unbeliebt, aber nicht unzulässig, ZRP 2011, S. 214-218.

Lecheler, Helmut: Der öffentliche Dienst, in: Josef Isensee / Paul Kirchhof (Hrsg.), Handbuch des Staatsrechts der Bundesrepublik Deutschland, Bd. V, 3. Aufl., Heidelberg 2007, § 110.

Leibholz, Gerhard: Volk und Partei im neuen deutschen Verfassungsrecht, DVBl. 1950, S. 194-1997.

Leibholz, Gerhard: Verfassungsrechtliche Stellung und innere Ordnung der Parteien. Ausführung und Anwendung der Art. 21 und Art. 38 Abs. 1 Satz 2 des Grundgesetzes, Verhandlungen des 38. DJT (1950), S. C 2-28.

Leibholz, Gerhard: Der Parteienstaat des Bonner Grundgesetzes, in: Hermann Wandersleb / Erich Traumann (Hrsg.), Recht, Staat, Wirtschaft, Bd. III, Düsseldorf 1951, S. 99-125.

Leibholz, Gerhard: Das Wesen der Repräsentation und der Gestaltwandel der Demokratie im 20. Jahrhundert, 3. Aufl., Berlin 1966.

Leibholz, Gerhard: Der Strukturwandel der modernen Demokratie, in: ders. (Hrsg.), Strukturprobleme der modernen Demokratie, 3. Aufl., Karlsruhe 1967, S. 78-131.

Leidenberger, Jacob: Boulevardisierung von Fernsehnachrichten. Eine Inhaltsanalyse deutscher und französischer Hauptnachrichtensendungen, Wiesbaden 2015.

Leisner, Walter: Öffentliches Amt und Berufsfreiheit, AöR 93 (1968), S. 161-199.

Leisner, Walter: Regierung als Macht kombinierten Ermessens. Zur Theorie der Exekutivgewalt, JZ 1968, S. 727-731.

Leisner, Walter: Rechtswirkungen von Reformankündigungen im Koalitionsvertrag?, NJW 2010, S. 823-827.

Lindner, Josef Franz: Unabhängigkeit als Paradigma des Berufsbeamtentums, ZBR 2013, S. 145-155.

Lindner, Josef Franz / *Bast*, Alexander: Die Unzulässigkeit staatlicher Einflussnahme auf Versammlungen, NVwZ 2018, S. 708-711.

Link, Christoph: Staatszwecke im Verfassungsstaat – nach 40 Jahren Grundgesetz, VVDStRL 48 (1990), S. 7-55.

Lipphardt, Hanns-Rudolf: Die Gleichheit der politischen Parteien vor der öffentlichen Gewalt. Kritische Studie zur Wahl- und Parteienrechtsjudikatur des Bundesverfassungsgerichts, Berlin 1975.

Lipphardt, Hanns-Rudolf: Die kontingentierte Debatte. Parlamentsrechtliche Untersuchungen zur Redeordnung des Bundestages, Berlin 1976.

Lorz, Ralph Alexander: Interorganrespekt im Verfassungsrecht. Funktionszuordnung, Rücksichtnahmegebote und Kooperationsverpflichtungen. Eine rechtsvergleichende Analyse anhand der Verfassungssysteme der Bundesrepublik Deutschland, der Europäischen Union und der Vereinigten Staaten, Tübingen 2001.

Lorz, Ralph Alexander / *Richterich*, Maike: Regierung im Parlament, in: Martin Morlok / Utz Schliesky / Dieter Wiefelspütz (Hrsg.), Parlamentsrecht, Baden-Baden 2016, § 35.

Löwer, Wolfgang: Zuständigkeiten und Verfahren des Bundesverfassungsgerichts, in: Josef Isensee / Paul Kirchhof (Hrsg.), Handbuch des Staatsrechts der Bundesrepublik Deutschland, Bd. III, 3. Aufl., Heidelberg 2005, § 70.

Lübbe-Wolff, Gertrude: Rechtsprobleme der behördlichen Umweltberatung, NJW 1987, S. 2705-2712.

Lübbe-Wolff, Gertrude: Homogenes Volk – Über Homogenitätspostulate und Integration, ZAR 2007, S. 121-127.

Luhmann, Niklas: Recht und Automation in der öffentlichen Verwaltung. Eine verwaltungswissenschaftliche Untersuchung, Berlin 1966.

Mackeprang, Rudolf: Ehrenschutz im Verfassungsstaat. Zugleich ein Beitrag zu den Grenzen des Art. 5 Abs. 1 GG, Berlin 1990.

Magiera, Siegfried: Parlament und Staatsleitung in der Verfassungsordnung des Grundgesetzes. Eine Untersuchung zu den Grundlagen der Stellung und Aufgaben des Deutschen Bundestages, Berlin 1979.

Mampel, Siegfried: Totalitäres Herrschaftssystem. Normativer Charakter – Definition – Konstante und variable Essenzialien – Instrumentarium, Berlin 2001.

Mandelartz, Herbert: Öffentlichkeitsarbeit der Regierung. Begriff, Instrumente und Begrenzungen in der Vorwahlzeit, DÖV 2009, S. 509-517.

Mandelartz, Herbert: Grenzen regierungsamtlicher Öffentlichkeitsarbeit, LKRZ 2010, S. 371-374.

Mandelartz, Herbert: Informations- und Öffentlichkeitsarbeit der Bundesregierung. Zur Entscheidung des Bundesverfassungsgerichts in der Sache „Schwesig", DÖV 2015, S. 326-329.

Mandelartz, Herbert / *Grotelüschen*, Henning: Das Internet und die Rechtsprechung des BVerfG zur Öffentlichkeitsarbeit der Regierung, NVwZ 2004, S. 647-650.

Mangoldt, Hermann v. / *Klein*, Friedrich / *Starck*, Christian (Hrsg.): Kommentar zum Grundgesetz, Bde. I und II, 7. Aufl., München 2018.

Manssen, Gerrit: Staatsrecht II. Grundrechte, 15. Aufl., München 2018.

Mantl, Wolfgang: Repräsentation und Identität. Demokratie im Konflikt. Ein Beitrag zur modernen Staatsformlehre, Wien / New York 1975.

Martini, Mario / *Kühl*, Benjamin: Staatliches Informationshandeln, Jura 2014, S. 1221-1236.

Masing, Johannes: Parlamentarische Untersuchungen privater Sachverhalte. Art. 44 GG als staatsgerichtetes Kontrollrecht, Tübingen 1998.

Mauersberger, Axel: Die Freiheit der Parteien. Der Rechtscharakter des Art. 21 GG, Baden-Baden 1994.

Maunz, Theodor / *Dürig*, Günter (Begr.): Grundgesetz. Kommentar, Loseblatt, München, Stand: März 2019.

Maunz, Theodor / *Schmidt-Bleibtreu*, Bruno / *Klein*, Franz / *Bethge*, Herbert (Hrsg.), Bundesverfassungsgerichtsgesetz. Kommentar, Loseblatt, München, Stand: Februar 2019.

Maurer, Hartmut: Der Verwaltungsvorbehalt, VVDStRL 43 (1985), S. 135-171.

Maurer, Hartmut: Die Rechtsstellung der politischen Parteien, JuS 1991, S. 881-889.

Maurer, Hartmut: Staatsrecht I. Grundlagen. Verfassungsorgane. Staatsfunktionen, 6. Aufl., München 2010.

Mayer, Otto: Deutsches Verwaltungsrecht, Bd. I, 2. Aufl., München / Leipzig 1914.

Mayntz, Renate: Wohlfahrtsökonomische und systemtheoretische Ansätze zur Bestimmung von Gemeinwohl, in: Herfried Münkler / Karsten Fischer (Hrsg.), Gemeinwohl und Gemeinsinn. Rhetoriken und Perspektiven sozial-moralischer Orientierung, Berlin 2002, S. 111-126.

Menzel, Eberhard: Parteienstaat und Beamtentum, DÖV 1970, S. 433-447.

Merten, Detlef: Das Berufsbeamtentum als Element deutscher Rechtsstaatlichkeit, ZBR 1999, S. 1-11.

Merten, Detlef: Berufsfreiheit des Beamten und Berufsbeamtentum, in: ders. / Hans-Jürgen Papier (Hrsg.), Handbuch der Grundrechte in Deutschland und Europa, Bd. V, Heidelberg 2013, § 114.

Meyer, Hans: Das parlamentarische Regierungssystem des Grundgesetzes. Anlage – Erfahrungen – Zukunftseignung, VVDStRL 33 (1975), S. 69-119.

Meyer, Hans: Die Stellung der Parlamente in der Verfassungsordnung des Grundgesetzes, in: Hans-Peter Schneider / Wolfgang Zeh (Hrsg.), Parlamentsrecht und Parlamentspraxis in der Bundesrepublik Deutschland, Berlin / New York 1989, § 4.

Meyer, Hans: Wahlgrundsätze, Wahlverfahren, Wahlprüfung, in: Josef Isensee / Paul Kirchhof (Hrsg.), Handbuch des Staatsrechts der Bundesrepublik Deutschland, Bd. III, 3. Aufl., Heidelberg 2005, § 46.

Michael, Lothar / *Morlok*, Martin: Grundrechte, 6. Aufl., Baden-Baden 2017.

Milker, Jens: Äußerungen von Hoheitsträgern im Wahlkampf und darüber hinaus, JA 2017, S. 647-654.

Möllers, Christoph: Gewaltengliederung. Legitimation und Dogmatik im nationalen und internationalen Rechtsvergleich, Tübingen 2005.

Morlok, Martin: Neutralität des Staates und religiöser Radikalismus, in: Johannes Masing / Olivier Jouanjan (Hrsg.), Weltanschauliche Neutralität, Meinungsfreiheit, Sicherungsverwahrung, Tübingen 2013, S. 3-20.

Morlok, Martin / *Merten*, Heike: Parteienrecht, Tübingen 2018.

Möstl, Markus: Demokratische Willensbildung und Hoheitsträger. Grund und Grenzen öffentlicher Äußerungsbefugnisse von Repräsentanten des Staates, in: Arnd Uhle (Hrsg.), Information und Einflussnahme. Gefährdungen der Offenheit des demokratischen Willensbildungsprozesses, Berlin 2018, S. 49-80.

Müller-Franken, Sebastian: Demokratie als Wettbewerbsordnung, DVBl. 2009, S. 1072-1082.

Müller-Franken, Sebastian: Die demokratische Legitimation öffentlicher Gewalt in den Zeiten der Globalisierung, AöR 134 (2009), S. 542-571.

Müller-Franken, Sebastian: Unzulässige Staatsmedien oder zulässige Informationstätigkeit?, Grund und Grenzen medialer Verlautbarungen von Hoheitsträgern, AfP 2016, S. 301-308.

Müller-Franken, Sebastian: Verfassungsrechtliche Fragen zur Online-Informationstätigkeit von Kommunen. Rechtsgutachten zu Legitimation und Grenzen der Teilhabe von Kommunen an öffentlicher Kommunikation über das Internet, Baden-Baden 2018.

Müller-Terpitz, Ralf: Der Schutz des pränatalen Lebens. Eine verfassungs-, völker- und gemeinschaftsrechtliche Statusbetrachtung an der Schwelle zum biomedizinischen Zeitalter, Tübingen 2007.

Münch, Ingo v.: Minister und Abgeordneter in einer Person: die andauernde Verhöhnung der Gewaltenteilung, NJW 1998, S. 34-35.

Münch, Ingo v. / *Kunig*, Philip (Hrsg.): Grundgesetz-Kommentar, Bd. I, 6. Aufl., München 2012.

Murswiek, Dietrich: Staatliche Warnungen, Wertungen, Kritik als Grundrechtseingriffe. Zur Wirtschafts- und Meinungslenkung durch staatliches Informationshandeln, DVBl. 1997, S. 1021-1030.

Murswiek, Dietrich: Das Bundesverfassungsgericht und die Dogmatik mittelbarer Grundrechtseingriffe. Zu der Glykol- und Osho-Entscheidung vom 26.6.2002, NVwZ 2003, S. 1-8.

Murswiek, Dietrich: Der Verfassungsschutzbericht – das scharfe Schwert der streitbaren Demokratie. Zur Problematik der Verdachtsberichterstattung, NVwZ 2004, S. 769-778.

Musil, Andreas: Wettbewerb in der staatlichen Verwaltung, Tübingen 2005.

Nellesen, Sebastian: Äußerungsrechte staatlicher Funktionsträger. Neutralität, Meinungsfreiheit, Mäßigungsgebot: Determinanten der Teilnahme staatlicher Funktionsträger am öffentlichen Meinungsbildungsprozess, Tübingen 2019.

Neuhäuser, Armin: Die Besetzung von Spitzenämtern in der Justiz mit politischen Beamten, NVwZ 2018, S. 1745-1751.

Nipperdey, Thomas: Deutsche Geschichte 1866-1918, Bd. II: Machtstaat vor Demokratie, München 1992.

Nowrot, Karsten: Das Republikprinzip in der Rechtsordnungengemeinschaft. Methodische Annäherungen an die Normalität eines Verfassungsprinzips, Tübingen 2014.

Oebbecke, Janbernd: Amtliche Äußerungen im Bürgermeisterwahlkampf, NVwZ 2007, S. 30-32.

Ossege, Stefan: Das Parteienrechtsverhältnis. Das Rechtsverhältnis zwischen politischer Partei und Parteimitglied, Osnabrück 2012.

Ossenbühl, Fritz: Die Parteien im System des Grundgesetzes, BayVBl. 2000, S. 161-169.

Ossenbühl, Fritz: Gesetz und Recht – Die Rechtsquellen im demokratischen Rechtsstaat, in: Josef Isensee / Paul Kirchhof (Hrsg.), Handbuch des Staatsrechts der Bundesrepublik Deutschland, Bd. V, 3. Aufl., Heidelberg 2007, § 100.

Ossenbühl, Fritz: Vorrang und Vorbehalt des Gesetzes, in: Josef Isensee / Paul Kirchhof (Hrsg.), Handbuch des Staatsrechts der Bundesrepublik Deutschland, Bd. V, 3. Aufl., Heidelberg 2007, § 101.

Pache, Eckhard: Verantwortung und Effizienz in der Mehrebenenverwaltung, VVDStRL 66 (2007), S. 106-151.

Papier, Hans-Jürgen: Grundrechte und Sozialordnung, in: Detlef Merten / Hans-Jürgen Papier (Hrsg.), Handbuch der Grundrechte in Deutschland und Europa, Bd. II, Heidelberg 2006, § 30.

Papier, Hans-Jürgen / *Durner*, Wolfgang: Streitbare Demokratie, AöR 128 (2003), S. 340-371.

Payandeh, Mehrdad: Die Neutralitätspflicht staatlicher Amtsträger im öffentlichen Meinungskampf. Dogmatische Systembildung auf verfassungsrechtlich zweifelhafter Grundlage, Der Staat 55 (2016), S. 519-550.

Penz, Marco: Äußerungsbefugnisse von Regierungsmitgliedern – Anmerkungen zum Urteil des Thüringer Verfassungsgerichtshofs vom 8. Juni 2016, VerfGH 25/15, ThürVBl. 2016, S. 265-269.

Pestalozza, Christian: Die Bedeutung gliedstaatlichen Verfassungsrechts in der Gegenwart, NVwZ 1987, S. 744-751.

Pfetsch, Barbara: Regieren unter den Bedingungen medialer Allgegenwart, in: Ulrich Sarcinelli (Hrsg.), Politikvermittlung und Demokratie in der Mediengesellschaft. Beiträge zur politischen Kommunikationskultur, Bonn 1998, S. 233-252.

Philipp, Renate: Staatliche Verbraucherinformationen im Umwelt- und Gesundheitsrecht, Köln u.a. 1989.

Pietzcker, Jost: Zuständigkeitsordnung und Kollisionsrecht im Bundesstaat, in: Josef Isensee / Paul Kirchhof (Hrsg.), Handbuch des Staatsrechts der Bundesrepublik Deutschland, Bd. VI, 3. Aufl., Heidelberg 2008, § 134.

Pitschas, Rainer: Allgemeines Verwaltungsrecht als Teil der öffentlichen Informationsordnung, in: Wolfgang Hoffmann-Riem / Eberhard Schmidt-Aßmann / Gunnar Folke Schuppert (Hrsg.), Reform des Allgemeinen Verwaltungsrechts. Grundfragen, Baden-Baden 1993, S. 219-305.

Pitschas, Rainer: Maßstäbe des Verwaltungshandelns, in: Wolfgang Hoffmann-Riem / Eberhard Schmidt-Aßmann / Andreas Voßkuhle (Hrsg.), Grundlagen des Verwaltungsrechts, Bd. II, 2. Aufl., München 2012, § 42.

Pöllmann, Guido: Kooperativer Staat und Parteiendemokratie, Berlin 2007.

Porsch, Winfried: Warnungen und kritische Äußerungen als Mittel gemeindlicher Öffentlichkeitsarbeit, Würzburg 1997.

Püttner, Günter: Zur Neutralitätspflicht des Beamten, in: Klaus König / Hans-Werner Laubinger / Frido Wagener (Hrsg.), Öffentlicher Dienst. Festschrift für Carl Hermann Ule zum 70. Geburtstag am 26. Februar 1977, Köln 1977, S. 383-398.

Putzer, Max: Verfassungsrechtliche Grenzen der Äußerungsbefugnisse staatlicher Organe und Amtsträger, DÖV 2015, S. 417-426.

Queng, Stefan: Das Zutritts- und Rederecht nach Art. 43 II GG, JuS 1998, S. 610-614.

Radbruch, Gustav: Die politischen Parteien im System des deutschen Verfassungsrechts, in: Gerhard Anschütz / Richard Thoma (Hrsg.), Handbuch des deutschen Staatsrechts, Bd. I, Tübingen 1930, S. 285-294.

Redelfs, Manfred: Glaubwürdigkeit in der Politik. Vertrauen in Nichtregierungsorganisationen am Beispiel der Kommunikationsstrategie von Greenpeace, in: Beatrice Dernbach / Michael Meyer (Hrsg.), Vertrauen und Glaubwürdigkeit. Interdisziplinäre Perspektiven, Wiesbaden 2005, S. 246-268.

Redmann, Jan: Möglichkeiten und Grenzen der Beschränkung der Parteifreiheit und -gleichheit diesseits eines verfassungsgerichtlichen Verbotsverfahrens, Frankfurt am Main 2012.

Reich, Andreas: Beamtenstatusgesetz. Kommentar, 3. Aufl., München 2018.

Remmert, Barbara: Private Dienstleistungen in staatlichen Verwaltungsverfahren. Eine rechts- und verwaltungswissenschaftliche Untersuchung zur privaten Entscheidungsvorbereitung, Tübingen 2003.

Rensen, Hartmut: Ein verfassungsrechtliches Leitbild des Abgeordneten?, in: Sigrid Emmenegger / Ariane Wiedmann (Hrsg.), Linien der Rechtsprechung des Bundesverfassungsgerichts. Erörtert von den wissenschaftlichen Mitarbeitern, Bd. II, Berlin / Boston 2011, S. 493-518.

Robbers, Gerhard: Sicherheit als Menschenrecht. Aspekte der Geschichte, Begründung und Wirkung einer Grundrechtsfunktion, Baden-Baden 1987.

Röper, Erich: Parlamentarische Ordnungsmaßnahmen gegenüber Regierungsmitgliedern, ZParl 1991, S. 189-196.

Rottmann, Frank: Der Beamte als Staatsbürger. Zugleich eine Untersuchung zum Normtypus von Art. 33 Abs. 5 GG, Berlin 1981.

Rousseau, Jean-Jacques: Du contrat social ou Principes du droit politique, hrsg. und übersetzt v. Hans Brockard, Stuttgart 2010.

Rupp, Hans Heinrich: Grundfragen der heutigen Verwaltungslehre. Verwaltungsnorm und Verwaltungsrechtsverhältnis, 2. Aufl., Tübingen 1991.

Rupp, Hans Heinrich: Die Unterscheidung von Staat und Gesellschaft, in: Josef Isensee / Paul Kirchhof (Hrsg.), Handbuch des Staatsrechts der Bundesrepublik Deutschland, Bd. II, 3. Aufl., Heidelberg 2004, § 31.

Rußmann, Uta: Output-orientierte Forschungsansätze zur Analyse (digitaler) Regierungskommunikation und staatlicher Öffentlichkeitsarbeit – Herausforderungen und Möglichkeiten, in: Juliana Raupp / Jan Niklas Kocks / Kim Murphy (Hrsg.), Regierungskommunikation und staatliche Öffentlichkeitsarbeit. Implikationen des technologisch induzierten Medienwandels, Wiesbaden 2018, S. 167-183.

Sachs, Michael: Bürgerverantwortung im demokratischen Verfassungsstaat, DVBl. 1995, S. 873-894.

Sachs, Michael (Hrsg.): Grundgesetz. Kommentar, 8. Aufl., München 2018.

Sacksofsky, Ute: Wahlrecht und Wahlsystem, in: Martin Morlok / Utz Schliesky / Dieter Wiefelspütz (Hrsg.), Parlamentsrecht, Baden-Baden 2016, § 6.

Sander, Hilmar: Politische Parteien im Visier des Verfassungsschutzes. Ein Beitrag zur Bestimmung der verfassungsrechtlichen Vorgaben für die nachrichtendienstliche Beobachtung politischer Parteien, dargestellt am Beispiel der „Republikaner", DÖV 2001, S. 328-335.

Schelter, Kurt: Demokratisierung der Verbände? Demokratie als Ordnungsprinzip in privilegierten Interessenverbänden, Berlin 1976.

Scherzberg, Arno: Die Öffentlichkeit der Verwaltung, Baden-Baden 2000.

Schlaich, Klaus: Neutralität als verfassungsrechtliches Prinzip. Vornehmlich im Kulturverfassungs- und Staatskirchenrecht, Tübingen 1972.

Schlaich, Klaus: Art. Neutralität (II), in: Roman Herzog / Hermann Kunst / Klaus Schlaich / Wilhelm Schneemelcher (Hrsg.), Evangelisches Staatslexikon, Bd. II, 3. Aufl., Stuttgart 1987, Sp. 2239-2244.

Schlaich, Klaus / *Korioth*, Stefan: Das Bundesverfassungsgericht, 11. Aufl., München 2018.

Schlieffen, Katharina Gräfin v.: Koalitionsvereinbarungen und Koalitionsgremien, in: Josef Isensee / Paul Kirchhof (Hrsg.), Handbuch des Staatsrechts der Bundesrepublik Deutschland, Bd. III, 3. Aufl., Heidelberg 2005, § 49.

Schliesky, Utz: Die Amtswürde im demokratischen Verfassungsstaat, in: ders. / Christian Ernst / Sönke E. Schulz (Hrsg.), Die Freiheit des Menschen in Kommune, Staat und Europa. Festschrift für Edzard Schmidt-Jortzig, Heidelberg 2011, S. 311-328.

Schliesky, Utz: Die wehrhafte Demokratie des Grundgesetzes, in: Josef Isensee / Paul Kirchhof (Hrsg.), Handbuch des Staatsrechts der Bundesrepublik Deutschland, Bd. XII, 3. Aufl., Heidelberg 2014, § 277.

Schliesky, Utz: Parlamentsfunktionen, in: Martin Morlok / Utz Schliesky / Dieter Wiefelspütz (Hrsg.), Parlamentsrecht, Baden-Baden 2016, § 5.

Schmidt, Thorsten Ingo: Beamtenrecht, Tübingen 2017.

Schmidt-Aßmann, Eberhard: Das allgemeine Verwaltungsrecht als Ordnungsidee. Grundlagen und Aufgaben der verwaltungsrechtlichen Systembildung, 2. Aufl., Berlin / Heidelberg 2006.

Schmidt-Jortzig, Edzard: Meinungs- und Informationsfreiheit, in: Josef Isensee / Paul Kirchhof (Hrsg.), Handbuch des Staatsrechts der Bundesrepublik Deutschland, Bd. VII, 3. Aufl., Heidelberg 2009, § 162.

Schmitt Glaeser, Walter: Private Gewalt im politischen Meinungskampf. Zugleich ein Beitrag zur Legitimität des Staates, 2. Aufl., Berlin 1992.

Schmitt Glaeser, Walter: Meinungsfreiheit, Ehrenschutz und Toleranzgebot, NJW 1996, S. 873-879.

Schmitt Glaeser, Walter: Die grundrechtliche Freiheit des Bürgers zur Mitwirkung an der Willensbildung, in: Josef Isensee / Paul Kirchhof (Hrsg.), Handbuch des Staatsrechts der Bundesrepublik Deutschland, Bd. III, 3. Aufl., Heidelberg 2005, § 38.

Schmitt Glaeser, Walter: Der freiheitliche Staat des Grundgesetzes. Eine Einführung, 2. Aufl., Tübingen 2012.

Schneider, Hans-Peter: Verfassungsrechtliche Bedeutung und politische Praxis der parlamentarischen Opposition, in: ders. / Wolfgang Zeh (Hrsg.), Parlamentsrecht und Parlamentspraxis in der Bundesrepublik Deutschland, Berlin / New York 1989, § 38.

Schneider, Hans-Peter: Das parlamentarische System, in: Ernst Bender / Werner Maihofer / Hans-Jochen Vogel (Hrsg.), Handbuch des Verfassungsrechts der Bundesrepublik Deutschland, 2. Aufl., Berlin 1994, § 13.

Schoch, Friedrich: Entformalisierung staatlichen Handelns, in: Josef Isensee / Paul Kirchhof (Hrsg.), Handbuch des Staatsrechts der Bundesrepublik Deutschland, Bd. III, 3. Aufl., Heidelberg 2005, § 37.

Schönberger, Sophie: Der Plenarsaal als Ort des Gedenkens – Parlamentarische Rituale im Deutschen Bundestag, Der Staat 56 (2017), S. 441-472.

Schreiber, Wolfgang (Hrsg.): BWahlG. Kommentar, 10. Aufl., Köln 2017.

Schröder, Meinhard: Grundlagen und Anwendungsbereich des Parlamentsrechts. Zur Übertragbarkeit parlamentarischer Grundsätze auf Selbstverwaltungsorgane, insbesondere in der Kommunal- und Hochschulverwaltung, Baden-Baden 1979.

Schröder, Meinhard: Rechte der Regierung im Bundestag, in: Hans-Peter Schneider / Wolfgang Zeh (Hrsg.), Parlamentsrecht und Parlamentspraxis in der Bundesrepublik Deutschland, Berlin / New York 1989, § 53.

Schröder, Meinhard: Aufgaben der Bundesregierung, in: Josef Isensee / Paul Kirchhof (Hrsg.), Handbuch des Staatsrechts der Bundesrepublik Deutschland, Bd. III, 3. Aufl., Heidelberg 2005, § 64.

Schröder, Meinhard: Die Bereiche der Regierung und der Verwaltung, in: Josef Isensee / Paul Kirchhof (Hrsg.), Handbuch des Staatsrechts der Bundesrepublik Deutschland, Bd. V, 3. Aufl., Heidelberg 2007, § 106.

Schröder, Meinhard: Stellung der Parteien, in: Detlef Merten / Hans-Jürgen Papier (Hrsg.), Handbuch der Grundrechte in Deutschland und Europa, Bd. V, Heidelberg 2013, § 119.

Schulze-Fielitz, Helmuth: Parlamentsbrauch, Gewohnheitsrecht, Observanz, in: Hans-Peter Schneider / Wolfgang Zeh (Hrsg.), Parlamentsrecht und Parlamentspraxis in der Bundesrepublik Deutschland, Berlin / New York 1989, § 11.

Schuppert, Gunnar Folke: Das Gesetz als zentrales Steuerungsinstrument des Rechtsstaates, in: ders. (Hrsg.), Das Gesetz als zentrales Steuerungsinstrument des Rechtsstaates, Baden-Baden 1998, S. 105-155.

Schuppert, Gunnar Folke: Verwaltungswissenschaft. Verwaltung, Verwaltungsrecht, Verwaltungslehre, Baden-Baden 2000.

Schuppert, Gunnar Folke: Gemeinwohl, das. Oder: Über die Schwierigkeit, dem Gemeinwohlbegriff Konturen zu verleihen, in: ders. / Friedhelm Neidhardt (Hrsg.), Gemeinwohl – Auf der Suche nach Substanz, Berlin 2002, S. 19-64.

Schuppert, Gunnar Folke: Gemeinwohldefinition im pluralistischen Verfassungsstaat, GewArch 2004, S. 441-447.

Schürmann, Frank: Öffentlichkeitsarbeit der Bundesregierung. Strukturen, Medien, Auftrag und Grenzen eines informalen Instruments der Staatsleitung, Berlin 1992.

Schürmann, Thomas: Plenardebatte, in: Martin Morlok / Utz Schliesky / Dieter Wiefelspütz (Hrsg.), Parlamentsrecht, Baden-Baden 2016, § 20.

Schweitzer, Michael / *Steiger*, Heinhard: Art. Neutralität, in: Otto Brunner / Werner Conze / Reinhart Koselleck (Hrsg.), Geschichtliche Grundbegriffe. Historisches Lexikon zur politisch-sozialen Sprache in Deutschland, Bd. IV, Stuttgart 1978, S. 315-370.

Seer, Joachim: Gemeinwohlzwecke und steuerliche Entlastung, DStJG 26 (2003), S. 11-48.

Seifert, Karl-Heinz: Die politischen Parteien im Recht der Bundesrepublik Deutschland, Köln u.a. 1975.

Seiler, Christian: Der souveräne Verfassungsstaat zwischen demokratischer Rückbindung und überstaatlicher Einbindung, Tübingen 2005.

Shirvani, Foroud: Parteienfreiheit, Parteienöffentlichkeit und die Instrumente des Verfassungsschutzes, AöR 134 (2009), S. 572-595.

Shirvani, Foroud: Das Parteienrecht und der Strukturwandel im Parteiensystem. Staats- und europarechtliche Untersuchungen zu den strukturellen Veränderungen im bundesdeutschen und europäischen Parteiensystem, Tübingen 2010.

Smend, Rudolf: Verfassung und Verfassungsrecht, in: ders. (Hrsg.), Staatsrechtliche Abhandlungen und andere Aufsätze, 3. Aufl., Berlin 1994, S. 119-276.

Sommermann, Karl-Peter: Brauchen wir eine Ethik des öffentlichen Dienstes?, VerwArch 89 (1998), S. 290-305.

Song, Seog-Yun: Politische Parteien und Verbände in der Verfassungsrechtslehre der Weimarer Republik, Berlin 1996.

Spitzlei, Thomas: Die politische Äußerungsbefugnis staatlicher Organe, JuS 2018, S. 856-860.

Starck, Christian: Freiheit und Institutionen, Tübingen 2002.

Steffani, Winfried: Gewaltenteilung und Parteien im Wandel, Opladen / Wiesbaden 1997.

Steiger, Heinhard: Organisatorische Grundlagen des parlamentarischen Regierungssystems. Eine Untersuchung zur rechtlichen Stellung des Deutschen Bundestages, Berlin 1973.

Stein, Katrin: Die Verantwortlichkeit politischer Akteure, Tübingen 2009.

Steinbach, Armin: Der politische Beamte als verfassungsrechtliches Problem, VerwArch 2018, S. 2-32.

Stentzel, Rainer: Integrationsziel Parteiendemokratie. Rechtliche Rahmenbedingungen für eine Demokratisierung der Europäischen Union, Baden-Baden 2002.

Stern, Klaus: Das Staatsrecht der Bundesrepublik Deutschland, Bd. II, München 1980.

Stern, Klaus: Das Staatsrecht der Bundesrepublik Deutschland, Bd. I, 2. Aufl., München 1984.

Stern, Klaus: Die Schutzpflichtenfunktion der Grundrechte. Eine juristische Entdeckung, DÖV 2010, S. 241-249.

Stern, Klaus / *Becker*, Florian (Hrsg.): Grundrechte-Kommentar. Die Grundrechte des Grundgesetzes mit ihren europäischen Bezügen, 3. Aufl., Köln 2019.

Stolleis, Michael: Art. Gemeinwohl, in: Roman Herzog / Hermann Kunst / Klaus Schlaich / Wilhelm Schneemelcher (Hrsg.), Evangelisches Staatslexikon, Bd. I, 3. Aufl., Stuttgart 1987, Sp. 1061-1064.

Stöss, Richard: Parteienstaat oder Parteiendemokratie?, in: Oscar W. Gabriel / Oskar Niedermayer / Richard Stöss (Hrsg.), Parteiendemokratie in Deutschland, 2. Aufl., Wiesbaden 2002, S. 13-36.

Studenroth, Stefan: Wahlbeeinflussung durch staatliche Funktionsträger, AöR 125 (2000), S. 257-279.

Stumpf, Gerrit Hellmuth: Parteipolitische Äußerungen des Thüringer Ministerpräsidenten – Anmerkungen zum Sondervotum Petermann zum Urteil des Thüringer Verfassungsgerichtshofs vom 8. Juni 2016 – VerfGH 25/15, ThürVBl. 2016, S. 270-273.

Struth, Anna Katharina: Hassrede und Freiheit der Meinungsäußerung. Der Schutzbereich der Meinungsäußerungsfreiheit in Fällen demokratiefeindlicher Äußerungen nach der Europäischen Menschenrechtskonvention, dem Grundgesetz und der Charta der Grundrechte der Europäischen Union, Berlin / Heidelberg 2018.

Summer, Rudolf: Das Amt im statusrechtlichen Sinn, ZBR 1982, S. 321-343.

Tanneberger, Steffen / *Nemeczek*, Heinrich: Anmerkung zu BVerfG, Urt. v. 16.12.2014 – 2 BvE 2/14, NVwZ 2015, S. 215-216.

Thiel, Markus: Zur Einführung: Die „wehrhafte Demokratie" als verfassungsrechtliche Grundentscheidung, in: ders. (Hrsg.), Wehrhafte Demokratie. Beiträge über die Regelungen zum Schutze der freiheitlichen demokratischen Grundordnung, Tübingen 2003, S. 1-24.

Tillmanns, Reiner: Wehrhaftigkeit durch Werthaftigkeit – der ethische Grundkonsens als Existenzvoraussetzung des freiheitlichen Staates, in: Markus Thiel (Hrsg.), Wehrhafte Demokratie. Beiträge über die Regelungen zum Schutze der freiheitlichen demokratischen Grundordnung, Tübingen 2003, S. 25-56.

Towfigh, Emanuel V.: Das Parteien-Paradox. Ein Beitrag zur Bestimmung des Verhältnisses von Demokratie und Parteien, Tübingen 2015.

Triepel, Heinrich: Die Staatsverfassung und die politischen Parteien, 2. Aufl., Berlin 1930.

Trute, Hans-Heinrich: Gemeinwohlsicherung und Gewährleistungsstaat, in: Gunnar Folke Schuppert / Friedhelm Neidhardt (Hrsg.), Gemeinwohl – Auf der Suche nach Substanz, Berlin 2002, S. 329-347.

Tsatsos, Dimitris Th.: Unvereinbarkeiten zwischen Bundestagsmandat und anderen Funktionen, in: Hans-Peter Schneider / Wolfgang Zeh (Hrsg.), Parlamentsrecht und Parlamentspraxis in der Bundesrepublik Deutschland, Berlin / New York 1989, § 23.

Tsatsos, Dimitris Th. / *Morlok*, Martin: Parteienrecht. Eine verfassungsrechtliche Einführung, Heidelberg 1982.

Uerpmann, Robert: Das öffentliche Interesse. Seine Bedeutung als Tatbestandsmerkmal und als dogmatischer Begriff, Tübingen 1999.

Uerpmann, Robert: Verfassungsrechtliche Gemeinwohlkriterien, in: Gunnar Folke Schuppert / Friedhelm Neidhardt (Hrsg.), Gemeinwohl – Auf der Suche nach Substanz, Berlin 2002, S. 179-195.

Uhle, Arnd: Innere Integration, in: Josef Isensee / Paul Kirchhof (Hrsg.), Handbuch des Staatsrechts der Bundesrepublik Deutschland, Bd. IV, 3. Aufl., Heidelberg 2006, § 82.

Uhlenbrock, Henning: Der Staat als juristische Person. Dogmengeschichtliche Untersuchung zu einem Grundbegriff der deutschen Staatsrechtslehre, Berlin 2000.

Uhlitz, Otto: Öffentlichkeitsarbeit der Regierung und Parteienfinanzierung, Recht und Politik 1966, S. 12-15.

Umbach, Dieter C. / *Clemens*, Thomas (Hrsg.): Grundgesetz. Mitarbeiterkommentar und Handbuch, 2 Bde., Heidelberg 2002.

Versteyl, Ludger-Anselm: Der Bundestagspräsident und die parlamentarische Disziplinargewalt, NJW 1983, S. 379-381.

Vierhaus, Hans-Peter: Umweltbewußtsein von oben. Zum Verfassungsgebot demokratischer Willensbildung, Berlin 1994.

Viotto, Regina: Das öffentliche Interesse. Transformation eines unbestimmten Rechtsbegriffs, Baden-Baden 2009.

Vitzthum, Wolfgang Graf: Der funktionale Anwendungsbereich der Grundrechte, in: Detlef Merten / Hans-Jürgen Papier (Hrsg.), Handbuch der Grundrechte in Deutschland und Europa, Bd. II, Heidelberg 2006, § 48.

Vogelsang, Klaus: Ethos des Berufsbeamtentums in der Gegenwart, ZBR 1997, S. 33-37.

Volkmann, Uwe: Politische Parteien und öffentliche Leistungen, Berlin 1993.

Volkmann, Uwe: Parteien zwischen verfassungsrechtlichem Anspruch und politischer Wirklichkeit, in: Jörn Ipsen (Hrsg.), 40 Jahre Parteiengesetz. Symposium im Deutschen Bundestag, Göttingen 2009, S. 79-96.

Volkmann, Uwe: Parlamentarische Demokratie und politische Parteien, in: Martin Morlok / Utz Schliesky / Dieter Wiefelspütz (Hrsg.), Parlamentsrecht, Baden-Baden 2016, § 4.

Volp, Daniel: Parteiverbot und wehrhafte Demokratie. Hat das Parteiverbotsverfahren noch eine Berechtigung?, NJW 2016, S. 459-464.

Voßkuhle, Andreas / *Kaiser*, Anna-Bettina: Grundwissen – Öffentliches Recht: Informationshandeln des Staates, JuS 2018, S. 343-346.

Wagner, Fritjof: Neutralität und öffentlicher Dienst, DÖD 1987, S. 65-67.

Wahnschaffe, Thies: Zur Neutralitätspflicht staatlicher Hoheitsträger gegenüber Organisationen ohne Parteienstatus, NVwZ 2016, S. 1767-1771.

Waldhoff, Christian: Gesetzesmaterialien aus verfassungsrechtlicher Perspektive, in: Holger Fleischer (Hrsg.), Mysterium „Gesetzesmaterialien". Bedeutung und Gestaltung der Gesetzesbegründung in Vergangenheit, Gegenwart und Zukunft, Tübingen 2013, S. 77-95.

Walter, Heinz: Amtsverbrechen, Berlin 1975.

Weibezahn, Martin: Ethische Standards in der Verwaltung. Ein Beitrag zu Funktion und Legitimation des Amtes in der Bundesrepublik Deutschland unter Einbeziehung der angelsächsischen Perspektive, Berlin 2012.

Welzel, Christian: Gemeinwohl als Bürgerwohl: Die Perspektive der Humanentwicklung, in: Gunnar Folke Schuppert / Friedhelm Neidhardt (Hrsg.), Gemeinwohl – Auf der Suche nach Substanz, Berlin 2002, S. 109-126.

Wermser, Jürgen: Der Bundestagspräsident. Funktion und reale Ausformung eines Amtes im Deutschen Bundestag, Opladen 1984.

Westermeyer, Sebastian: Die Herausbildung des Subsidiaritätsverhältnisses zwischen Familie und Staat und seine heutige Bedeutung im Grundgesetz, Baden-Baden 2010.

Wick, Georg v.: Kompetenzwahrnehmung im Bereich der Bundesregierung, Düsseldorf 1957.

Wiefelspütz, Dieter: Abgeordnetenmandat, in: Martin Morlok / Utz Schliesky / Dieter Wiefelspütz (Hrsg.), Parlamentsrecht, Baden-Baden 2016, § 12.

Wiegandt, Manfred H.: Norm und Wirklichkeit. Gerhard Leibholz (1901-1982) – Leben, Werk und Richteramt, Baden-Baden 1995.

Wieland, Joachim: Öffentlichkeitsarbeit der Regierung in Zeiten der Digitalisierung, in: Julian Krüper (Hrsg.): Die Organisation des Verfassungsstaats. Festschrift für Martin Morlok zum 70. Geburtstag, Tübingen 2019, S. 533-549.

Wiese, Walter: Das Amt des Abgeordneten, AöR 101 (1976), S. 548-576.

Wiesendahl, Elmar: Parteien und Demokratie. Eine soziologische Analyse paradigmatischer Ansätze der Parteienforschung, Opladen 1980.

Wilde, Manfred, Art. Amt, in: Albrecht Cordes / Hans-Peter Haferkamp / Heiner Lück / Dieter Werkmüller / Ruth Schmidt-Wiegand (Hrsg.), Handwörterbuch zur deutschen Rechtsgeschichte, Bd. I, 2. Aufl., Berlin 2004, Sp. 207-211.

Wittreck, Fabian: „Republik" als verfassungsunmittelbare Grundrechtsschranke?, in: Gilbert H. Gornig / Burkhard Schöbener / Winfried Bausback / Tobias H. Irmscher (Hrsg.), Iustitia et Pax. Gedächtnisschrift für Dieter Blumenwitz, Berlin 2008, S. 881-899.

Wittreck, Fabian: Zur Bedeutung einzelstaatlicher Grundrechte für die deutsche Grundrechtsentwicklung. Vom Frühkonstitutionalismus bis zur Gründung der Bundesrepublik Deutschland, in: Detlef Merten / Hans-Jürgen Papier (Hrsg.), Handbuch der Grundrechte in Deutschland und Europa, Bd. VIII, Heidelberg 2017, § 231.

Wolff, Hans Julius / *Bachof*, Otto: Verwaltungsrecht, Bd. II, 4. Aufl., München 1976.

Wolfrum, Rüdiger: Die innerparteiliche demokratische Ordnung nach dem Parteiengesetz, Berlin 1974.

Zacher, Hans Friedrich: Das soziale Staatsziel, in: Josef Isensee / Paul Kirchhof (Hrsg.), Handbuch des Staatsrechts der Bundesrepublik Deutschland, Bd. II, 3. Aufl., Heidelberg 2004, § 28.

Zanger, Johanna: Freiheit vor Furcht. Zur grundrechtsdogmatischen Bedeutung von Einschüchterungseffekten, Berlin 2017.

Zeh, Wolfgang: Theorie und Praxis der Parlamentsdebatte, in: Hans-Peter Schneider / Wolfgang Zeh (Hrsg.), Parlamentsrecht und Parlamentspraxis in der Bundesrepublik Deutschland, Berlin / New York 1989, § 32.

Zeh, Wolfgang: Gliederung und Organe des Bundestages, in: Josef Isensee / Paul Kirchhof (Hrsg.), Handbuch des Staatsrechts der Bundesrepublik Deutschland, Bd. III, 3. Aufl., Heidelberg 2005, § 52.

Zeh, Wolfgang: Parlamentarisches Verfahren, in: Josef Isensee / Paul Kirchhof (Hrsg.), Handbuch des Staatsrechts der Bundesrepublik Deutschland, Bd. III, 3. Aufl., Heidelberg 2005, § 53.

Zippelius, Reinhold: Allgemeine Staatslehre. Politikwissenschaft, 17. Aufl., München 2017.

Zolleis, Udo / *Schmid*, Josef: Die CDU unter Angela Merkel – der neue Kanzlerwahlverein?, in: Oskar Niedermayer (Hrsg.), Die Parteien nach der Bundestagswahl 2013, Wiesbaden 2015, S. 25-48.

Zott, Christine: Aktive Informationen des Staates im Internet – Mittelalterlicher Pranger oder modernes Steuerungsinstrument? Eine Analyse der Publikumsinformation unter besonderer Berücksichtigung des Lebensmittel-, Verbraucherinformations- und Sozialrechts, Baden-Baden 2016.

Zuck, Rüdiger: Zulässige Öffentlichkeitsarbeit und unzulässige Wahlwerbung, ZRP 1977, S. 144-148.